Max Blanckenhorn

Beiträge zur Geologie Syriens

Max Blanckenhorn

Beiträge zur Geologie Syriens

ISBN/EAN: 9783742870179

Hergestellt in Europa, USA, Kanada, Australien, Japan

Cover: Foto ©ninafisch / pixelio.de

Manufactured and distributed by brebook publishing software (www.brebook.com)

Max Blanckenhorn

Beiträge zur Geologie Syriens

Beiträge zur Geologie Syriens:

Die Entwickelung des Kreidesystems
in Mittel- und Nord-Syrien

mit besonderer Berücksichtigung der paläontologischen Verhältnisse

nebst einem Anhang über den jurassischen Glandarienkalk.

Eine geognostisch-paläontologische Monographie

von

Dr. Max Blanckenhorn.

Mit zwei Textabbildungen, drei Tabellen und elf Lichtdrucktafeln.

Cassel 1890.
Selbstverlag des Verfassers.
Druck von L. Döll in Cassel.

Inhaltsübersicht.

	Seite
I. Einleitung	1
II. **Das Liegende, der jurassische (?) Glandarienkalk:**	
A. Geologischer Theil	2
B. Palaeontologischer Theil: Fauna des jurassischen (?) Glandarienkalks im Libanon westlich Beirût:	
Spongiae	8
Anthozoa	8
Hydromedusae	12
Crinoidea	14
Echinoidea	14
Brachiopoda	15
III. **Die obere Kreide in Mittel- und Nordsyrien:**	
A. Geologischer Theil	16
1) Die Entwickelung der Oberen Kreide in Aegypten, Arabien und Palästina	17
2) Die Entwickelung der Oberen Kreide in Mittelsyrien	28
Das Hermongebirge	28
Der Djebel ed-Dahar	28
Der südliche Libanon	29
Der mittlere Libanon. 'Abeih, Dhamdûn, Damascusstrasse, Beirût	31
Der nordwestliche Libanon mit den Fischhorizonten	42
Der nordöstliche*) Libanon	48
Antilibanon	49
Mittelsyrische Wüste	49
Umgebung des mittleren und unteren Euphrat	51
Gliederung der Oberen Kreide in Süd- und Mittelsyrien	51
3) Die Entwickelung der Oberen Kreide in Nordsyrien	54
Djebel el-'Ansârîje	54
Cassius Mons	57
Amanus Mons	58
Afrînthal	59
Kreidegebiet zwischen Killis und dem Knie des Euphrat bei Biredjik	59
B. Palaäontologischer Theil: Die fossilen Reste des Kreidesystems in Mittel- und Nordsyrien	61
Plantae	61
Foraminifera	61
Anthozoa	62
Crinoidea	63
Asteroidea	63

*) In Folge eines Druckfehlers steht auf S. 48 Zeile 1 „westlich" statt östlich. Auf derselben Seite lies Zeile 2 **Nahr el-Kadîscha** und Zeile 18 **Cedernpass** statt Nahr el-Kadischah, Cedernpass.

	Seite
Echinoidea	64
Vermes	69
Brachiopoda	69
Lamellibranchiata	71
Glossophora:	97
A. Scaphopoda	97
B. Gastropoda	97
C. Pteropoda	118
Cephalopoda	120
Crustacea	125
Pisces	127
Erklärung der Tafeln	130
Druckfehler und Berichtigungen	136

I. Einleitung.

Die Kreideablagerungen Syriens einschliesslich Palästinas sind bereits seit längerer Zeit wiederholt Gegenstand mehr weniger eingehender Behandlung gewesen, so dass es vielleicht überflüssig erscheinen könnte, noch einmal dieses Thema zu berühren. Bei genauerer Prüfung ergibt sich, dass auch nicht zwei der betreffenden Forscher — ganz abgesehen von der Erklärung der Lagerungsverhältnisse — in der schliesslichen Altersbestimmung der einzelnen Schichten zu einem übereinstimmenden Resultate gekommen sind. Gerade die beiden letzten Forscher auf diesem Gebiete, DIENER und NÖTLING, haben einander so widersprechende Ansichten in mehr als einem Punkte geäussert, dass von einem Abschluss der Forschungen über die syrische Kreide und einem allgemeiner anerkannten Urtheile über die Zugehörigkeit der einzelnen Glieder zu bekannten Etagen der europäischen Kreide vorläufig noch nicht die Rede sein kann. Jeder neue Beitrag, der diese Fragen einer endlichen Lösung wenigstens näher bringen könnte, dürfte somit nicht von der Hand zu weisen sein.

Meine Studien über diesen Gegenstand habe ich theils an Ort und Stelle auf viermonatlichen Reisen in Mittel- und Nordsyrien im Frühjahr 1888 angestellt, theils später durch Vergleich und Prüfung der wichtigsten von früheren deutschen Reisenden angelegten paläontologischen Sammlungen vervollständigt.

Im Berliner Museum für Naturkunde durfte ich mit der gütigen Erlaubniss des Herrn Geheimrath Professor Dr. v. BEYRICH und des Herrn Professor Dr. DAMES die Sammlungen der Herren Dr. SCHWEINFURTH, Consul ROSEN, Dr. v. LUSCHAN und Dr. NÖTLING, soweit sie mittel- und nordsyrische Kreide betreffen, mit meiner Sammlung vergleichen. In Wien waren die Herren Professor Dr. SUESS und Privatdocent Dr. DIENER in bekannter Liberalität ohne Bedenken bereit, mir die zum grossen Theil noch unbearbeitete DIENERsche Sammlung aus Mittelsyrien zur ausgiebigsten Benutzung zur Verfügung zu stellen und unterstützten mich auch sonst während meiner Studien in Wien in freundlichster Weise.

Den grössten Reichthum an paläontologischem Material aber fand ich im Stuttgarter Naturaliencabinet in der herrlichen Sammlung des Herrn Professor FRAAS, die er theils auf seinen Reisen 1864 und 1875 eigenhändig angelegt, theils durch Geschenke und spätere Zusendungen seitens der Herren Reverend LEWIS in Beirût, Missionar ZELLER in Jerusalem u. a. HH. bedeutend vermehrt hatte. Durch das äusserst liebenswürdige Entgegenkommen des Herrn Conservator Professor FRAAS bin ich in die glückliche Lage versetzt, auch diese werthvolle Sammlung theils von neuem bearbeiten zu können, die meisten der FRAASschen Originale, soweit sie Mittelsyrien betreffen, zu prüfen und noch unabgebildete jetzt im Bilde vorführen zu können, theils die noch nicht erwähnten Sachen hier zum ersten Male zu besprechen.

Allen diesen genannten Herren sage ich hierdurch meinen aufrichtigsten Dank für ihre freundliche Unterstützung meiner Studien.

Blanckenhorn, Zur Geologie Syriens.   1

II. Das Liegende, der (jurassische) Glandarienkalk.

A. Geologischer Theil.

Als älteste bei einer ausführlichen Besprechung syrischer Kreidebildungen überhaupt in Frage kommende Ablagerung haben wir zunächst die sogenannte „Glandarienzone" von FRAAS*), respektive den „Arâja-kalkstein" DIENERS ins Auge zu fassen. Sein Hauptleitfossil ist *Cidaris glandaria* LANG sp., dessen Stacheln als *lapides judaici* schon im Mittelalter ins Abendland wanderten. Nach DE LORIOL ist dieser Seeigel von dem bekannten jurassischen *Cidaris glandifera* specifisch unterschieden, wenn auch am nächsten mit ihm verwandt. Da die einem lokalen Vorkommen entlehnte Bezeichnung Arâjakalkstein mir wenig glücklich gewählt erscheint, insofern das Dorf Arâja an der Strasse Beirût-Damascus gar nicht auf diesem Kalke liegt, sondern vollständig auf dem höheren Trigoniensandstein, so werde ich mich in der Folge des Ausdrucks Glandarienkalk bedienen.

Das südlichste Vorkommen desselben ist an der SO.-Seite des Hermonmassivs bei Medjdel esch-Schems. Nach NÖTLING**), der die geologischen Verhältnisse jener Gegend am genauesten untersuchte, liegt die Zone der *Cidaris glandaria* dort concordant über einem Complex zweifelloser Jura-, speciell Oxford-Schichten, unter denen NÖTLING vier Zonen unterscheidet:

1) Zone des *Harpoceras Savini* NÖTL.
2) „ „ *Collyrites bicordata* LESKE sp.
3) „ „ *Pecten capricornus* NÖTL.
4) „ „ der *Rhynchonella moravica* UHLIG.

Von der letztgenannten obersten soll die folgende Glandarienzone petrographisch kaum unterschieden sein, so dass sich eine scharfe Grenze zwischen beiden nicht ziehen lässt. Von Fossilien führt NÖTLING aus dieser alleroberesten fünften Zone an: *Terebratula bisuffarcinata*, *Cidaris glandifera* (besser *glandaria*), Anthozoen und *Spongien*. Da die Terebrateln typischen Exemplaren der oberjurassischen Art gleichen, wäre also kein Grund vorhanden, an dem jurassischen Alter dieser Schicht zu zweifeln. Auch DIENER***) bestätigt das Vorkommen „eines der *T. bisuffarcinata* sehr nahe stehenden Brachiopoden" zusammen mit *Cidaris glandaria*. Am Hermon hat diese Cidariten-führende Kalkstufe eine relativ geringe Mächtigkeit (nach NÖTLING's Profil etwa 10 m.) und wird concordant bedeckt von den zweifellos obercretaceischen Schichten des Trigoniensandsteins.

Gehen wir von hier nordwestlich, so soll sich nach DIENER†) längs des ganzen Westfusses des Hermongebirges bei Hasbeia bis zum Wâdi Hasbâni, von S nach N eine breite Zone derselben Kalksteine unter Trigoniensandstein hinziehen mit einer Fauna von untercretaceischem Habitus. DIENER sagt selbst: „Von der Störung des Wâdi Hasbâni gelangt man zunächst in das Niveau der Arâja-Kalksteine, deren Bänke anfangs steil, später allmählich flacher zu dem Flussthale abfallen. Die grauen Knollenkalke mit dünnplättigen Mergeln und schiefrigen Zwischenlagen, deren Complex an dieser Stelle wahrscheinlich das Niveau der unteren Kreide vertritt, sind namentlich bei der Quelle 'Ain Tahta gut aufgeschlossen. Die Stadt Hasbeia selbst liegt noch in dem Gebiete der Arâja-Kalksteine; aber schon oberhalb des Rückens von Chalwet el-heidah beginnt bei 'Ain Konjah und Schuwein die Zone der Trigoniensandsteine, die in den Gehängen des Wâdi Schibah von mehreren untergeordneten Längsverwerfungen durchsetzt erscheint." Bei dieser Deutung der

---

*) FRAAS, Geologisches aus dem Libanon. Württemb. naturw. Jahresh. 1878, p. 278.
**) NÖTLING, Der Jura am Hermon. Stuttgart 1887.
***) DIENER, Libanon. Grundlinien der phys. Geographie und Geologie von Mittel-Syrien. Wien 1886, p. 27.
†) Ibidem p. 274 und geolog. Karte.

Schichten fällt schon die ungewöhnliche lithologische Ausbildung der Glandarienkalke auf, das Vorhandensein von dünnplättigen Mergeln und schiefrigen Zwischenlagen, während die Glandarienzone am Libanon aus einförmigen dickbankigen Kalken besteht. Nach NÖTLING findet man vom Wâdi Hasbâni bis zum Gipfel des Hermon einen treppenförmigen Aufbau aus Schichten des Trigoniensandsteins und der Rudistenkalke: „Hat man den Nahr Hasbâni überschritten, so befindet man sich auf dem untern Gehänge der untersten Terrasse, auf welcher das Städtchen Hasbeya erbaut ist. Die hangenden Schichten derselben bauen sich aus turonem Radiolitenkalk auf, unter welchem am Steilabsturz der Stufe der Trigoniensandstein zu Tage tritt; die nächstfolgende wie die übrigen Terrassen werden wiederum durch turonen Radiolitenkalk gebildet."

Das Auftreten der Glandarienkalke wie auch des tieferen Jura im W. des Hermon erscheint hiernach noch zweifelhaft und eine definitive Entscheidung hierüber konnte blos eine sorgfältige Prüfung der Petrefakten herbeiführen, welche DIENER in seinem angeblichen Aräja-Kalkstein gesammelt hat. Diese Untersuchung ergab folgende Fossilienliste der Schichten von Hasbeia:

Pseudodiadema libanoticum de LOR. *Pholadomya Vignesi* LAUT.
Diplopodia hermonensis de LOR. „ *Luynesi* LAUT.
Ostrea flabellata GOLDF. „ cf. *ligeriensis* d'ORB.
Anomia sp. *Liopistha libanotica* HAML.
Cardita hamnar HAML. *Natica* cf. *bulimoides* d'ORB.
Protocardia hillana SOW. *Pterodonta ovata* d'ORB.
Cytherea obruta CONR. sp. *Cancellaria? petrosa* CONR.
Venus cf. *syriaca* CONR.

Von Chalwet el Beidah im S. von Hasbeia stammt aus demselben „Aräjakalkstein" (?) *Ostrea flabellata* und *Cyprina* sp. Es folgt daraus, dass die betreffenden petrefaktenführenden Schichten allerdings, wie DIENER meint, zur Kreide gehören, aber nicht zur Unteren Kreide, sondern zum Cenoman und zwar entsprechen sie genau der Zone des *Buchiceras syriacum* des Libanons. Denn die genannten Fossilien finden sich, wie wir später sehen werden, mit alleiniger Ausnahme von *Pseudodiadema libanoticum*, welche bis jetzt auf den Fundort Hasbeia beschränkt ist, in jener Zone wieder, z. B. in Bhamdûn, grossentheils auch bei Medjdel esch-Schems am Hermon in Schichten weit über dem Jura und noch über dem cretaceischen Sandstein. Kurz wir haben bei Hasbeia unzweifelhaft denselben Horizont wie an diesen beiden Orten, wo *Buchiceras syriacum* als Hauptleitfossil darin gefunden wird, haben es also mit dem Hangenden des Sandsteins zu thun; nicht mit dem Liegenden, dem wirklichen Aräjakalkstein. Die Erklärung zu der irrthümlichen Auffassung DIENERS liegt in dem Umstande, dass an dem Westhange des Hermon eben derartige Gebirgsstörungen vorhanden sind, wie sie NÖTLING in seinem Profil p. 3 vom Hermon andeutet, welche eine Erkennung der Lagerungsverhältnisse sehr erschweren und gewisse jüngere Kalke und Mergel als wie unter dem Sandstein liegend erscheinen lassen. Jedenfalls ist bis jetzt das Vorkommen von Glandarienkalk auf der Westseite des Hermon nicht nachgewiesen und aus den geognostischen Verhältnissen der Umgegend von Hasbeia ist kein Beweis für das cretaceische Alter der Glandarienkalke zu erbringen.

In dem mittleren Theile des Libanonzuges vom Thal des Dâmûr bei Djisr el-Kadi bis zum Nahr Kadischa bei Kannobin findet man als älteste Sedimentbildung im Liegenden des cretaceischen Sandsteins vorzugsweise in den tiefen Thalschluchten mächtige Kalke. Dieselben führen dunkle Feuersteinknollen; gegen oben treten mitunter oolithische Bänke auf, von demselben Geflüge wie bei gewissen Schichten des mittleren Doggers (Great Oolite) in Europa. FRAAS führte vom Salimathal und seiner Umgebung eine ganze Reihe von Fossilien auf, welche alle aus dieser Glandarienzone stammen sollen und die er sämmtlich mit Kreidetypen vergleicht oder identificiert.

Spongien:
Sparsispongia varians FROM.
Epitheles robusta GEIN.
Elasmostoma consobrinum d'ORB.
Siphonia pyriformis GOLDF.

Korallen:
Dimorphastraea Edwardsi BÖLSCHE.
Astrocoenia decaphylla MICH.
Placocoenia Orbignyana REUSS.
Stephanocoenia formosa MILNE EDW. et HAIME.
Sarcinula Saliunae FRAAS.
Sarcinula microstila FRAAS.

Crinoiden:
Apiocrinus cretaceus FRAAS.

Echiniden:
Cidarites glandarius LANG.
Cidarites clavimorus QUENST.
Cidarites Delamarrei DES.
Galerites cylindricus LAM.
Cyphosoma cenomanense COTT.
Salenia petalifera AG.
Toxaster altus QUENST.
„ *pentagonalis* FRAAS.

Brachiopoden:
Terebratula biplicata SOW.

Die Namen der Schwämme und Seeigel verweisen ganz entschieden auf Cenoman, die Korallen auf Gosauschichten; nur die genannte Crinoidengattung würde mehr für Jura als für Kreide sprechen.

Der Beweis für das cretaceische speciell cenomane Alter dieser Kalke würde somit erbracht sein, wenn diese Bestimmungen namentlich die der Seeigel auch nur zur Hälfte unanfechtbar und vor allem wenn die Herkunft dieser zahlreichen Fossilien aus dem Glandarienkalk des Saltmathals ausser jedem Zweifel wäre. Beide Voraussetzungen treffen nicht ganz zu.

Zunächst ist wohl zu unterscheiden zwischen solchen Petrefakten, welche FRAAS eigenhändig im Glandarienkalk gesammelt hat und solchen, welche er durch Herrn Reverend LEWIS in Beirût als aus der Gegend von Saltma und 'Ain Hamâde erhielt. Das Letztere gilt, wie die betreffenden Etiquetten in der Stuttgarter Sammlung anzeigen, ganz sicher von den angeführten Seeigeln *Discoidea* (*Galerites*) *cylindrica* von 'Ain Hamâde, *Cyphosoma cenomanense* FRAAS — fällt zusammen mit *Cidaris* [besser *Phymosoma*] *Delamarrei* FRAAS — und *Salenia petalifera*, beide letztere Arten von LEWIS „am Salima" gesammelt. *C. cenomanense* FRAAS von Saltma ist, wie ich durch genaue Vergleiche feststellen konnte, identisch mit *Diplopodia hemoncensis* DE LOR, einem Leitfossil für höhere Kreidelagen in Mittelsyrien, aus denen FRAAS auch später wieder *Cyphosoma cenomanense* citiert. Diese FRAAS'schen Exemplare vom Nebi Sâfi aus dem Horizont der „Schiefer von Hakel" (l. c. p. 349) stimmen in jeder Beziehung mit dem von Saltma überein. DIENER fand diesen Seeigel in den erwähnten fossilreichen Buchicerasschichten von Hasbeia am Hermon, ich selbst sammelte ihn in Bhamdûn in den *Buchiceras syriacum* führenden Mergeln. Es wäre höchst auffallend, wenn dieselbe Seeigelart schon in dem um so viel tieferen Horizont der Glandarienkalke vorkäme.

Was nun die genannten Fundorte dieser Seeigel selbst anbelangt, so liegt das Dorf Saltma bei 937 m. Meereshöhe mindestens 500 m. über der in der Nähe befindlichen Thalsohle des Nahr Saltma, in letzterer Beziehung etwa ebenso hoch wie Brumâna auf dem rechten Ufer, das, schon auf *Buchiceras*-Schichten, nach meinen barometrischen Messungen 754 m. hoch über dem Meer und etwa 500 m. über dem Spiegel des Nahr Saltma an der südlich davon gelegenen steinernen Brücke (267 m.) sich befindet. Der die tieferen steileren Gehänge der Schlucht und die Thalsohle bildende Glandarienkalk, welcher eine Mächtigkeit von 2—300 m. besitzt, ist im allgemeinen dort horizontal gelagert und wird durch eine oder zwei unbedeutende Verwerfungen zwischen Brumâna und Saltma nur wenig alteriert. Keinenfalls reicht er bis zur Höhe des Dorfes Saltma, welches schon vollständig innerhalb der Sandsteinregion erbaut ist, wie auch DIENERS geologische Karte angibt.

'Ain (= Quelle) Hamâde, von wo der grösste Theil der FRAAS'schen Petrefakten stammt, 215 m. über der erwähnten Saltmabrücke gelegen, scheint, wenn nicht, wie die meisten Orte jener Gegend, auf dem quellenreichen Sandstein und Mergelgebiet selbst, so doch mindestens dicht an der Grenze von Glandarienkalk und Sandsteinzone sich zu befinden, so dass eine oberflächliche Vermischung von Petrefakten haltenden Blöcken aus beiden Horizonten leicht möglich ist.

Was z. B die oben genannten *Toxaster pentagonalis* und *altus* anbetrifft, so gibt FRAAS p. 350 als eigentliche Lagerstätte derselben die „Cenomanmergel" im Thale von Hakel an. Aus demselben Seeigelreichen höheren Horizont könnten bei 'Ain Hamâde Exemplare in tiefere Regionen gerollt sein. Uebrigens hat auch FRAAS diese Toxasterformen, von denen sich meines Wissens gar keine Originale aus 'Ain Hamâde in der Stuttgarter Sammlung befinden, bei der eigentlichen Beschreibung der Fauna der Glandarienkalke gar nicht angeführt, sondern ihr Vorkommen darin erst später gelegentlich erwähnt. Es ist also auf jenes lokale Vorkommen weniger Gewicht zu legen.

Scheiden wir nun die bezüglich ihres Auftretens im Glandarienkalk zweifelhaften Seeigel aus der Liste aus, so bleibt eine Fauna übrig, die nach eingehender Prüfung meinerseits sich folgendermassen darstellt:

Schwämme.
Peronella sp. cf. *intermedia* GOLDF. sp.
Crispispongia? *callosa* n. sp.

Korallen.
Porites spongioides n. sp.
Stylina punica n. sp. verwandt mit *S. micrommata* QUENST. sp. und *S. limbata* GOLDF. sp.
Stylina bullosa n. sp. verwandt mit *S. decemradiata* QUENST. sp.
Stephanocoenia? pentagonalis GOLDF. sp.

Hydromedusen.
Fraasia (nov. gen.) *libanotica* n. sp.

Crinoiden.
Apiocrinus sp.

Echiniden.
Cidaris glandaria LANG sp.
Cidaris clarinorus QUENST. sp.

Brachiopoden.
Terebratula bisuffarcinata SCHLOTH?

Hiernach konnten nur zwei Formen mit bekannten europäischen Arten direct identificiert werden. Die doppelt gefaltete Terebratel reicht freilich nicht aus, das Alter zu bestimmen, da sie auch als *T. biplicata* der Kreide aufgefasst werden könnte. Dagegen weist *Stephanocoenia? pentagonalis* bestimmt auf Oberen Jura hin.

Die übrigen Arten sind neu oder für Syrien eigenthümlich. Am verbreitetsten ist das Hauptleitfossil *Cidaris glandaria*, der wir zuerst am Hermon begegneten in Schichten, die auch von DIENER[*]) als Oberer Jura angesehen werden. Die Spongien und Hydromedusen können zur Altersbestimmung wenig verwerthet werden, es müsste denn sein, dass sich das Vorkommen derselben Arten in den zweifellosen Jurabildungen am Hermon nach genauerer Untersuchung der NÖTLINGschen Sammlung herausstellte und dadurch eine weitere Parallelisierung der Fauna ermöglicht würde. Von den „Korallen steht die *Porites*-Art ohne Analogon und wäre auch überhaupt für den Jura der erste Vertreter dieser Gattung. Die *Stylinen* aber haben ihre nächsten Verwandten im Oberen Jura, nicht in der Kreide.

Dazu würden noch drei Korallen kommen, welche FRAAS aus dem Salimathal anführt, die ich aber nicht untersucht habe:

Dimorphastraea? cf. *Edwardsi* BÖLSCHE
Chaetetes? (*Saccinula*) *Salimae* FRAAS sp.
„ „ *microstila* FRAAS sp.

Ich selbst fand auf einem Ausfluge ins Salimathal in der Nähe der Brücke zwischen Brumâna und Râs el-Metn:

Corynella ficoides n. sp.
Montlivaultia sp.
Rhabdophyllia sp.
Fraasia (n. g.) *libanotica* n. sp.

Cidaris glandaria LANG sp.
„   *clarinorus* QUENST.
Rhynchonella sp.
Terebratula cf. *bisuffarcinata* SCHLOTH.

*) „Libanon" p. 27.

Auch auf der Westseite des Gebirgsrückens von Brumâna-Bêtméri trifft man ziemlich am Bergesfusse auf dem Anstiege von Beirût nach Brumâna östlich Schteidi unter oder eigentlich (östlich) neben dem steil aufgerichteten Trigoniensandstein den feuersteinführenden Glandarienkalk, der hier auch in Kalköfen gebrannt wird. An dieser Stelle fand ich wieder die bekannten Cidarisstacheln oder Glandarien, sowie Korallen. Leider wird die stratigraphische Bedeutung dieser von Beirût aus so bequem auszubeutenden Stelle dadurch beeinträchtigt, dass in Folge Gebirgsstörung direkt auf den W. fallenden Glandarienkalk im O. Bänke der tieferen Lagen des „Libanonkalksteins" oder der Nerineen-Rudisten-Kalke mit demselben Westfallen folgen. So liegen oberflächlich neben den Blöcken mit Glandarien andere, reich an Kreidegastropoden: *Nerineen, Actaeoninen* etc. und häufigen Korallenresten. Dort sammelte ich eine Koralle, die Herr Dr. FRECH als zur *Hydnophora* gehörig erkannte, einer Gattung, welche erst in der Kreide auftritt. Bei den so complicirten Verhältnissen jener Lokalität kann auch eine Altersbestimmung eines herumliegenden nicht anstehend geschlagenen Blocks nichts beitragen zur Entscheidung des Alters des Glandarienkalks.

Zur Erläuterung dieser Lagerungsverhältnisse möge nachstehendes Profil dienen:

- h Alluvium des Nahr Beirût.
- g Quartäres Küstenconglomerat am Dimitriberge.
- f Obermiocäner Grobkalk am Dimitriberge.
- e Senone Feuersteinkreide vom Râs Beirût.
- d Mergelkalk und Marmor ohne Feuerstein mit Korallen, *Nerineen* und *Actaeoninen*,
- c Mergel und Sandstein mit Austern, *Buchiceras*-Stufe.
- b Trigoniensandstein ohne Versteinerungen.
- a Glandarienkalk mit Feuersteinknollen. *Spongien, Korallen, Cidaris glandaria.*

An der Mündung des Hundsflusses oder Nahr el-Kelb springen die Glandarienkalke direkt bis an die Küste des Meeres vor. An den Ufern des Flusses will LARTET*) grosse Steinkerne von *Natica* cf. *Bouquei* Coq. (bekannt im Urgon Algeriens) in Gesellschaft von Nerineen und Korallen von neocomem Typus gesammelt haben. Die erwähnte *Natica* kann wohl ein grösseres Exemplar der Schneckensteinkerne vorstellen, welche ich im paläontologischen Theile dieser Arbeit *Natica* cf. *bulimoides* DESH. genannt habe und die in den Buchicerasschichten des Libanon recht häufig sind. Da die Lagerungsverhältnisse nahe dem Ausgange des Nahr el-Kelb, wie DIENER zeigte, mehrfach gestört sind, auch der Fluss von seiner Quelle bis zur Mündung sämmtliche Glieder der syrischen Kreide durchläuft, so ist einer solchen Mittheilung bloss dann ein besonderer Werth beizumessen, wenn bestimmt versichert wird, dass und in welcher Schicht die Fossilien aus anstehendem Gestein geschlagen sind.

Die am Unterlauf des Flusses gelegenen durch Feuersteinführung charakterisirten Kalke, welche die Glandarienzone repräsentiren, fanden sowohl BOTTA als RUSSEGGER und DIENER versteinerungsleer. Auch

*) LARTET. Voyage d'exploration à la Mer Morte 1874. p. 51.

ich habe in denselben am Nahr el-Kelb vergeblich nach Petrefakten gesucht. Es sind dies die Schichten 1—12 in Botta's genauem Profil*), welche bei Schicht 5 durch eine Verwerfung in sich dislociert sind und mit Schicht 12 in Folge eines mächtigeren Sprunges direkt an petrefaktenführende Kreideschichten anstossen. Weiter aufwärts folgen dann unter dem Sandstein (17) noch einmal die Glandarienkalke als Schicht 18 des Profils bei Botta.

Zum Schlusse habe ich noch einiger Fundangaben jurassischer Petrefakten aus dem Syrian Protestant College, der amerikanischen Mission zu Beirût zu gedenken. In der dortigen Sammlung fand ich eine Reihe von Brachiopoden unter der Bezeichnung „Schweir", einem Orte, der nach Aussage des Herrn Professors Grover im oder hinter dem Libanon liegen soll, nämlich (nach meinen Bestimmungen): *Terebratula bisuffarcinata*, theils typische ausgewachsene Exemplare mit grossem Deltidium, vollkommen entsprechend solchen des schwäbischen Jura, theils junge Individuen ganz wie die vom Salimathal; ferner

Terebratula gutta, *Rhynchonella lacunosa*.

Terebratulina substriata.

Hiermit zusammen lagen in denselben Schachteln auch *Cardita hemur* und *Protocardia judaica* aus dem Trigoniensandstein.

Dass die genannten Brachiopoden nur in Juraschichten gesammelt sein können, erscheint völlig zweifellos. Aber der Fundortsangabe gegenüber ist hier dieselbe Vorsicht zu gebrauchen, wie bei derjenigen cretaceischer Seeigel im Glandarienkalk. Den Ort Schweir habe ich vergeblich auf den besten vorhandenen Karten Mittelsyriens gesucht. Ich muss es dahingestellt sein lassen, ob vielleicht Schuweifāt im Süden von Beirût oder Schuwein im Westen des Hermon gemeint ist. Vorläufig glaube ich annehmen zu dürfen, dass jene Suite aus Europa geschicktes Vergleichsmaterial ist, da die Sachen einen zu europäischen Eindruck machen. Am Ende ist als Fundort „Schweiz" resp. Schweizer Jura zu lesen.

Ganz dieselbe zweifellose *T. bisuffarcinata* und *Terebratulina substriata* befindet sich in der Fraas'schen Sammlung mit der Angabe 'Ain 'Ainûb, von Lewis gesammelt. Hier dürfte eine entsprechende Etiquettenverwechslung vorliegen, wie sie ja in der Beirûter Sammlung, wo syrische und ausländische Petrefakten durcheinander stehen, thatsächlich vorkommen. Bei 'Ain 'Ainûb ist mir das Auftreten der jurassischen Zone des Glandarienkalkes unter dem Trigoniensandstein nicht bekannt und sehr zweifelhaft. Auch ist die Erhaltung und Färbung der Schalen und das anklebende Gestein bei diesen Brachiopoden, wie denen von Schweir anders als bei denen des Salimathals, so dass es die Ueberzeugung erweckt, als stammten dieselben aus gelblichen, mergeligen Schichten, nicht aus weissen massigen Kalken.

Ziehen wir aus diesen ganzen kritischen Ausführungen über den Glandarienkalk das Endresultat, so ergibt sich, dass die Frage nach dem Alter desselben freilich noch nicht absolut sicher entschieden ist, dass aber jedenfalls doch gewichtigere Gründe für ihre Zustellung zum Jurasystem sprechen als für die zur Kreide.

Die Concordanz von Jura und den oberen Kreidebildungen am Libanon wäre nicht auffallend, da am Hermon, wo auch tiefere ganz zweifellose Juraschichten auftreten, nach Nötling eine concordante Schichten-Auflagerung von diesen bis in die oberste Kreide stattfindet; im Wadi Arabah in Aegypten aber cretaceische Sandsteine mit fossilen Hölzern und Kalke concordant sogar auf paläozoischen Schichten mit Carbon-fossilien folgen**).

*) Botta, Observations sur le Liban et l'Antiliban (Mém. de la Soc. géol. de France 1ère sér., t. I. p. 135). — Russegger, Reisen in Europa, Asien und Afrika 1835—1841. Stuttgart 1841. I. Bd., II. Th. p. 765. Man vergleiche zum Verständniss der gestörten Lagerungsverhältnisse dazu: Diener, Libanon p. 75 u. 76 Profil 4 u. 5.

**) Walther, Ergebnisse einer Forschungsreise auf der Sinaihalbinsel und in der arabischen Wüste. (Verh. d. Ver. f. Erdk. Berlin 1888. XV, p. 253.)

B. Paläontologischer Theil.

Fauna des jurassischen (?) Glandarienkalks im Libanon westlich Beirût.

(Hierzu Tafel 1 und II. Fig. 1—11.)

Spongiae (Calcispongiae).

Peronella sp. cf. intermedia GOLDF. sp.? *).

Epitheles robusta (Gein.) FRAAS. Geologisches aus dem Libanon. (Württemb. naturw. Jahresh. 1878. p. 280.)

Gruppe von mehreren parallelen, cylindrisch walzenförmigen Individuen. Vorkommen: 'Ain Hamâde am Saltmathal. (Original in der Stuttgarter Sammlung.)

Corynella ficoides n. sp. Taf. 1 Fig. 1.

Kleines feigenförmiges, umgekehrt kegelförmiges Schwämmchen, 20 cm hoch, auf schmaler Basis aufsitzend, erweitert sich erst ganz unmerklich, dann schneller keulenförmig. Oberhalb seiner grössten Breite, 11 mm., ist es plötzlich abgestutzt. Scheitel concav, von einer Kante umgrenzt. Magenhöhle in der Mitte des Scheitels, cylindrisch unten sich verengend, bis zur Mitte reichend. Von ihr laufen in schräger Richtung nach unten trichterförmig sich verengende Astkanäle ab. Oberfläche porös. Skeletfasern stark verästelt.

Verwandtschaft. Dieses Schwämmchen lässt sich ebensowohl mit jurassischen als mit cretaceischen Arten z. B. *Epitheles tetragona* GOLDF. sp. bei GEINITZ**) in nahe Beziehung bringen.

Vorkommen: Nahe der Saltmabrücke auf dem rechten Saltmaufer in der Glandarienschicht von mir gesammelt.

Crispispongia? sp. Taf. I. Fig. 2—3.

Elasmostoma consobrinum (d'ORB.) FRAAS. Aus dem Orient II. Württemb. naturw. Jahresh. 1878 p. 280 (pars; 2 Exemplare).

Polsterförmig, in der Jugend flach kuchenförmig, später halbkugelig gewölbt; mit breiter Basis aufsitzend. Grösste Breite 23, Höhe 15 mm. Oberfläche von mehreren sehr dicken, dichten und harten, widerstandsfähigen Deckschichten überzogen, welche an der Basis als concentrische Runzeln erscheinen. Das innere eigentliche Schwammgewebe ist äusserlich nie sichtbar. Beim Anschleifen sah ich ausser der concentrischen Schichtung gar keine besondere Struktur. Beim grösseren der beiden Exemplare sind auf der Oberfläche einzelne kleine punktförmige Poren zu erkennen, sonst ist sie ganz glatt.

Vorkommen: 'Ain Hamâde (Stuttgarter Sammlung).

Anthozoa.

Porites spongioides n. sp. Taf. I Fig. 4 u. b. 5, 6.

Siphonia pyriformis (GOLDF.) FRAAS. Aus dem Orient. II. 1878 p. 280.
Spongispongia cariosa (FROM.) FRAAS, ibidem p. 270 (pars).

Kuglige oder wulstig lappige, eckige Knollen, von der Form halbreifer Boviste oder junger Champignons, höchstens 3,5 cm. hoch. Basis zuweilen concav vertieft oder wenig ausgehöhlt, wenn die Koralle hervorragende Gegenstände, andere Korallen oder kleine Polster von *Crispispongyia?* sp , umwächst, bedeckt von dünner glatter Epithek, die zuweilen auch ausserhalb der Basis die nächst gelegenen Partien an der Unterseite des Stocks überzieht. Stock aus schwammigem Sclerenchym zusammengesetzt.

*) Ist von mir nicht genauer untersucht.
**) GEINITZ. Das Elbthalgebirge. I. Der untere Quader. Paläont. XX. a. 1875 p. 34. f. 8. f. 9—12.

Letzteres erscheint dem bewaffneten Auge als ein Gewirr von geraden oder wurmförmig gewundenen dicken Fasern, die in gleichen Abständen an verdickten Knotenpunkten entweder etwas dünnere kurze Aeste absenden und sich unter einander zu einem Gewebe, den Septen, verbinden, dessen punktförmige Oeffnungen feiner sind als die senkrechten Hauptfasern und etwa eben so breit als deren Verbindungsäste (s. Fig. 6a). Oder aber — beim Querschnitt oder Tangentialschnitt einer Zelle — die Fasern liegen unverbunden neben einander und sind nur gekörnelt oder beiderseits kurz gezackt, wobei Körner oder Zacken, wenn die Fasern (beim Tangentialschnitt) parallel neben einander erscheinen meist alternieren, und in einander greifen, so dass schmale wellenförmige Furchen zwischen ihnen verlaufen (s. Fig. 6b). Diese groben Fasern oder Körnerreihen sind in der Nähe der Basis an der Seite des Stocks einander parallel senkrecht zum Basisrand gestellt, so dass hier oberflächlich ein regelmässiges Netz mit senkrecht und quer gestellten Körnerreihen, oder wenn alle Reihen mit einander verbunden sind, gar ein vollständiges Gitterwerk mit cubischen bis rhomboedrischen Maschen aber sehr kleinem Lumen entsteht.

Auf der Oberseite des Stocks ordnen sich die groben Fasern radial um viele, durchschnittlich 2 mm. von einander entfernte, gleichmässig vertheilte Centren. Diese sind seicht vertieft. Man erkennt etwa 12 einzelne Fasern oder sechs, die sich gabeln, als die jedesmaligen Strahlen eines Sternchens (Fig. 5 b). Diese Strahlen bilden die Oberränder der Septen, welche selbst netzförmig aus nebeneinander gestellten körnig zackigen, verbundenen Fasern sich aufbauen, unter sich aber in der Regel nicht deutlich verbunden erscheinen. Sie enden vor der Zellenmitte oft mit knotigen Verdickungen, welche dann einen Kranz von 6 Körnern um das Centrum bilden. Zuweilen erscheinen diese Körner als richtige Pfählchen von den Septen getrennt. Das Centrum ist in der Regel vertieft, in der Tiefe erscheint ein kleines Säulchen, das nur erst, wenn die Oberfläche etwas angewittert ist, inmitten der 6 Pfählchen deutlich als Wärzchen hervortritt.

Die Zellensterne zeigen so gut wie keine Umrandung. Die Septa benachbarter Sterne gehen auch direkt in einander über. Mehrere Sterne können mäandrinenartig zu Reihen mit vertieften Centrallinien verfliessen.

Verwandtschaft: Diese Koralle sieht beim ersten Blick eher einer Spongie wie einer Koralle ähnlich. Das z. Th. sehr regelmässige Sklerenchymgewebe könnte sogar den Gedanken an ein Hexactinellidengerüst nahelegen, etwa wie von der Gattung *Stauronema* Sollas. Hier besteht dasselbe „aus einem sehr regelmässigen Gitterwerk ziemlich grosser Sechsstrahler, deren Arme und dichte Kreuzungsknoten so beträchtlich verdickt sind, dass die Maschen ein kleines Lumen und eine rundliche Gestalt erhalten". Aber abgesehen von der kalkigen Beschaffenheit des ganzen Korallenstocks lässt auch eine genaue Besichtigung des Gewebes den Unterschied gegen ein Gerüst aus verbundenen kieseligen Sechsstrahlern erkennen. Die Balken des vorliegenden Gerüstes sind nämlich in den drei Richtungen des Raumes nicht gleich stark entwickelt. Es lässt sich unterscheiden zwischen grösseren Fasern und deren Verbindungsästen, die immer etwas dünner sind. In der dritten Richtung aber, nämlich zwischen den eigentlichen Septen unter einander, fehlt wenigstens in den meisten Fällen eine direkte Verbindung der Knoten unter einander.

Die Koralle ist zuweilen theilweise oder ganz von einer dicken, körnigen Deckschicht überzogen (Taf. I Fig. 4a bei δ, Fig. 11b, 12a), welche bei der Bestimmung irreleitet, indem sie eher auf Spongiengebilde hinweist. Diese Rinde gehört der später zu besprechenden Hydrocorallinengattung *Frausia* an, welche mit Vorliebe Bruchstücke oder ganze Knollen von *Porites spongioides* überkrustet.

Auf den Seiten des Stocks nahe der Basis bemerkt man in der Regel (vergl. Fig. 4 a bei γ) einzelne unregelmässig vertheilte kreisrunde bis 2 mm. breite Löcher, welche in gleicher Breite röhrenförmig höchstens 4 mm. von der Oberfläche ins Innere dringen. Der Vergleich mit Osculis der Schwämme ist aber insofern undurchführbar als die Lage der Löcher ganz unabhängig von dem Bau des Skeletes ist, welches sie regellos durchbrechen. Es sind zufällige und nachträgliche Erscheinungen, hervorgerufen durch die Thätigkeit irgend welcher kleiner bohrender Thiere. Denn dieselben Löcher von genau derselben Beschaffenheit finden sich auch an Stöcken der anderen später zu besprechenden Korallen. —

Die Korallengattung *Porites*, zu der die vorliegenden Exemplare unzweifelhaft gehören, ist bis jetzt noch nicht aus jurassischen Schichten genannt, indem ihre ersten bekannten Vertreter der Kreideperiode angehören.

Vorkommen: Bei 'Ain Hamâde im Glandarienkalk des Salimathals.

Montlivaultia? sp. Taf. I Fig. 7.

Einzelkoralle, becherförmig, umgekehrt kegelförmig, etwas gekrümmt, 23 mm. hoch. Kelchmündung 20 mm. breit. Seite bis zum Kelchrand bedeckt mit dicker in concentrische Falten gelegter Epithek, ohne Spur von Rippen. Kelch stark trichterförmig vertieft (Öffnung vielleicht z. Th. erweitert durch Verwitterung). Septen kurz, nicht überragend, sehr zahlreich, aus feinen Körnerreihen bestehend.

Vorkommen: Salimathal. (Original in meiner Sammlung.)

Rhabdophyllia sp.

Buschig bündelförmig. Viele parallele cylindrische Zellen von 5—8 mm. Durchmesser mit gekörnelten Längsrippen ohne kragenartige Vorsprünge.

(Zwei bündelförmige Stöcke vom Salimathal in meiner Sammlung.)

? Hydnophora continua n. sp. Taf. I Fig. 8.

Unregelmässig gestalteter Knollen 6 cm. hoch, 8 cm. lang, 4 cm. breit, gegen die verschmälerte Basis zugespitzt, förmlich aus über einander folgenden Lagen aufgebaut. Kelche einzeln unkenntlich, in lange um den ganzen Knollen herumziehende Reihen zerfliessend, welche einander parallel, zuweilen sich vereinigend, wellenförmig an der Oberfläche und auch im Innern auf und nieder steigen. Säulchen fehlt. Wände der Kelchreihen dick. Septa nicht überragend und nicht in directer Verbindung mit denen der Nachbarreihen. Dagegen setzen sie ohne Unterbrechung quer durch die säulchenfreie Mitte der Reihe. Querblätter, wenig dünner wie die Septen, etwas bogig, sind reichlich zwischen diesen entwickelt. Sie schliessen sich direkt an einander an und setzen so parallel den Wänden durchgehende Querbäden zusammen, welche auf der angewitterten Oberfläche noch den Eindruck eines schichtenförmigen Aufbaues erhöhen. Bei dieser Structur zeigt sich auf einem Schliff parallel der Oberfläche ein netzförmiges Bild von viereckigen durch Septen und Querblätter eingefassten Feldern. Auf Fig. 8b sind die Wände durch ihre Dicke kenntlich.

Verwandtschaft: Die Gattung *Hydnophora* tauchte nach den bisherigen Kenntnissen zum ersten Male in der Kreideperiode auf. Die vorliegende Koralle würde demnach ebenso wie *Porites* für ein jüngeres Alter des Glandarienkalkes sprechen, vorausgesetzt, dass sie wirklich demselben angehörte, was bei den complicierten Lagerungsverhältnissen des Fundpunktes leider nicht feststeht. Mit den *Hydnophoren* der Gosauformation hat sie kaum irgend welche Beziehungen, eher noch erinnert sie äusserlich an dort vorkommende *Latimaeandren* (z. B. *L. tenuisepta* REUSS[*]).

Vorkommen: Diese Koralle fand ich oberhalb Schteidi auf dem Wege Beirût-Brûmâna als losen Block aufliegend auf Glandarienkalk, der hier in Folge von Verwerfungen neben Korallen und Nerineen führendem jüngerem Kreidekalk auftritt. Es bleibt daher ungewiss, welchem dieser beiden Schichten er entstammt.

Stylina punica n. sp. Taf. I Fig. 9.

Astrocoenia decaphylla (Mich.) FRAAS, II p. 281 (pars).

2—3 cm. hohes stumpfästiges Korallenstöckchen. Die Zellen sind asträoidisch innig verbunden. Die 1 bis 1½ mm. grossen Kelche sind nicht eckig, wie alle *Astrocoenien* auch *A. decaphylla*, vielmehr stets

---

[*] Beitrag zur Charakt. der Kreidesch. in den Ostalpen. Denkschr. d. Wiener Ak. d. Wiss. 1854, p. 107, T. 11, f. 1—2.

kreisrund, wenig erhaben, in der Mitte vertieft. Die griffelförmige Axe endigt in ein vorstehendes Knöpfchen. Septa dünn keilförmig nach innen verschmälert, den Kelchrand überragend, an Zahl 16, in zwei Cyclen; der erste Cyclus gleichmässig doppelt so lang als der zweite, aber die Axe nicht erreichend. Die 16 breiten Rippen fast doppelt so lang als die grösseren Septen, mit ihrem keilförmig zugespitzten Ende grade noch über die Mitte des Zwischenraums zwischen den Sternzellen reichend, der etwas schmaler als diese selbst ist. Rippen von 2 benachbarten Zellen sich fast berührend, aber nicht mit einander verbunden, sondern alternierend und mit ihren Spitzen fingerförmig in einander greifend. Zwischen den 16 gleichgrossen Rippen sieht man Körner, oft im Zusammenhang eine feine erhöhte Linie bildend, welche durch den ganzen Zwischenraum von einem Kelchrand zwischen den nicht verbundenen Rippen zum andern läuft und eine Andeutung eines weiteren Cyclus von Rippen darstellt.

Verwandtschaft: Vorliegende Form gehört keinenfalls der oben genannten Gosau-*Astrocoenie* an, mehr Verwandtschaft hätte sie übrigens noch mit *Astrocoenia magnifica* REUSS. — Am nächsten steht ihr unzweifelhaft *Stylina mirrommata* QUENST. sp.*) aus dem weissen Jura ε. Die Zellen haben fast dieselbe Grösse. Die keilförmig zugespitzten Rippen fliessen nur z. Th. in einander; sie sind ungleich breit, die eine Hälfte oft fadenförmig dünn. Aber Septen und Rippen zeigen nicht acht, sondern constant sechs Systeme. Die phoenicische Art vertritt die Form der *micrommata* in der Gruppe der octostylinen St. — Unter letzteren unterscheidet sich *Stylina limbata* GOLDF., QUENST. und BECKER, (non MILNE EDW., HAIME et FROM.) aus dem Oberen Jura unter anderem dadurch, dass sie nach BECKER 32 Rippen hat, nämlich 16 stärkere und 16 schwächere. Letztere sind bei unserer Form nur in Spuren entwickelt infolge der Breite der Hauptrippe. Vor allem sind aber die Kelche von *S. limbata* grösser, durchschnittlich 2 mm. breit.

Vorkommen: Von FRAAS bei 'Ain Hamâde gesammelt.

Stylina bullosa n. sp. Taf. II Fig. 1—5.

Stephanocoenia formosa (REUSS) FRAAS. II p. 282.
Astrocoenia decaphylla (MICH.) FRAAS. p. 281 (pars).
Sparsispongia curious (FROM.) FRAAS. p. 279 (pars).

Gestielte Knollen und kleine kugelige Stöcke von höchstens 3 cm. Grösse. Dicke Epithek vorhanden, aus der am Stiel vereinzelt, oben dicht gedrängt und regellos, Kelche verschiedener Grösse warzenförmig gewölbt heraustragen. Kelche rundlich 1—1½ mm. breit. Axe erscheint ganz am Grunde als kleines Knötchen. Septen stark überragend, an Zahl 12—20 in zwei drei Cyclen, meist zwei, doch treten oft dazwischen noch einzelne Septen eines dritten Cyclus auf. Systeme auf ein und denselben Knollen wechselnd, 6, 8 oder 10, vorherrschend 6 und 10. An abgeriebenen Stücken sieht man, dass die Septen sowohl des ersten als des zweiten Cyclus mit einer Verdickung endigen. Es sind keine richtigen Pfählchen, wie sie der Gattung *Stephanocoenia* eigen sind, sondern Anschwellungen der Septenenden, die mit diesen stets noch in Verbindung stehen.

Die Rippen ziehen sich von der warzenartigen Erhöhung nur bis zu der zwischen den Zellen befindlichen mit Epithek überkleideten Furche, welche sie nicht überschreiten. So können sich die Rippen benachbarter Zellen höchstens gerade berühren.

Verwandtschaft: *Stephanocoenia formosa* aus den Gosauschichten kann nicht in Betracht kommen, da sie polygonale Kelche, 16 fast gleiche Lamellen und Pfählchen vor den Sternleisten hat. Dagegen dürfte sich die vorliegende Koralle eng anschliessen an gewisse *Stylinen* des weissen Jura mit stark hervorragenden Kelchen, in denen die primären Septen die Axe nicht erreichen, sondern sich an ihrem inneren Rande plötzlich verdicken, was freilich bei den Septen des zweiten Cyclus dort nicht beobachtet ist. Hierher

---

*) QUENSTEDT. Röhren und Sternkorallen. 1881 p. 753 t. 172, f. 44—48. — BECKER. Die Korallen der Nattheimer Schichten. (Paläont. XXI. p. 141, t. 36, f. 11.)

gehören *Stylina tubulifera* PHIL. sp. und *Stylina decemradiata* QUENST. *) sp. aus dem weissen Marmorkalk e von Arnegg.

Vorkommen: Häufigste kleine Koralle im Glandarienkalk des Salimathals, meist in abgeriebenen Stücken.

Stephanocoenia ? pentagonalis GOLDF. sp. Taf. II Fig. 6.

1833. *Astrea pentagonalis* GOLDF.: Petr. Germ. I p. 112, t. 35, f. 12.
1852. „ „ QUENST.: Handb. d. Petr. 1. Aufl. p. 648 f. 172 f. 49—52.
1876. *Stephanocoenia ? pentagonalis* BECKER: Die Kor. d. Nattheimer Schicht., p. 147, t. 39 f. 2.
1878. *Placocoenia Orbignyana* (REUSS) FRAAS II. p. 282.

Ein 3 cm. hoher regelmässig begrenzter Korallenstock von der Gestalt eines Fingerhuts oder einer Morchel, dicht besetzt mit zahlreichen Sternen. Letztere polygonal, direkt an einander stossend, vier- bis achteckig, unter einander ungleich, durchschnittlich 1½ mm. gross. Zellen flach vertieft. Säulchen vorhanden, erscheint an abgeriebenen Stellen fast spongiös. 24 Septen in drei Cyclen, alle gekörnelt gegen das Centrum verdickt. Die sechs Hauptsepten reichen bis dicht an die Axe, ohne sich dabei zu verschmälern. Zweiter und dritter Cyclus von Septen fast gleich lang, halb so lang als der erste. Vor dem zweiten Cyclus stehen aber 6 längliche Pfählchen zwischen den Enden der Septen des ersten Cyclus. Bisweilen stehen die Pfählchen wie bei der vorigen Koralle noch mit den betreffenden Septen in direkter Verbindung und erscheinen dann als verdicktes Ende derselben. Die Septa verfliessen über den erhöhten Rand in die der benachbarten Kelche; bisweilen stossen sie mit ihnen winklig zusammen oder alternieren mit ihnen.

Verwandtschaft: Dass diese Koralle nicht zu der Oberen Kreide eigenthümlichen Gattung *Placocoenia* mit getrennten freien kreisrunden Kelchen und blattförmigen Säulchen gehören kann, wird aus der Beschreibung ersichtlich.

Die ausserordentliche Aehnlichkeit dieser Form mit *Stephanocoenia ? pentagonalis* GOLDF. sp. ist so frappant, dass ich nur deshalb noch Bedenken trage, sie direkt damit zu vereinigen, weil *S. pentagonalis* „unregelmässig begrenzte knollige oder stumpfästige Massen" bilden soll. Im Uebrigen ist die specielle Beschaffenheit der Zellen etc. ist sie absolut identisch.

Ausser diesen Korallen werden von FRAAS nachfolgende Arten aus der Glandarienzone citirt, die ich nicht untersucht habe:

Dimorphastraea? Edwardsi (BÖLSCHE) FRAAS, l. c. p. 281;
Sarcinula (Chaetetes) Salimae FRAAS, p. 282, t. 4, f. 6.

Die zweite als *Sarcinula* aufgeführte Art: *S. microstila* FRAAS p. 282 könnte der gegebenen Beschreibung nach fast eher zur folgenden Hydromedusengattung *Fraasia* gehören. Es soll ein rindeartiger Korallenstock von höchstens 5 mm. Dicke mit dichtgedrängten, nur 0,25 mm. grossen porenartigen Zellen sein, auf dessen Oberfläche sich einzelne sternförmige Gruben einsenken.

Hydromedusae.

Fraasia gen. nov. Taf. I Fig. 4 a bei d', 4 e u. d, 10, 14, 12, 13 n. sp.

Spurxispongia cariosa (FROM.) FRAAS. l. c. p. 279 (pars).
? *Sarcinula microstila* FRAAS, p. 282.
? *Spongiae* NÖTLING: Der Jura am Hermann p. 46.

Regelmässig kuglige oder unregelmässig knollige oder rindenartige Massen, welche fremde Gegenstände theilweise oder rings umhüllen, so strukturlose Kalkstückchen, Fragmente oder ganze Knollen von

*) QUENSTEDT: Der Jura. p. 702, t. 85. f. 4. — Handb. d. Petref. 3. Aufl. 1884 p. 774, t. 173, f. 23.

— 13 —

Porites spongioides oder leicht verwitterbare Gegenstände, die sich nicht erhalten konnten und dann einen Hohlraum hinterliessen

Es liegen mir aus dem Saltmathal vor:
1) Kugeln von 12 mm. Durchmesser mit Kalkstücken oder Korallenfragmenten *(Porites)* im Centrum (Taf. I Fig. 10, 11);
2) die Hälfte eines ebenso grossen ciförmigen Knollens mit hohlem Centrum;
3) Theile einer 1 mm. dicken gekörnelten Kruste, welche auf einem pilzartigen Poritesknollen aufsitzt (vergl. Taf. I Fig. 4 a bei d, 4 e, d);
4) Knollen vollständig von dem Aussehen eines jungen Champignons, 32 mm. hoch, ohne Ansatzstelle, äusserlich nur Schichten von *Fraasia* zeigend, im Innern vermuthlich mit einem Poriteskern ähnlich 3 (vergl. Taf. I Fig. 12);
5) eine Kugelhälfte von 24 mm. Durchmesser, inwendig z. Th. hohl, auf der Oberfläche mit einer grösseren sternförmigen, tief eingesenkten Grube, grossen Theils verkieselt mit glitzernden Quarzkryställchen (Taf. I Fig. 13).

Die kleinen Kugeln 1 zeigen „Eindrücke, wie sie etwa an zusammenschrumpfenden Früchten bemerkbar werden", die aber sonst keine Bedeutung haben, sondern durch Wachsthumshindernisse auf dem Meeresgrund entstanden sein können. Man erkennt das deutlich an Nr. 4, wo noch fremde Kalkkörner in den Oberflächenvertiefungen sitzen.

Die wohlerhaltene Oberfläche (bei 1, 3, 4) ist stets rauh durch zahllose dicht gedrängte, feine Körner, lässt hingegen keine Poren erkennen. Ist die Oberfläche nur wenig verletzt, so erscheinen an Stelle der Körner als deren Fortsetzung feine Poren, die Oeffnungen von Radialtuben, welche an der Oberfläche in den vorragenden Körnern blind auslaufen. Bei starker äusserlicher Verwitterung auf geeignetem Versteinerungsmedium zeigen sich die Poren von ringförmigen Wülsten umkränzt, und letztere von ganz feinen Furchen umzogen, welche, sich verzweigend, die polygonalen Felder mit den Poren in der Mitte unter einander begrenzen*). Bei einem Schnitt parallel der Oberfläche erscheint ein Netz mit dunklen Punkten, den ausgefüllten Porenkanälen und helleren Maschen dazwischen, dem Gerüst. Die Poren sind meist etwas breiter als die sie trennenden Maschen oder Gerüsttheile (bei Fig. 4 d beide). Letztere zeigen, entsprechend den oben erwähnten Furchen bei stark verwitterter Oberfläche, in ihrer Mitte zuweilen (vergl. Taf. I Fig. 4 d) eine anders gefärbte dunklere Partie oder Mittellamelle, gleichsam eine Intercellularsubstanz, welche die Röhren von einander scheidet (entsprechend der Gattung *Monticulipora***). Die Kanäle oder Radialtuben werden in gewissen Abständen durch dünne der Oberfläche parallele Scheidewände unterbrochen, welche ebenfalls jene dunkle Mittellamelle erkennen lassen. So erscheint in einem Radialschnitt eine Art Zellengewebe aus oblongen über einander gereihten Zellen, die höher als breit sind (Taf. I Fig. 13 b).

Die mikroskopische Beschaffenheit des Skeletes ist nur schwer an den untersuchten Stücken zu erkennen, da es umgewandelt und bald mit Kalkspath, bald mit Quarzkrystallen erfüllt ist. Es scheint sich, so weit ich an einem Dünnschliff erkennen konnte, ganz wie *Porosphaera globularis* Phill. sp. aus feinen Kalkfasern aufzubauen, welche sich zu einem Netz von polyedrischen Hohlräumen verbinden.

Die bei Hydrocorallinen häufigen grösseren Höcker mit grossen radial verzweigten Furchen auf der Oberfläche wurden nicht beobachtet. Indess zeigt das halbkugelige Stück 5 (Taf. I Fig. 13 a) oben ein grosses, von einem Centrum aus verzweigtes, von bogenförmigen convexen Linien umgrenztes Loch, das sich bis zur ausgehöhlten Mitte erstreckt.

Ob unter den vorliegenden Exemplaren mehrere Arten zu unterscheiden sind, lässt sich vorläufig schwer entscheiden. Die 5 oben aufgezählten untersuchten Formen sind alle in der äusseren Gestalt, in der

---

*) Vergl. *Porosphaera globularis* Phill. sp. bei Steinmann, Paläont. XXV. t. 13. f. 12 (non 9).
**) Vergl Zittel. Handb. d. Pal. I 7 p. 614. f. 446a.

Grösse der Körner und Poren und in der Art der Erhaltung sehr verschieden, stimmen aber in den wesentlichen Merkmalen vollkommen überein. Man könnte diese Unterschiede z. Th. auf die Verschiedenheit der gegebenen Lebensbedingungen, speciell des vorhandenen Substrates zurückführen.

Verwandtschaft: Die beschriebenen Gebilde, vermuthlich zu den Hydrocorallinen gehörig, stehen in vielen Beziehungen der cretaceischen *Porosphaera globularis* PHILL. sp. nahe. Der von STEINMANN (Ueber foss. Hydrozoen aus der Fam. d. Coryniden. Paläontogr. XXV 1878 p. 120) abgebildete Querschnitt t. 13 f. 10 und die Oberfläche f. 12 passen beinahe auch auf unsere Formen. Doch müsste man sich bei Fig. 10 die radialen Poren breiter als das Gerüst und durch Scheidewände unterbrochen denken. Fig. 12 würde nur einer Darstellung eines Tangentialschnittes entsprechen können, da die unversehrte Oberfläche porenlos und ganz mit Körnern besät ist. Die Beschaffenheit der Oberfläche wie der Radialtuben bei unserer Gattung bietet genügende Eigenthümlichkeiten zur Unterscheidung von *Porosphaeren*, deren Oberfläche stets mit vertieften Grübchen versehen ist, den Mündungen von radialen ungegliederten Röhren. An eine Vereinigung der libanesischen Formen mit dieser cretaceischen Gattung kann daher nicht gedacht werden.

Das Vorhandensein von Medianblättern in den Zwischenwänden der Zellen, welche diese in zwei Blätter scheiden, die Querbödchen in den Zellenröhren näheren unsere Formen andererseits der paläozoischen zu den Bryozoen gestellten Gattung *Monticulipora*. Zum Unterschied zeichnet sich diese stets durch verschiedene Grösse ihrer Zellröhren aus.

Es gereicht mir zur besonderen Genugthuung, diese neue syrische Gattung Herrn Professor FRAAS widmen zu dürfen, dem um die geologische Erschliessung Syriens so verdienten Forscher, der auch den grössten Theil der hier untersuchten Exemplare (Nr. 1—4) eigenhändig bei 'Ain Hamâde im Sallimathal gesammelt hat.

Das verkieselte Exemplar 5 schlug ich direkt am Sallimabach nahe der Brücke in den untersten Lagen des Glandarienkalkes.

Ob die „knolligen ellipsoidischen Körper mit löcheriger Oberfläche", welche NÖTLING *) in der Glandarienzone am Hermon sammelte, z. Th. oder ganz hieher gehören, muss leider bei dem Mangel mikroskopischer Untersuchung durch NÖTLING unentschieden bleiben.

Crinoidea.

Apiocrinus sp.

Apiocrinus cretaceus FRAAS II. p. 282 von 'Ain Hamâde.

Echinoidea.

Cidaris glandaria LANG sp.

1. Jahrh. n. Chr. *Ὁ ἰουδαικός; λίθος* DIOSCORIDES. Materia medica.
Mittelalter: *Lapis Judaicus, lapis Syriacus, lapis Phoenicites, Oliva lapidea* etc. nach
1542 BOETIUS. ALfII medici graeci tetrabiblos. Basileae.
1565 GESSNER: De omni Rerum Fossilium genere. Tiguri.
1708 *Radiolus glandarius* LANG: Historia lapidum p. 129.
1742 DARGENVILLE: Histoire naturelle éclaircie dans deux de ses parties principales, la lithologie et la conchiologie. Paris.
1763 BERTRAND: Dictionnaire univ. des foss. propres et des foss. accidentels. Avignon, p. 401—70.
1766 BERTRAND: Recueil de divers traités sur l'histoire de la terre et des foss. Avignon, p. 426.
1826 *Cidaris judaicus* RISSO: Hist. nat. des princ. productions de l'Europe mérid. V. p. 270.
1852 *Cidaris*, CONRAD in LYNCH, Offic. Report of the U. St. exped. to the Dead Sea. p. 212. t. 1. f. 3—5.
1873 *Radiolus glandarius* QUENSTEDT: Echiniden, p. 190, t 68, fig. 52—56.

---

*) Der Jura am Hermon. Stuttgart 1887. p. 46.

1873 *Rudiodus glandarius clariphonis* QUENSTED. ibid.. p. 186. t. 68. f. 46—48.
1878 *Cidarites glandarius* FRAAS: Orient II p. 183 287, t. 3. f. 1- 11.
1886 *Cidaris glandifera* (GOLDF.) NÖTLING: Der Jura von Hermon, p. 45. t. 6. f 11 12.
1887 *Cidaris glandaria* DIESER: Zeitschr. der deutsch. geol. Gesellsch. p. 315 u. 316.

Dieser Seeigel, dessen Stacheln bis ins Alterthum berühmt waren und im Mittelalter in Massen als Heilmittel nach Europa wanderten, ist nach DE LORIOL allerdings specifisch verschieden von *Cidaris glandifera* GOLDF.*) aus dem französischen Corallien und algerischen Jura, aber zweifellos doch mit dieser Art am allermeisten verwandt.

Vorkommen: Nur im Glandarienkalk Mittelsyriens, hier aber an verschiedenen Stellen als wichtigstes Leitfossil dieses Kalkes: südlich vom Hermon am Phialasee bei Medjdel esch Schems (in verkieseltem Zustande) zusammen mit typischen *Terebratula bisuffarcinata*; im Salimathal bei Beirût massenhaft in den mittleren z. Th. oolithischen Bänken des Jurakalks; ebenso oberhalb Schteidi östlich Beirût.

Cidaris clavimorus QUENST.

Rudiodus glandarius clarimorus QUENSTEDT. Echiniden. p. 189. t. 68. f 49 50.
Cidarites clacimorus FRAAS I. c p. 286. t. 3. f. 12- 13.

- Nur Stacheln. Salimathal.

Brachiopoda.

Rhynchonella sp. Taf. II Fig. 7.

Zwei Bruchstücke. Stirntheil der Schalen leider nicht erhalten. Beide Klappen hochgewölbt. 20 mm. dick, mit nur 14 dachförmigen Rippen, die gleichmässig bis an die Wirbelspitze zu verfolgen sind und nicht zu dichotomieren scheinen. Vier derselben fallen auf den sehr schwach angedeuteten Wulst der Dorsalklappe. Bei der starken Wölbung der Ventralklappe entsteht zu beiden Seiten des Wirbels eine glatte falsche Area, begrenzt von einem Kreisbogen, der ersten Rippe. Im Innern der Dorsalklappe befindet sich ein schmales Medianseptum, während die Ventralklappe zwei grosse Zahnstützplatten besitzt.

Verwandtschaft: Diese Form nähert sich dem von NÖTLING unterschiedenen zweiten Typus der *Rh. morarica* UHLIG mit breitem wenig eingesenktem Sinus, weicht aber deutlich davon ab durch höhere Wölbung der Ventralklappe, grössere falsche Area und vor allem die viel geringere Anzahl Rippen. Man könnte sie als ein extremes Glied in der formenreichen Gruppe der *Rhynchonellen* des syrischen Jura auffassen, unter denen *Rh. jordanica* die zahlreichsten (35—40), die vorliegende die wenigsten Rippen aufweist.

Vorkommen: Im Salimathal oberhalb der Brücke von mir gefunden, ein Stück mit Schale, das andere ist ein verkieselter Steinkern.

Terebratula bisuffarcinata SCHLOTH.? Taf. II, Fig. 8—11.

1852 *Terebratula biplicata* (SOW) BRONN. Lethea geogn. 3. Aufl. p. 174. t. 18. f. 11.
1871 *Terebratula bicanaliculata* (SCHLOTH.) QUENSTEDT. Brachiopoden. t. 42. 26.
1874 *Terebratula bisuffarcinata* (SCHLOTH.) QUENST., ibdem t. 49. f 42. 43. 45 u. 53.
1878 *Terebratula biplicata* (QUENST.) FRAAS II. p. 287.
1887 *Terebratula bisuffarcinata* NÖTLING: Der Jura am Hermon. p. 38. t. 6. f. 1—2. non 3. Erster und zweiter Typus.

Die von mir untersuchten Exemplare der FRAAsschen Sammlung, wie die von mir selbst im Salimathal gesammelten lassen sich meiner Ansicht nach am besten mit *T. bisuffarcinata* vereinigen.

Grösstentheils sind es jugendliche Exemplare rundlich mit einer noch faltenlosen Stirn, aber stark gewölbtem Wirbel und bereits relativ grossem Foramen bei allen Exemplaren. Diese kleinen Formen könnte man für junge *T. vulgaris* des Muschelkalks halten, von der ja SCHLOTHEIM und QUENSTEDT bemerken, dass

---
*) GOLDF. Petr. Germ. 1. p. 120 — COTTEAU, Pal. franç., Terr. jur. X, 1 p. 191.

ihr der Jugendzustand der *T. bisuffarcinata* oft zum Verwechseln ähnlich ist. Die Form kommt ziemlich nahe den von NÖTLING bei Medjdel esch Schems gesammelten faltenlosen Jugendexemplaren der *Ter. bis.* II. Typus NÖTL., t. c. t. 6, f. 2, womit ich sie vergleichen konnte. Nur sind beide Klappen etwas weniger gewölbt.

An den mehr ausgewachsenen Individuen ist die grosse Schale entweder glatt, dann ist der Stirnrand wenig eingebuchtet, oder sie trägt hinten nahe dem Stirnrand zwei Furchen, die in zwei abgerundete Spitzen endigen. Der Umriss ist fünfeckig, nach vorn zugespitzt. Die seitlichen Ecken mit der grössten Schalenbreite liegen (im Gegensatz zu *T. subsella*) hinter der Mitte der Länge. Nach vorn spitzt sich die grosse Schale regelmässig zu. Die grösste Wölbung resp. Dicke ist vor der Mitte gelegen. Der Wirbel ist gleichmässig gewölbt, nicht (wie bei *T. globata* Sow. und anderen Arten des braunen Jura) vorzugsweise in der Medianlinie, wodurch er dort förmlich gekeilt erscheint. Das Fehlen dieser Zuschärfung des Wirbels ist der einzige aber wesentliche Unterschied der syrischen Form gegen die sonst vollkommen übereinstimmende *T. globata* *).

Die kleine Schale trägt stets zwei Falten, die sich aber erst hinter der grössten Wölbung zu markieren beginnen. Sie ist im Gegensatz zu der typischen *T. bisuffarcinata*, aber vollkommen analog der *T. bisuffarcinata* NÖTLING Typus I aus dem Jura am Hermon p. 38, t. 6, f. 1 b, besonders im oberen Theil am Wirbel hoch aufgetrieben und erinnert dadurch mehr an die kleine Schale der *T. globata*.

Umriss der kleinen Schale ziemlich kreisrund, ebenso hoch als breit, was bei der typischen erwachsenen *T. bisuffarcinata* allerdings nicht der Fall ist, aber doch auch besonders bei jungen Invidnen häufig genug vorkommt, wie ein Vergleich mit den von QUENSTEDT zu *T. bis.* gezogenen Brachiopoden des weissen Jura zeigt. Die Abbildungen von *T. bicanaliculata* des Weissen Jura ζ bei QUENSTEDT, Brachiop., t. 49, f. 26 und *T. bisuffarcinata* ibidem f. 42, 43, 45 und 53 aus Weissem Jura γ stimmen ziemlich gut zu den libanesischen Formen.

Trotz der wahrscheinlichen Zugehörigkeit dieser Individuen zu *T. bisuffarcinata* kann auf diese Bestimmung doch weniger Gewicht gelegt werden, um über das Alter der Schichten zu entscheiden. Der Unterschied zwischen den biplicaten Formen des Jura und der Kreide ist bekanntlich nicht derart, dass es eine scharfe Grenze zwischen beiden gäbe. In der That könnte man mit FRAAS die Exemplare ebenso gut für *T. biplicata* der Kreide halten, wenn man speciell Formen wie die der *T. biplicata* bei STOLICZKA, Palaeont. Indica, Cret. fauna of South Indie, vol. IV, t. IV, f. 3—4, 11—13 oder auch bei QUENSTEDT, Brach. t. 48, f. 63 und 64 zum Vergleiche ins Auge fasst.

III. Die Obere Kreide in Mittel- und Nordsyrien.

A. Geologischer Theil.

(Hierzu 3 Tabellen.)

Zum vollen Verständniss der stratigraphischen Verhältnisse eines geologischen Systems in irgend einer lokal beschränkten Gegend ist es unbedingt nöthig, zunächst die Entwickelung dieses Systems in den benachbarten Gebieten ins Auge zu fassen und kennen zu lernen, um dann die Beziehungen und Veränd e-

---

*) Man vergleiche die Abbildungen von *T. globata* bei QUENST.: Der Jura, t. 58 f. 1—2 aus Braunem Jura δ u. ϵ und Petrefaktenkunde Deutschlands II. t. 50, fig 26 mit unserer Figur.

rungen innerhalb desselben an verschiedenen Orten feststellen zu können. So lässt sich ein richtiges Bild der Kreidebildungen in Mittel- und Nordsyrien nur gewinnen, wenn wir ausgehen von der Beschaffenheit der Kreide in Aegypten, Arabien und Palästina, mit welcher die mittelsyrische Kreide unmittelbar verbunden ist.

Es kann hier freilich nicht meine Aufgabe sein, die Ausbildung der Kreide in genannten, von mir selbst nicht besuchten Ländern in derselben ausführlichen Weise zu verfolgen, wie ich das für Mittel- und Nordsyrien versuchen werde. Dies würde im Grunde nur eine Wiederholung von bereits Bekanntem bedeuten. In dieser Hinsicht muss ich auf die vortrefflichen Darstellungen der um die Kenntniss dieser Länder verdienten Forscher, namentlich LARTET, FRAAS, SCHWEINFURTH und ZITTEL verweisen. Auch eine kurze Resumierung der Ergebnisse dieser Forschungen in Bezug auf das Alter einzelner Abtheilungen des Kreidesystems finden wir bereits bei DIENER vor, in dessen letztem „Beitrag zur Kenntniss syrischer Kreidebildungen"*). Doch scheint mir die dort wiedergegebene Auffassung der Verhältnisse in Palästina in mehrfacher, allerdings unwesentlicher Beziehung einer weiteren Ausführung und Ergänzung zu bedürfen.

1. Die Entwickelung der Oberen Kreide in Aegypten, Arabien und Palästina.

Den besten und zugleich kürzesten Ueberblick über die Veränderungen innerhalb des Kreidesystems in horizontaler Richtung von Aegypten und Arabien bis zum Libanon wie auch in vertikaler Richtung gewährt unstreitig eine Tabelle, welche die Profile der wichtigsten Vorkommnisse geordnet nebeneinander gestellt enthält. Man findet eine solche am Schlusse dieser Arbeit angefügt. In den einzelnen Profilen sind alle beim Vergleich in Betracht kommenden Momente möglichst berücksichtigt. Zur Erläuterung der Tabelle möge noch Folgendes hinzugefügt werden.

In ganz Arabien, Aegypten, der Sinaihalbinsel und Syrien beginnt die Kreide, wie das überhaupt meistens bei grossen Transgressionen auf unser Erdrinde der Fall war, mit Ablagerungen von **Sandsteinen** vorwiegend dunkler Farbe. Kaum verständlich und einzig als Beispiel wäre es, dass das erste Sediment der gewaltigen zusammenhängenden Ablagerung der Kreideperiode des Orients ein Kalk sein sollte, nämlich der Glandarienkalk des Libanon von der Facies der Korallen- und Spongienkalke. Dass zwischen dieser letzteren Ablagerung und der der Sandsteine eine Unterbrechung stattfand, darauf weist auch der auffallend schnelle Uebergang von den Kalken in den Sandstein hin, den man im Salimathal beobachten kann, während diese cretaceischen Sandsteine nach oben erst durch ganz allmähliche Zwischenstufen wieder in massige Rudisten-, seltener Korallenkalke übergehen.

Die in den genannten Ländern weit verbreiteten Sandsteingebilde, welche RUSSEGGER mit dem einheitlichen Namen „nubischer Sandstein" belegte, scheinen, soweit sie wirklich cretaceisch sind, wenigstens in Vorderasien und in der arabischen Wüste Aegyptens, überall auch von gleichem Alter zu sein, nämlich cenoman. Von organischen Resten kennt man allerdings aus den genannten Gebieten nur fossile Hölzer im Wadi 'Arabah in Aegypten und die reiche Fauna der Gastropoden- oder Trigonienzone von 'Abeih im Libanon, deren cenomanes Alter wir erst später eingehender beleuchten wollen.

Aber diese Sandsteine werden, wie LARTET nachgewiesen hat, von der arabischen Wüste im Osten des Nil an durch Palästina bis ins südliche Arabien überlagert von einem **Complex von Mergeln und Kalken**, in welchen sich überall die charakteristischen Leitfossilien des algerischen Cenomans gefunden haben wie *Heterodiadema libycum*, *Holectypus excisus* und *cenomanensis*, *Goniopygus Menardi*, *Ostrea flabellata*,

---
*) Zeitschr. der Deutsch. geol. Gesellsch. 1887. p. 314.

olisiponensis, Delettrei und *africana, Vola quadricostata* Sow. (non! GOLDF.) etc. Nur in der libyschen Wüste und Oberägypten scheint der Kreidesandstein nach ZITTEL bis in die Zeit des Senon hineinzureichen, da er direkt in die fossilreichen Schichten mit *Exogyra Overwegi* übergeht, welche ZITTEL dem Danien oder oberen Senon zuweist.

Ueber das Alter der ältesten petrefaktenführenden Zone Palästinas, der besonders im Osten des Todten Meeres verbreiteten Mergel und Kalke mit Seeigeln und Austern, kann kaum ein Zweifel bestehen.

Die Bedeutung der genannten Fossilien, namentlich des so charakteristischen und leicht kenntlichen *Heterodiadema libycum*, über dessen richtige Bestimmung kein Zweifel besteht, als Leitfossilien des afrikanischen Cenomans ist bekannt.

Als einzige Fossilien, welche auf höhere Stufen hinweisen könnten, werden aus denselben Schichten von LARTET angeführt:
1) *Hemiaster Fourneli* von verschiedenen Punkten stets aus den unteren Mergeln oder Kalken zuweilen aus derselben Schicht mit *Heterodiadema libycum* zusammen*) (also nicht [!] aus höheren Horizonten wie DESOR es darstellt);
2) *Cyphosoma Delamarrei* vom Djebel Harûn (Hor in Idumaea) in Gesellschaft des *Hemiaster Fourneli* und einmal aus einem höheren Horizonte von 'Ain Musa aber mit *Ostrea flabellata* zusammen.

LARTET hielt mit COTTEAU**) im Gegensatz zu PERON *Hemiaster Fourneli* für ein cenomanes Leitfossil und nahm daher keinen Anstand, die betreffenden, auch sonst als Cenoman charakterisierten Schichten und so auch die Kalke am Dj. Harûn mit *H. Fourneli* und *C. Delamarrei* als Cenomankalke zu bezeichnen***). COQUAND führte beide Seeigelarten zusammen mit *Holectypus serialis* aus seiner Etage Mornasien (Turon) in der Provinz Constantine auf. PERON, der die Berechtigung dieser Etage bezweifelt, erklärt die genannten Seeigel namentlich *Cyphosoma Delamarrei* und *Holectypus serialis* für entschieden senon. Die von LARTET in Palästina gesammelten und als *H. Fourneli* ausgegebenen Seeigel hielt übrigens PERON grösstentheils für *Hemiaster batnensis* Coq., der in Algerien allerdings sich nur im Cenoman, hier aber sehr häufig findet. Dieser *H. batnensis* steht, wie ein sorgfältiger Vergleich lehrt, den syrischen Formen immer noch näher als der typische *H. Fourneli* DESH. des Senon. Die Schwierigkeit, schon diese beiden in so verschiedenen Niveaus auftretenden, nahe verwandten und zugleich sehr veränderlichen *Hemiaster*-Arten von einander zu halten, wird noch erhöht durch den Umstand, dass, ausser diesen beiden Typen, in der Gruppe von Seeigeln, welche früher meist als *Hemiaster* oder *Periaster Fourneli* galten oder irrthümlich diesen Namen erhielten, allmählich noch eine ganze Reihe von Arten unterschieden wurden, darunter mehrere des Cenomans. Bei der grossen Variabilität dieser einzelnen *Hemiaster*-Arten, die sich auf Cenoman, Turon und Senon vertheilen, wird die Bedeutung derselben als unverkennbare Leitfossilien von bestimmten Niveaus sehr abgeschwächt. Nach meinen eigenen Vergleichsstudien bin ich am meisten geneigt, die LARTET'schen *Hemiaster*formen sowohl von *H. Fourneli* als von *H. batnensis* als besondere syrische Art zu trennen, die eine Art Zwischenstellung zwischen beiden einnimmt, und dieselbe mit *H. Saulcyanus* d'ORB. des Libanon zu vereinigen.

Was die palästinensischen *Cyphosomen* betrifft, so zeigen sie nach LARTETS eigenen Bemerkungen †) und seinen Abbildungen so wesentliche Abweichungen von *C. Delamarrei* DESH.†) von Biskra in Algerien, dass eine Trennung als besondere Art auch hier unumgänglich erscheint.

Die in der Tabelle mehrfach genannte *Vola quadricostata* entspricht der Leitmuschel des englischen Upper Greensand, für welche dieser Name von SOWERBY zuerst gewählt wurde, ferner der *Janira tricostata* COQUAND (non (!) BAYLE) oder *Janira Coquandi* PERON des algerischen Rotomagien und der *Vola quadricostata* STOLICZKA der indischen Ootatoorgruppe.

Sie darf aber nicht verwechselt werden mit *Pecten quadricostatus* GOLDF. (= *Neithea quadricostata* BRUSS, *Janira qu.* d'ORBIGNY, ZITTEL, GEINITZ etc.), welche dem Senon eigenthümlich ist. Von ihr unterscheidet sie sich auffallend durch das starke Hervortreten der mittleren unter den drei Zwischenrippen. Auf die senone Art wurde der SOWERBY'sche Name irrthümlich über-

---

*) Vergl. das Profil von 'Ain Musa bei LARTET; Explor. géol. de la Mer Morte, de la Palestine et de l'Idumée. 1874 p. 62 und in Tabelle I dieser Arbeit.
**) COTTEAU: Sur les échinides foss. rec. par. M. LARTET en Syrie et en Idumée (Bull. soc. géol. de France. 2 sér., tome XXVI 1868—69 p. 533).
***) LARTET, l. c. p. 91.
†) LARTET, l. c. p. 156, t. 14, f. 9—11.
*†) DESHAYES in FOURNEL: Richesse minér. de l'Algérie 1849 p. 373, t. 18. f. 43—44. — DESOR: Synopsis des échinides 1858, p. 90, t. 15 f. 5. — d'ORBIGNY, Terr. crét. VII p. 388, t. 1140 und 1141, f. 1—3.

tragen und muss daher durch einen passenderen: *Vola regularis* Sowerb. (1813) sp. ersetzt werden*). Lartet führte die syrische Form als *Janira tricostata* auf; aber der eigentliche *Pecten tricostatus* Bayle aus dem Senon Algeriens, für welchen Bayle noch vor Coquand den Namen schuf, hat nur zwei Zwischenrippen.

Von Ammoniten ist in dieser typischen Cenomanzone beachtenswerth das Auftreten der Gattung *Buchiceras* (*B. Vibrayeanus* d'Orb. und cf. *Ewaldi* v. Buch) in der arabischen Wüste und am Sinai. *Ammonites Mantelli* Sow. scheint nach den vorliegenden Angaben in den oberen an Austern reichen Regionen dieser Zone einen bestimmten Horizont einzuhalten.

Schon unterhalb des letzteren gegen die Basis der Cenomanmergel finden wir am Kloster St. Paul in Aegypten Rudisten vor, *Sphaerulites Schweinfurti* Zittel, die in der Kreidescholle westlich der Pyramiden von Gizeh zwei getrennte weisse Kalkbänke in der Mitte der typischen Cenomanzone einnehmen. In Palästina ist ein dem entsprechendes Vorkommen von Rudisten nicht bekannt.

Der **Hauptrudistenhorizont** liegt höher über den typischen Cenomanschichten und ist auch ziemlich constant. Es sind weisse oder graue, compakte, zuweilen auch feuersteinführende Kalke und Marmore mit nur gelegentlich anzutreffender Rudisten- und Nerineenfauna. Im Vergleich zu den gleichzeitigen Rudistenkalken Südeuropas und des Libanon zeigen sie sich schwach entwickelt. Aus diesen Kalken werden von bekannten Formen genannt:

Hippurites cornu vaccinum }
    „   *organisans*   } nach Vaillant.

Radiolites cf. *cornupastoris* nach Schweinfurth,
Sphaerulites cf. *Mortoni* nach Fraas,
Linthia oblonga d'Orbigny vom Djebel Ghârib in der arabischen Kette Aegyptens (sonst bekannt im Unterturon Algeriens),
Galerites alluyalerus nach Fraas,
Nerinea gemmifera nach Lartet und Nötling,
Nerinea cf. *Fleuriausa* nach Fraas.

Alle diese Namen weisen auf Turon hin und in der That könnten diese Schichten als ein Aequivalent des europäischen und algerischen Turons angesehen werden. Freilich dringen noch einige cenomane Typen in die unteren Schichten dieser Zone ein, wie *Discoidea cylindrica*? nach Fraas, *Ostrea olisiponensis* und *flabellata* nach Lartet.

Nötling hat die Rudistenkalke ganz Syriens in zwei selbstständige Zonen einzutheilen versucht, in eine untere des *Radiolites syriacus* Conr. und eine obere des *Pileolus Oliphanti* Nötl.. Diese Zweitheilung ist weder in Palästina noch im übrigen Syrien durchführbar. Die Entwickelung der Rudistenzone bald mehr als Marmore und körnige, dolomitische Kalke mit *Nerineen*, bald als echte Rudistenbänke oder versteinerungsleere Plattenkalke, Kieselkalke und Feuersteinlagen wechselt vertikal wie horizontal ungemein. Auf den petrographischen Unterschied scheint übrigens Nötling auch weniger Gewicht zu legen, da er l. c. p. 844 selbst bemerkt: Die Kalke und Dolomite der Stufe des *Pilcolus Oliphanti* „gleichen den Radiolitenkalken so sehr, dass es ausserordentlich schwer hält, sie davon zu unterscheiden".

In der Fauna kann ich ebensowenig innerhalb der Rudistenzone einen durchgreifenden Gegensatz wahrnehmen. Die Fossillienlisten, die Nötling p. 843 und 844 gibt, lassen denselben abgesehen von lokalen und faciellen Verschiedenheiten (Auftreten jener gigantischen *Pilcolus*art am Karmel) keineswegs hervortreten. Der *Hippurites syriacus* Conrad et Fraas, den Nötling als Leitfossil seiner unteren Zone nennt, ist ausserhalb der Jerusalemer Gegend mit Sicherheit gar nicht bekannt. Denn was Nötling als *Radiolites syriacus*

---

*) In der Nomenklatur schliesse ich mich hier an Stoliczka und Coquand (Études suppl. sur la Pal. alg. faisaut suite à la Descr. géol. et pal. de la région sud de la prov. de Constantine. Bull. de l'Acad. d'Hippone. Bone 1880 p. 390--392) an.

CONR. vom Libanon anführt, ist, wie ich mich in seiner Sammlung überzeugte, ein gänzlich davon verschiedener Rudist (— *Sphaerulites Saurayesi* d'HOMBRE FIRMAS), der damit nicht verwechselt werden darf. Der *Pileolus Oliphanti* NÖTL. andererseits ist bis jetzt nur vom Karmelgebirge bekannt und auch noch gar nicht beschrieben. Er ist also vorläufig noch weniger zum Leitfossil geeignet. Im Uebrigen aber ist die Fauna ziemlich einheitlich. Rudisten kommen im Nerineenkalk, Nerineen im typischen Rudistenkalk vor. Man hat es mit zwei jeweilig vorherrschenden Facies zu thun, der Rudisten- und Gastropodenfacies, welche nicht allein horizontal, sondern auch vertikal ohne Regel abwechseln können. Nur in Jerusalem hat FRAAS eine untere Partie von Hippuritenkalken (Melekeh) und eine obere als „Nerineenmarmor" (Missih) unterschieden, doch sind Hippuritenbänke auch in der oberen Partie mehrfach vorhanden. In Aegypten gibt SCHWEINFURTH an den Pyramiden von Gizeh einen Kalk mit Nerineen und Actaeonellen gerade unter dem Hauptrudistenhorizont an. Im Libanon werden wir später sehen, dass Rudistenschichten nicht nur unter den Nerineen-reichen Schichten, sondern hauptsächlich über denselben folgen.

Am interessantesten ist in Palästina die über den Rudistenkalken folgende zuweilen mächtige Reihe **gelblicher** oder **weisser Mergelkalke oder Mergel**, und zwar durch ihre eigenartige Mischfauna, welche einen Uebergang nicht wie man erwarten sollte, vom Turon zum Senon, sondern direkt vom Cenoman ins Senon uns vor Augen führt. Der obere Theil dieses Mergelcomplexes (die Kreide von Mâr Sâba) enthält meist eine Fauna von entschieden senonem Gepräge, im unteren aber vermischen sich mit senonen Typen cenomane Formen, theils die gleichen, welche man schon im typischen (tieferen) Cenoman Syriens vorfindet, theils andere, welche dort fehlen, aber ebenso für Cenoman charakteristisch sind, namentlich Ammoniten. Bei der Wichtigkeit, welche dieser Uebergangszone von weissen Kreidemergeln und Kalken zukommt, wollen wir das Auftreten derselben, speciell desjenigen Theiles, wo die cenomanen Typen noch vor den senonen vorherrschen, im Einzelnen verfolgen, soweit es die Nachrichten gestatten.

Aus Aegypten ist uns noch kein Aequivalent dieser ganzen Zone bekannt, wenn wir nicht die Schichten ; in SCHWEINFURTH'S Profil westlich der Pyramiden von Gizeh mit *Hemiaster*, Seeigelstacheln und kleinen Krebsscheeren etwa als solches ansehen wollen.

Die erste sichere Kunde vom Vorkommen lichter Kreidemergel „in oberen Horizonten der mittleren Kreide" erhalten wir durch LARTET aus der Umgegend von Kornk östlich vom Todten Meere. Dort sah LARTET unter der eigentlichen Feuersteinkreide Schichten von weisser Kreide, erfüllt von mikroskopischen Foraminiferen. In dem unteren Theil derselben sammelte er (?) *Hemiaster Vignesi* Bivalven, einen Ammoniten, den er ebenso wie auch PERON für *A. teranus* RÖMER hält, und Fischschuppen.

Genannte Ammonitenart tritt sonst nur gewöhnlich nur in Senonschichten auf und zwar in den untersten, dem Santonien, in Deutschland in der Zone der Emscher Mergel, welche SCHLÜTER als selbstständiges Glied zwischen Turon und Senon einschob. Nach LARTET (l. c. p. 72) und DIENER*) wäre der Ammonit von Kornk möglicherweise identisch mit dem FRAAS'schen *A. Lyelli***) aus dem Kakûhlegesteine von Jerusalem. Dies ist nach DIENER späterer Untersuchung eine mit *A. Lyelli* des Gault verwandte Acanthoceras art. LARTET **) glaubt bestimmt, dass die betreffenden Schichten von Kornk, die er p. 113 als „obere Horizonte der mittleren Kreide" bezeichnet, dem Ammonitenhorizont von Jerusalem entsprechen. Leider lässt weder der Text noch die Abbildung des Ammonitenfragments [Seitenansicht] bei LARTET ersehen, ob die Mitte der Siphonalseite einen Kiel trägt oder eine unpaarige Knotenreihe, in welch' letzterem Falle man es allerdings wie bei den von FRAAS beschriebenen Exemplaren keinenfalls mit einer *Schloenbachia (texanus)*, sondern mit einem Acanthoceras zu thun hätte. Derselbe würde dann ausser an den Ammoniten vom Oelberg bei Jerusalem auch etwas an *A. safedensis* CONR. aus der senonen Feuersteinkreide von Galiläa erinnern, ebenfalls wie es scheint einen *Acanthoceras*.

---

*) DIENER. Ueber einige Cephal. aus der Kreide von Jerusalem. Verhandl. der k. k. geol. Reichsanstalt Wien. 1887, p. 254. Anm. 1.
**) FRAAS. Geologisches aus dem Orient. I. p. 103.
***) LARTET. La Mer Morte. p. 72. Anm. 1.

Aus dem Gesagten lässt sich noch keine Sicherheit bezüglich des Alters des Ammoniten von Kerak gewinnen, doch spricht alles in allem, so auch das Auftreten von Fischresten immerhin mehr dafür, dass die Schichten schon dem unteren Senon angehören, einer Altersstufe, die wir später in den mittleren und oberen Lagen des Kaköhle am Oelberg wiedererkennen werden.

Einem zweifellos senonen Ammonitenhorizont an der Basis des Senons begegnen wir gar nicht weit von obigem Fundort am Djebel Sehihan östlich vom Todten Meere. Es ist ein gelblicher Kalk mit Foraminiferen.

Hemiaster Luynesi,   *Plicatula Flattersi* und
Ostrea cf. *semiplana*,   *Ammonites* sp.
Protocardia moabitica,

Ostrea semiplana und *Plicatula Flattersi* sind zwei charakteristische Fossilien des algerischen Santonien (Untersenon). Ueber dieser Schicht folgt eine mächtige Reihe von lichten Kreidekalken und Mergeln, wechselnd mit dicken, schwarzen Feuersteinbänken; unter ihr aber tritt ein weisslicher, dünngeschichteter Kalk auf.

Diese tiefere Schicht scheint am Wadi Modjib und Wadi Zerka Maïn mit einem weisslichen Mergel mit Bivalven, besonders *Pholadomya Luynesi* zu correspondieren, welcher dort über dickbankigen, grauen, compakten Kalken, dem Aequivalent der oberen Rudistenkalke benachbarter Orte, liegt. Am Wadi Zerka Maïn schieben sich noch Plattenkalke unter den Pholadomyenmergeln ein. Diese Art, *Phol. Luynesi* LART. glaube ich in gewissen Pholadomyen aus den Mergeln der Buchicerasszone von Hasbeia am Hermon wiedererkannt zu haben, also aus einer Zone, welche, wie ich später zeigen werde, direkt mit dem unteren, an Seeigeln und Austern reichen Cenoman Palästinas correspondiert.

Bei 'Ain Mûsa am Berge Nebo folgt über dem grauen Rudistenkalk gelblicher Kalk mit *Cyphosoma* sp. (= *C. Delamarrei* (?) LART.) und *Ostrea flabellata*, letztere eine typische Cenomanform; dann dünngeschichtete gelbe Mergel ohne Versteinerungen.

Für das weitere Ostjordanland fehlt uns leider ein zusammenhängendes Profil der praesenonen Kreide und wir sind auf zerstreute Notizen angewiesen, daher das Niveau der einzelnen Petrefaktenvorkommnisse nur ungefähr vermuthet werden kann. Zwischen Sûf und Djerasch gibt LARTET[*] das Vorkommen eines gelblich weissen Mergels an, der vielleicht (!) dem in Rede stehenden Horizont des obersten Cenomanturons, den wir nach dem Vorgange von FRAAS[**] als Pholadomyenmergel bezeichnen können, entspricht. Seine Fauna besteht aus Foraminiferen:

Hemiaster cf. *Chauveneti* PERON et GAUTH. | *Protocardia moabitica* LART.
Ostrea flabellata | *Venus* sp.
Vola Dutrugei COQ.? | *Pholadomya Vignesi* LART.
Cardium syriacum CONR. |

Dem gleichen Niveau scheint eine Fauna entnommen zu sein, welche Missionar ZELLER am Djebel Osha bei Es-Salt, dem alten Ramoth Gilead in einem gelblich-weissen Kalkmergel sammelte:

Nucula cf. *Cornueliana*, | *Venus syriaca*,
Protocardia moabitica, sehr häufig, | *Pholadomya Vignesi* sehr häufig,
Cytherea syriaca, | *Acanthoceras harpax*.

Ob diese Suite von Petrefakten, welche im Stuttgarter Naturalienkabinet aufbewahrt ist, auch vollständig einer Schicht entstammt, weiss ich natürlich nicht; jedenfalls lässt die bei allen gleiche Gesteinsart die Möglichkeit einer solchen Annahme zu. *Hemiaster Chauveneti*, *Vola Dutrugei* sind Formen des Cenomans von Batna, Setif und Tenukla in Algerien, wo sie zusammen mit *Ammonites rotomagensis* etc. vorkommen.

---

*) LARTET, p. 60.
**) FRAAS, Geologisches aus dem Libanon 1878. p. 351.

Von *Acanthoceras harpax* STOL. liegen drei Exemplare vor, darunter eins ausgezeichnet erhalten. Diesem sitzt eine *Protocardia moabitica* LART. et NÖTL. auf, als Beweis der Zugehörigkeit dieser Art zur selben Schicht. Genannter Ammonit ist eine vorderindische Form mit der meiner Ansicht nach *A. rotomagensis* STOLICZKA (non BRONGN.) untrennbar verbunden ist und direkt zu einer Art vereinigt werden muss. Sein Hauptlager hat er in Südindien in der Ootatoorgroup, die dem europäischen Cenoman gleichgestellt wird; doch sei hier gleich hervorgehoben, dass im Gegensatz zu dem Verhalten des echten *A. rotomagensis* BRONGN. in Europa der *A. rotomagensis* STOL. in Indien in vereinzelten Exemplaren auch in höhere Horizonte hinaufzugehen scheint, nämlich in die Trichonopoly group (= Turon *).

Wir haben in unserem Pholadomyenmergel also eine Fauna von mikroskopischen Foraminiferen, Hemiastern, Austern, Volen, Bivalvensteinkernen der Gattungen *Venus*, *Cytherea*, *Cardium*, *Protocardia*, *Pholadomya* und von Ammoniten der Gattung *Acanthoceras* und diese Fauna werden wir theilweise auch im Westjordanland, ja im nördlichen Libanon wiederkehren sehen, theils in jenem Kreidemergelhorizont über den Rudistenkalken, theils in letzterem selbst.

Auf der Westseite des Todten Meeres wird bei 'Ain Sebbeh ein grauer, compakter, oft dolomitischer Kalk von beträchtlicher Mächtigkeit und Verbreitung, den man berechtigt ist, den höheren Rudistenkalken zu parallelisiren, überlagert von weisslicher Foraminiferenkreide mit Bänken von einer Auster, die der *Gryphaea vesicularis* sehr nahe steht, speciell der Varietät der chloritischen Kreide, und die LARTET Ostrea *vesicularis* r. *jubaira* genannt hat. Ihr ist beigesellt *O. canaliculata* SOW., d'ORB., eine Art, deren Verbreitung in anderen Ländern allerdings vom Aptien bis in das Senon nachgewiesen ist, die aber doch mit Vorliebe im Cenoman und Turon ihr Lager hat, in Indien nur in der Ootatorugroup. Zwischen 'Ain el-Feschkah und Nebi Mûsa führen dieselben weisslichen, weichen Kreidemergel, auch graue Feuersteine.

Die mächtigste Verkalkelung erreichen diese Schichten bei Jerusalem als sogenannter Kaküble. Ueber den Hippuriten- und Nerineenkalken und Marmoren wiederholt sich zunächst der Plattenkalk des Wadi Zerka Maïn, dann folgt milder Kreidekalk, der die meisten Plateauhöhen um Jerusalem einnimmt. „Das Gestein ist durch Eisenverbindungen oft gelblich oder rosenroth gefärbt. Es wechseln mit einander härtere und mildere Schichten" ab. Dieser Kaküble ist paläontologisch interessant durch seine reiche Ammonitenfauna von meist neuen Arten der Gattungen *Acanthoceras*, *Schloenbachia*, *Hoplites* und *Placenticeras*, welche neuerdings DIENER einer genaueren Untersuchung unterzogen hat.

Einem tieferen Horizont innerhalb des Kaküble von hartem röthlichem oder grauem Kalkstein, der besonders westlich von Jerusalem an der Jaffastrasse und beim Kreuzkloster entwickelt ist, dürften angehören: *Acanthoceras rotomagense* BRONGN. nach FRAAS, DIENERS und NEUMAYERS Bestimmung***), vom Kreuzkloster und vor dem Thore an der Jaffastrasse.

Hoplites n. sp. ind. aus der Gruppe des *H. fissicostatus* PHILL. (= *Ammonites fissicostatus* FRAAS); zwischen Jerusalem und Djezzin.

Schloenbachia n. sp. ind. (= *A. varians* FRAAS); Jerusalem.

Aus weissen, weichen, mergeligen z. Th. höheren Lagen des Kaküble, namentlich im Osten von Jerusalem am Oelberg und Bethanien stammen:

Placenticeras n. sp. ind. aff. *P. memoria Schloenbachi* LAUBE et BRD. (= *Amm. bicurvatus* [MICH.] FRAAS); zwischen Oelberg und Bethanien.

Schloenbachia n. sp. ind. (= *A. rostratus* [SOW.] FRAAS); vom Oelberg und Berg des bösen Raths.

Schloenbachia cf. *tricarinata* d'ORB., die dem oberen Turon und Senon eigenthümlich ist; Fundort nicht angegeben, vermuthlich derselbe, wie der des *Amm. Goliath*, zu dem FRAAS das Exemplar gestellt hatte.

---

*) STOLICZKA, Cret. Cephal. of South. India, p. 70.
**) DIENER, Ueber einige Ceph. aus der Kreide von Jerusalem. (Verh. der geol. Reichsanst. Wien 1887 p. 252.)
***) Vergl. im paläont. Theil dieser Arbeit.

Acanthoceras sp. (= *Amm. rusticus* [Sow.] Fraas); Steinbruch am Fussweg Jerusalem-Bethanien und an der Ostseite des Oelbergs.

Acanthoceras n. sp. aus der Gruppe des *A. Lyelli* Leym., Leitfossil des Gault (= *Amm. Lyelli* Fraas). Das Exemplar hält nach Diener im allgemeinen Habitus die Mitte zwischen *A. Lyelli* und *rotomagensis*, weist also in jedem Falle auf mittlere Kreide hin; vom Oelberg.

Ammonites Goliath Fraas; Aus dem Orient I, p. 249, t. 4, f. 18 ab; vom Oelberg.

Ammonites sp. (= *A. Mantelli* (Sow.) Fraas p. 194, 201, 204, 250); Berg des bösen Raths.

Es geht aus der ganzen Darstellung von Fraas*) und Lartet hervor, dass der Horizont des *Amm. rotomagensis* mit tieferen Lagen des Kakuhle ident ist, nicht etwa noch unter die Hippuritenkalke reicht. Fraas spricht immer nur von einer Hauptammonitenzone, dem „milden Kreidekalk von Jerusalem". Auf p. 201 heisst es: „Hiermit" (d. h. beim Hinaufsteigen über die Hippuritenkalke und den Plattenkalk) „erst ist die Zone von Rouen, der eigentliche Grünsand oder die chloritische Kreide erreicht; die Zone des *Amm. varians Mantelli* u. s. w., über welche gar kein Zweifel bestehen kann." Die genannten *A. Mantelli* (?) und *varians* (?) aber finden sich nach Fraas p. 194 und 247 „in Gesellschaft des *A. Rhotomagensis* bei Jernsalem" resp. Djezzin. Also rührt auch das von Roth am Kreuzenkloster bei Jerusalem gefundene Ammonitenexemplar, dessen Zugehörigkeit zum echten *A. rotomagensis* nicht allein von Fraas, sondern auch von Diener und Neumayr nach stattgehabter Untersuchung als zweifellos anerkannt wurde, jedenfalls aus dem Kakuhle über dem Rudistenkalke her, wo er sein Lager nur wenig tiefer als *A. rusticus* (?) Fraas und *rostratus* (?) Fraas einnimmt. Da demnach jene Kalke am Kreuzkloster noch zum Kakuhle gehören, so würde vorausgesetzt, dass *A. rotomagensis* absolut beweisend für Cenoman ist, wie Diener hervorhebt, damit wohl die grössere Hälfte der Kreideablagerungen, welche das Gebirge Juda zusammensetzen, dem Cenoman zufallen, natürlich einschliesslich der Hippuritenkalke mit ihrem turonen Charakter.

Die in meiner Tabelle angegebene Schichtenfolge in der Gegend von Jerusalem ist auch neuerdings durch vom Rath**) authentische Beobachtungen im Wesentlichen bestätigt worden.

Die Einheitlichkeit und relative Lage des Ammonitenhorizontes sind hier deshalb besonders betont worden, weil Herr Dr. Diener***), der persönlich Jerusalem nicht besuchte, augenscheinlich um nicht das Turon in Judäa ganz ohne Vertretung zu lassen, in seiner „Tabelle über die Entwickelung des Kreidesystems in Syrien, Palästina, der arabischen und libyschen Wüste" den Ammonitenhorizont von Jerusalem unter die faunistisch dem Turon näherstehenden Rudistenkalke gesetzt hat. Er hat es auf diese Weise vermieden, die letzten Consequenzen aus seiner eigenen Beweisführung, betreffend das palästinensische Cenoman, zu ziehen.

Wenn man den Charakter der verschiedenen Faunen ins Auge fasst, würde die von Diener angenommene Aufeinanderfolge der Schichten wohl natürlicher erscheinen als die thatsächlichen Verhältnisse. Aber es dürfen und können nicht nach paläontologischen Anhaltspunkten allein Profile construirt werden; denn nur allzu oft steht eine thatsächliche lokale Schichtenfolge in (scheinbarem) Widerspruch mit dem zu erwartenden oder an anderen Orten beobachteten Gang in der Entwickelung der Thier- und Pflanzenwelt. Deshalb kommt dem vergleichenden Studium und der Bearbeitung des paläontologischen Materials in der Stratigraphie erst die zweite Rolle zu; die Hauptsache bleibt die Erkenntniss der wirklichen jeweiligen Reihenfolge der Schichten durch Profile, wie letztere uns für Judäa in durch Fraas und Lartet genügend

---

*) Geologisches aus dem Orient. Württemb. naturw. Jahresh. 1867 p. 194. 201. — Auf eine persönliche mündliche Anfrage meinerseits bestätigte mir Herr Professor Fraas freundlichst noch einmal seine über das Lager der Ammoniten und die Schichtenfolge gewonnene Auffassung.

**) vom Rath, Palästina und Libanon. geologische Reiseskizze (Verh. des naturh. Ver. d. preuss. Rheinl. u. Westf. 1881. Correspondenzblatt und Sitzungsber. der Niederrhein. Ges. f. Natur- und Heilkunde).

***) Libanon, p. 45 und Zeitschr. der Deutsch. geol. Ges. 1887. p. 342.

geliefert worden sind. Die einzelnen Faunen bestimmter Schichten allein zeigen mit Sicherheit bloss die jedesmalige Facies an.

Aus diesen Gründen kann ich, solange bis keine neueren auf direkter Beobachtung beruhenden Berichtigungen vorliegen, wegen der auffallenden Faunenfolge allein mich nicht veranlasst sehen, an den Angaben von FRAAS und LARTET zu zweifeln. Die Verschiedenheit des Gesteinsmaterials, aus welchem die fossilen Ammoniten von Jerusalem bestehen, worauf DIENER hinweist, erklärt sich genügend durch den erwähnten Wechsel in der Härte und Farbe innerhalb des Kakühle selbst.

Die Schlüsse, die sich aus den angeführten auffälligen, vorläufig nicht wegzuleugnenden Thatsachen ergeben, sind folgende: Bisher hat *Ammonites rotomagensis* für das typischste Leitfossil des Cenomans gegolten. Entweder muss man von jetzt an sein Vorkommen ganz entsprechend dem des nahe verwandten *A. harpax* (= *A. rotomagensis* STOL.) auch im Turon zulassen oder die selbstständige Existenz der Turonetage speciell für Judäa oder womöglich ganz Syrien leugnen respektive dieselbe dort als Unterabtheilung oder besondere Facies des (oberen) Cenomans oder der chloritischen Kreide betrachten. Für die letzte Auffassung spricht der Umstand, dass auch andere Cenomanfossilien innerhalb wie oberhalb der turonartigen Schichtenreihen sich einstellen.

Wir haben nun noch der Fauna der Bivalven und Gastropoden im Kreidekalk von Jerusalem zu gedenken. Eine Sichtung der Arten nach verschiedenen Niveaus ist bis jetzt leider unnöthig. Wieder treffen wir sowohl cenomane als senone Formen an, doch sind die letzteren vorherrschend. Offenbar stammt der grössere Theil der Bivalven, besonders die von ANDERSON gesammelten, aus höheren Niveaus, während der cenomane Hauptammonitenhorizont nach LARTET mehr an der Basis der Kreidekalke liegt. Nach ANDERSON*) und FRAAS mache ich folgende Fossilien namhaft, die sämmtlich um Jerusalem, aller Wahrscheinlichkeit nach im Kreidekalk gesammelt sind:

Gryphaea resicularis; nach FRAAS.
Pecten detambis CONR.; nach ANDERSON.
Vola quadricostata SOW.?; nach FRAAS.
Plicatula aspera SOW. (? = *P. Flattersi* LART.); nach FRAAS.
Macrodon (Cucullaea) parallelus CONR. sp. (*Arca securis* d'ORB., FRAAS); nach AND.
Leda (Nucula) perdita CONR. sp.; n. AND.

Nucula crebrilineata CONR.; nach AND.
Roudairia Dru (= *Opis undatus* CONR.); n. AND.
Astarte formosa d'ORB.; nach FRAAS.
Protocardia hillana (*r. moabitica* LART.), n. FRAAS.
Crassatella Rothi FRAAS.
Pholadomya Vignesi (= *P. fabrina* FRAAS); n. F.
Corbula striatula SOW.; n. FRAAS.
Rostellaria sp.; n. AND.

Hierunter würden die Namen: *Vola quadricostata* SOW., *Arca securis*, *Astarte formosa*, *Protocardia hillana*, *Pholadomya Vignesi* und *Corbula striatula* mehr auf Cenoman oder oberen Grünsand hindeuten, die übrigen, speciell *Gryphaea resicularis* und *Roudairia Drui* auf Senon.

Die Gryphaeen stammen auch aus den höheren (senonen) Lagen des Oelbergs, wo sich in der Kreide schon Feuersteinbänke einstellen.

Von der Höhe des vorletzten Passes westlich Jerusalem bei Nebi Samwil gibt FRAAS „*Janira quadricostata* d'ORB." an. Diese senone Art, welche unter dem besseren Namen *Vola regularis* SCHLOTH. sp. von der eigentlichen *Vola quadricostata* SOW. zu trennen ist, wird sonst (von LARTET) aus Palästina oder Mittelsyrien nirgends genannt. Ich vermuthe daher, dass es sich um die häufige Cenomanform *Vola quadricostata* SOW. (= *Janira quadricostata* CONR. et LARTET) handelt.

Protocardia moabitica ist speciell in dieser Zone der Kreidekalke an der Grenze von Cenoman und Senon sehr verbreitet, aber sie kann doch nicht als Leitfossil gelten. Vielmehr ist es eine für die Facies weisser Kreidekalke und Mergel innerhalb der ganzen oberen Kreide Palästinas charakteristische Form der *P. hillana*, die übrigens von dieser kaum zu trennen ist. Im Moabiterlande bei Kerak und am Zerka Maïn findet sie sich in typischem tieferem austernreichem Cenoman, an anderen Stellen Palästinas, so im Karmelgebirge, in zweifellosem Senon.

*) ANDERSON, Geol. Recon. of parts of the Holy Land. (LYNCH. Off. Report of the U. St. Exped. p. 157).

Pholadomya Vignesi (= *P. fabrina* FRAAS l. p. 238) ist als Begleiter der Ammoniten schon wichtiger. Wir finden sie ausserhalb dieses Horizonts in Syrien nur in tieferen Schichten.

Für die bisher geschilderten so eigenartigen Verhältnisse in der Entwicklung der Oberen Kreide Palästinas ist die Erklärung unschwer zu finden. Dass gerade das Turon in Palästina am schwächsten entwickelt ist, seine Selbstständigkeit als Zwischenglied zwischen den benachbarten Stufen Cenoman und Senon fast eingebüsst hat und förmlich als Unterabtheilung in das mächtige Cenoman aufgeht, erscheint bei dieser Stufe des cretaceischen Systems am wenigsten auffällig, insofern dieselbe in der Mittelmeerregion, Südeuropa und Afrika, von allen Kreidestufen relativ am wenigsten durch eine reiche eigene Fauna charakterisiert ist und auch in der Regel geringere Mächtigkeit besitzt als das Cenoman und Senon. Die Gosauschichten, welche man so lange als echte Vertreter des Turons ansah, sind, wie DIENER neuerdings nochmals gebührend hervorhob, nach dem heutigen Stand der Kenntnisse mit grösserem Recht als senone Schichten zu proklamieren. Von alpinen petrefaktenführenden Schichten kann in den Nordalpen mit Sicherheit nur das oberste Glied der Seewenschichten, die Hohenemser Schichten, in den Südalpen ein kleiner Theil der Rudistenkalke und die grössere Hälfte der Scagliaschichten als Vertretung des Turon aufgefasst werden. In Algerien spielt das Turon, vorherrschend Rudistenkalke, von allen Kreidestufen die geringste Rolle in Mächtigkeit, Verbreitung und besonders Fossilreichthum, ebenso in Aegypten.

In Palästina kehrten gegen Ende der Turonzeit, d. h. nach Ablagerung der typisch-turonen Rudistenkalke vor Beginn des eigentlichen Senon noch einmal dieselben äusseren Lebensbedingungen, dieselbe Mergelfacies, wie sie speciell im Osten des Todten Meeres und im Ostjordanland zur Cenomanzeit lange geherrscht, wieder. Da die Unterbrechung während der Ablagerung der meist wenig mächtigen, faciell verschiedenen Rudistenkalke zu kurz gewesen war, um die reiche Cenomanfauna ganz aussterben zu lassen, so konnte dieselbe von den für ihre Erhaltung geeigneten Stellen des Meeresgrundes aus bei Beginn der Kreidemergelzeit sich wieder in ihrem früheren Gebiete verbreiten. Dieser Thierwelt aber gesellten sich die neuen Formen des Senons hinzu, welche lebenskräftiger bald die alte Cenomanfauna vollständig verdrängten.

Hieraus ergiebt sich auch, dass wenn man entsprechend der Eintheilung der Kreide in Europa eine Grenze zwischen Turon respective Cenomanturon und Senon ziehen will, dieselbe bei Jerusalem innerhalb des Kakühle oder milden Kreidekalkes zu legen ist, etwa direkt über dem Lager der entscheidenden Cenomanammoniten besonders des *A. rotomagensis*. Da dieses Lager nach LARTET an der Basis des Kakühle liegen soll, so könnte sehr wohl ein gewisser Theil der Ammoniten z. B. *Schloenbachia* cf. *tricarinata* und andere noch dem Senon zufallen. Ob eine schärfere Grenze bei Jerusalem überhaupt zu ziehen ist, müssen künftige Detailuntersuchungen lehren.

Dem oberen, senonen Theil des Kreidemergels am Oelberge und Berg des Ärgernisses, in dem sich gegen die Spitze des Oelbergs und weiter im Osten von Jerusalem Feuersteinbänke einstellen, entspricht vollkommen die **weisse Kreide von Mâr Sâba** am Kidronthal, deren Fossilreichthum schon ANDERSONS Aufmerksamkeit erregte. In der folgenden Liste findet man kaum noch charakteristische Cenomantypen vor:

Gryphaea vesicularis.	*Protocardia moabitica* LART., NÖTL. (= *Cardium*
Pecten delnubis CONR.	*bellum* CONR. = *Cardium hillanum* FRAAS).
Inoceramen.	*Corbula striatula* SOW.
Arca cenomanensis d'ORB.(?!) nach FRAAS (= *Ma-*	*Crassatella syriaca* CONR.
crodon parallela CONR. sp. nach LARTET).	*Dentalium* sp. sp.
Nucula crebrilineata CONR.	*Scalaria* sp.
Leda perdita CONR. sp.	*Rostellaria?* sp.
Roudairia Drui (= *Trigonia distans* FRAAS non	*Baculites anceps* LAM., häufig.
CONR.).	

Blanckenhorn, Zur Geologie Syriens. 4

Mit dieser Baculitenkreide von Mâr Sâba correspondirt paläontologisch an der Apostelquelle unweit Nebi Mûsa eine Bank gelblichen Grobkalkes, ganz erfüllt von Leda und anderen Fossilien, welche sich dort inmitten der feuersteinführenden Kreide vorfindet. Sie enthält:

Ostrea vesicularis. *Nucula evebrilineata* CONR.
Macrodon (Cucullaea) parallela CONR. sp. aff. *se-* *Crassatellen.*
curis LEYM. *Dentalien*
Leda (Nucula) perdita CONR. sp. *Lamna-zähne.*

Die zuletzt besprochenen Vorkommnisse haben uns schon vollständig in die ziemlich ärmliche Senonfauna eingeführt, die sich in ganz Palästina wiederholt. Wir sehen da hauptsächlich *Gryphaea vesicularis, Inocerumen, Rondairien,* eine ganze Reihe kleiner Bivalven und Gastropoden, ferner *Dentalien, Ammoniten, Baculiten* und Haifischzähne. Nur wenig ist noch zur Vervollständigung des Faunenbildes hinzuzufügen: Aus der Feuersteinkreide von Latrûn im westlichen Judäa führt FRAAS *Ventriculites angustatus* RÖM. an. Bei 'Ain Terabeh im Westen des Todten Meeres fand ANDERSON in einem grossen Feuerstein den *Baculites syriacus* CONR. Baculiten sah auch NÖTLING in seinen „obersenonen Hornsteinbänken."

Fraglich ist dagegen, ob der *Baculites asper* LARTET dem Senon angehört. LARTET fand ihn in einem grauen compakten marmorartigen Kalk, aus welchem der Querriegel an der höchsten Stelle des Wadi el-'Araba besteht, der die Wasserscheide bildet zwischen dem Golf von 'Akabah und dem Todten Meer. Er vergleicht ihn mit *B. asper* MORTON aus der Oberen Kreide von Texas und hält ihn für nahe verwandt mit einem Baculiten aus der Kreide der Touraine.

In Galiläa wurden von ANDERSON in der feuersteinführenden Senonkreide bei Sâfed folgende Petrefakten gesammelt:

Gryphaea vesicularis, *Dentalium sp.*
Pecten delaubis, *Ammonites safedensis,*
Lucina safedensis, *Ancyloceras safedensis.*
Corbula striatula,

Der angeführte Ammonit dürfte, nach Abbildung und Beschreibung zu urtheilen, ein *Acanthoceras* mit etwa 30—40 geraden, einfachen, breiten, stumpfen, vielknotigen Rippen, abgerundeter Externseite und einer Knotenreihe auf dem Sipho sein.

Die Mollusken-Fauna ist innerhalb der Senonschichten Palästinas überall ungefähr dieselbe. Auf sie lässt sich schwerlich eine **Gliederung des Senons** stützen. Aber wir bemerken dafür in petrographischer Hinsicht einen gewissen Gegensatz zwischen zwei Zonen, der sehr oft, wenn auch nicht überall wiederkehrt. An der Basis befinden sich lichte feuersteinfreie Mergel und Kalke, gegen oben folgt in der Regel die typische Feuersteinkreide mit Schnüren von Flintknollen und ganzen oft mächtigen Hornsteinlagern. Die Farbe der Feuersteine ist bald grau, röthlich oder schwarz. Die untere Zone, welche man die Kreide von Mâr Sâba nennen kann, der auch die mittleren und oberen Lagen des Kakûhle oder weichen Kreidekalkes von Jerusalem zufallen, geht nach unten direkt in die obersten Cenomanturonmergel, den Horizont des *A. rotomagensis* über.

In der unteren Zone finden sich an vielen Orten Ansammlungen von Fischresten, namentlich Haifischzähne, Fischschuppen, Coprolithen vor. Hier ist zweifelsohne der wichtigste Fischhorizont Palästinas. Auch die Fischzahnschichten vom Berg des bösen Raths (Abû Tôr) bei Jerusalem möchte ich mit NÖTLING vorläufig derselben Zone zutheilen, d. h. dem oberen Kakûhle. Jedenfalls sehe ich bis jetzt keinen Grund dafür, sie wie DIENER für viel jünger als die bituminösen Schichten am Todten Meere, bei Nebi Mûsa, und im Wadi 'Arab im Djôlân zu halten.

Die Schilderung des für uns Wissenswerthen über die Ausbildung der Kreide im südlichen Syrien oder Palästina wäre hiermit beendet. Wir haben gesehen, dass Schichten von vorwiegend **cenomanem**

Charakter im allgemeinen die grösste Rolle zufällt in der Zusammensetzung des ganzen Systems. Wir haben ferner gesehen, dass die Fauna dieser Schichten in keiner irgend wesentlichen Beziehung von der im südlichen Atlas, Aegypten, Arabien und dem südlichen Indien abweicht und wie diese einen grossen Reichthum an charakteristischen Seeigeln und Austern birgt. Es wird also Palästina, wie DIENER wieder hervorhob, mit vollem Recht in die afrikanische Provinz zur Cenomanzeit einbegriffen werden müssen.

Ueber das **Senon** lässt sich in dieser Beziehung schwerer ein Urtheil gewinnen. Seine Fossilienarmuth steht allerdings an sich schon in einem Gegensatz zu afrikanischen Verhältnissen. Besonders ein Vergleich mit der Fauna des Senons der libyschen Wüste fällt sehr zu ungunsten des palästinensischen Senon aus. Die *Ostrea Ovenvegi*, deren Schalen in der libyschen Wüste und Sahara oft meilenweit den Boden bedecken, ist in Palästina nicht bekannt. An Austern, den bezeichnenden Typen der afrikanischen Kreidefacies, fehlt es überhaupt sehr im Senon Palästinas im Gegensatz zum Cenoman daselbst. *O. larva*, welche in der arabischen Wüste Aegyptens noch häufig ist, scheint bloss bis in die Sinaihalbinsel zu reichen. Es fehlen die im aegyptischen und algerischen Senon häufigen Cephalopodenarten, besonders die der Gattung *Bochiceras* und *Nautilus* ganz. Die Klasse der Seeigel, so hervorragend durch ihre Artenzahl im algerischen Senon, scheint in Palästina bloss durch die Gattung *Hemiaster* vertreten. Nur eine charakteristische Art der Kreide der libyschen Wüste, *Roudairia Drui*, glaubte ich in der FRAAS'schen Sammlung von Palästina wiederzuerkennen. Unter solchen Umständen darf ich mich wohl bezüglich des Senons in Palästina dem negativen Ausspruch DIENERS *) über die Verwandtschaft des mittelsyrischen Senon anschliessen und denselben auf Palästina ausdehnend dahin erweitern: „Die Entwickelung der Senonkreide" in Syrien „ist eine von den gleichaltrigen Bildungen der libyschen Wüste wesentlich verschiedene." Die Frage bliebe bloss noch zu untersuchen, ob und inwieweit das Senon Syriens dem der libyschen Wüste auch wirklich gleichaltrig ist.

Wenn wir entsprechend der Auffassung der französischen Geologen in Algerien das Senon in drei Theile gliedern, die übrigens nicht überall unterschieden werden können und sich wohl auch gegenseitig theilweise vertreten mögen, das Santonien, Campanien und Dordonien oder Danien, so würden die fossilreichen Ablagerungen der libyschen Wüste nach ZITTEL sämmtlich der letzten obersten Abtheilung mit dem Leitfossil *Exogyra Overwegi* angehören.

In der arabischen Wüste in dem Profil am Kloster St. Anton scheint eine Vertretung des Campanien schon angedeutet. *Ostrea larva*, die dort mit *O. serrata* und *vesicularis* auftritt, soll zwar in Tripolitanien in Gesellschaft der *O. Overwegi* angetroffen sein, wird aber von COQUAND ebenso wie vor allem *O. vesicularis* als Fossil des Campanien in Europa genannt. *O. Overwegi* bleibt hier im Osten Aegyptens bereits aus.

Im Norden bei den Pyramiden von Gizeh lässt das SCHWEINFURTH'sche Profil sogar die Stufe des Santonien aufs deutlichste erkennen, in der Schicht mit *Ostrea acanthonota*, *Ostei*, *Boucheroni* und *Plicatula Ferryi*, sämmtlich ausgezeichneten Leitmuscheln des algerischen Santonien.

Aus dem Senon der Sinaihalbinsel wird nur *Ostrea larva* genannt.

In Palästina finden wir zunächst die deutlichsten Beweise vom Vorhandensein des Santonien bei Kerak und am Djebel Schîhân, indem dort die Namen *Ostrea semiplana*, *Plicatula Fleursi*, *Ammonites texanus* entschieden darauf verweisen. Aus dem Gestein der Ammoniten von Jerusalem ist an dieser Stelle des Vorkommens der *Plicatula aspera* nach FRAAS zu gedenken.

Dem Campanien dürfte ebenfalls gerade bei Kerak ein Theil der Senon-Schichten entsprechen, da *Ostrea Villei*, ein höchst bezeichnendes Fossil, dort von LARTET mehrfach beobachtet wurde.

Die *Gryphaea vesicularis* ist bei ihrer grossen Verbreitung und Variabilität als Leitfossil innerhalb des Senon schwieriger zu gebrauchen. Die Art kommt in allen drei Abtheilungen vor; der Typus, den wir allerdings in Palästina seltener antreffen, so in der unteren fischführenden Abtheilung des Senons im Adjlûn, ist in der Regel auf das Campanien beschränkt.

---

*) Libanon. p. 44.

Pseudurna Drui und *Baculites anceps* aus der weissen Kreide von Mâr-Sâba sind bemerkenswerthe Formen des Danien, jene in der libyschen Wüste, diese in Europa.

Nach Allem wäre man berechtigt, in Palästina eine Vertretung aller drei Abtheilungen des Senon anzunehmen. Aber die einzelnen Abtheilungen sind auf eine relativ so geringe Mächtigkeit reducirt, so wenig durch Fossilien charakterisirt und gegen einander abgeschlossen, dass sie kaum durchgehend von einander getrennt werden können, wie das in Algerien der Fall ist.

2) Die Entwicklung der Oberen Kreide in Mittelsyrien.

Setzen wir unsere Betrachtungen nunmehr in Mittelsyrien, dem Libanon und Antilibanon, fort, so wird auch in tieferen Schichten in der Fauna zuweilen ein Gegensatz gegen die afrikanische Facies, andererseits zugleich eine Annäherung an die mediterrane oder alpine Facies. Man findet im Cenoman theils eine Vermischung von Elementen aus beiden klimatischen Zonen, theils ein Abwechseln von Schichten mit bald mehr europäischer, bald mehr afrikanischer auch in fischer Fauna. Die zonenen? Rudistenkalke kommen aber wieder naturgemäss zur Geltung und zeigen eine normale Entwickelung. Bei dem Vergleich mit Europa oder Afrika können sie letzteren weniger in Betracht, als ja in der Entwickelung des Turons zwischen der mediterranen und afrikanischen Provinz kein wesentlicher Unterschied zu vermerken ist. Das Senon wird in Mittelsyrien ausgesehen von seiner Fischfauna noch ärmer an Fossilien als in Palästina.

An der Ostseite des **Hermon** bei Medjdel es-Schems konnte NÖTLING über den dortigen Juraablagen, deren oberstes Glied der Glandarienkalk bildet, folgende Schichten der Kreide unterscheiden:

1. Sandsteinregion.
2. Stufe des *Buchiceras syriacum*.
3. Eigentliche Rudistenkalke.

Die mittlere, petrefaktenführende Zone 2 führt nach einer Sammlung folgende, von mir bestimmte Fossilien:

Heterodiadema libycum.   *Exogyra flabellata*.
Holectypus Larteti.   *Buchiceras syriacum*.
Toxaster Dieneri.

Hier kommt also *Buchiceras syriacum*, der wichtigste Ammonit der libanesischen Kreide, dem wir hier zum ersten Male begegnen, in denselben Schichten zusammen mit *Heterodiadema libycum* vor; eine Thatsache, die besonders hervorgehoben zu werden verdient, da sie nur allzu deutlich auf die Altersgleichheit der unteren Seelgezone in Palästina und Aegypten mit dem Buchiceraszone hinweist.

An der Westseite des Hermon sammelte NÖTLING bei Hasbeia in Schichten, die er nach seinen Erfahrungen als Stufe des *Buchiceras syriacum* bezeichnet:

Pseudodiadema tenuistriatum.   *Protocardia hillana typica*.
Toxaster Dieneri, zahlreiche Exemplare.   *Catherea obtusa*.
                                    Pholadomya cf. tigeriensis,
Vola quinquecostata c. syriaca.   sp.
Pinna restrea.   *eromya sinuata*.
Arca charandunensis.   *Natica syriaca*.
Nucula parallela.

Die DIENER'sche Familiensammlung von Hasbeia, der wir schon oben gedachten, enthält:
Pseudodiadema lumulosum.   *Lima sp*.
Diplopodia hermonensis,   *Cardita lacunar*,
Ostrea dichotoma,   *Protocardia hillana typica*.

Cytherea obruta,   *Liopistha libanotica,*
Venus cf. *syriaca.*   *Natica* cf. *bulimoides,*
Pholadomya Viguesi,   *Pterodonta ovata,*
  „   *Luynesi,*   *Cancellaria ? petraea.*
  „   cf. *ligeriensis,*

Abgesehen von der von mir constatierten übereinstimmenden Erhaltungsart und Gesteinsbeschaffenheit weist auch ein Vergleich dieser beiden Listen der NÖTLING'schen und DIENER'schen Sammlung auf dieselben Schichten in der Umgegend von Hasbeia hin und es ergibt sich durch ihre Summirung schon ein Bild der Fauna der Zone des *Buchiceras syriacum.* Wir sehen diese vollkommen entsprechen jenen untern petrefaktenführenden Mergeln und Kalken des Cenomans mit *Heterodiadema libycum* und *Ostrea flabellata,* die wir über dem nubischen Sandstein und unter den Rudistenkalken von der arabischen Wüste in Aegypten (Wadi el-Morr, wo *Buchiceras syriacum* durch eine andere Art *B. Vibrayeanum* ersetzt ist), durch die Sinaihalbinsel und das Ostjordanland (Wadi Módjib) verfolgen können.

Ueberschreiten wir westlich Hasbeia das Wadi Hasbâni, so befinden wir uns am **Djebel ed-Dahar** oder Dahar el-Lltâni, jenem Rücken, der das obere Jordanthal von dem des Leontes trennt, plötzlich auf weisslicher feuersteinführender Senonkreide, die durch einen hohen Bitumengehalt oft tiefbraun gefärbt erscheint. LARTET fand an einem Orte Kaiwet*) auf diesem Rücken in den Kreidemergeln: *Pecten delundis* CONR., *Inoceramus aratus* CONR., verwandt mit *I. Cripsi, Ammonites sp., Baculites sp.* Zähne, Schuppen und Rückenschilder von Fischen (*Eurypholis*). Diese Schichten dürften den Fischschiefern des Adjlûn und Djôlân sowie der Ammoniten-führenden Feuersteinkreide von Sâfed ungefähr entsprechen, „sie werden bei Medjdel Bellis unmittelbar von den Nummulitenkalken der eocänen Epoche überlagert, so dass an ihrer Zugehörigkeit zur obersten Kreide kein Zweifel obwalten kann".

Wir kommen nun zum eigentlichen **Libanon**, dessen Gebiet vom Querthal des Leontes oder Nahr el-Kâsmije im S. bis zum Nahr el-Kebir im N. sich ausdehnt. Dieses durch zahlreiche parallele, im Ganzen NNO. streichende Spalten zerklüftete Schollengebirge zeigt insofern einen eigenthümlichen Bau, als die jüngsten senonen Kreidebildungen mit dem Nummulitenkalk meistens auf die am tiefsten abgesunkenen Schollen im W. und O. beschränkt sind, während die mittleren am höchsten aufragenden Theile, der eigentliche Horst, aus älteren Bildungen bestehn.

In die Zeit der ältesten cretaceischen Ablagerungen des Trigoniensandsteins, der vollständig dem cenomanen „nubischen Sandstein" Palästinas entspricht, fallen im ganzen Libanon zahlreiche Ergüsse eines melaphyrischen Eruptivgesteins, das, von MÖHL Basaltit genannt, sich bald an die Navite, bald mehr an die Olivin-Tholeiite aus dem Rothliegenden des Nahe-Gebietes anschliesst. Dieser Melaphyr ist von Tuffen begleitet, die durch sandige Thone in den Sandstein selbst allmählich übergehen.

Ueber den Aufbau des Kreidesystems, zunächst in **südlichen Theile des Libanon,** den Distrikten Belâd esch-Schekîf und Djezzin, geben uns die Profile von FRAAS und DIENER, welche sich gegenseitig ergänzen, genügenden Aufschluss.

Der untere Sandstein des südlichen Libanon zeichnet sich durch relativ mächtige Kohlenflötze aus. Bei Kerkaja sah FRAAS folgendes Profil im Sandstein von oben nach unten:

10 m. Mergel und Thone mit Sphärosideritzwischenlagen,
0,5 m. gelber und rother Sandstein,
1,0—1,2 m. Kohle,
3 m. graue Mergel,
0,3 m. Kohle.

---
*) Die nähere Lage dieses Ortes, den ich auf keiner Karte verzeichnet sah, ist mir unbekannt. Mit Chalwet el-Heidah südlich Hasbeia am Hermon, das noch auf Cenomanschichten mit *Ostrea flabellata* liegt, darf es nicht verwechselt werden.

Einen lehrreichen Aufschluss fand Diener*) am Ostabfall des Taumât Niha:
1) Zu unterst: Röthliche Kalksteine und Mergel mit zahlreichen Steinkernen von Gastropoden und Bivalven, ... 20—30 m.
2) Grauer, wohlgeschichteter Kalkstein, der eine vorspringende steilere Wandstufe bildet, c. 20—30 m.
3) Dünne Zone von rothen und gelbgrauen Mergeln.
4) Rosenrother, gelbbrauner und violetter Sandstein mit Tuffeinschaltungen und Bohnerzen, 40—50 m.
5) Dünne Zone von röthlichbraunen Mergeln und Gastropoden.
6) Weissgrauer wohlgeschichteter Kalkstein, ... 30—40 m.
7) Rothgelbe Mergel mit *Trigonia syriaca*, dem Leitfossil der Sandsteinzone des Libanon, c. 30 m.
8) Röthlichgraue Kalke und gelbe Mergel mit Austernbänken. . . . . 20—30 m.
9) Röthliche dünngeschichtete Mergel mit Bivalvensteinkernen, ... c. 40 m.
10) Wohlgeschichtete Kalksteine von bedeutender Mächtigkeit und zahlreichen Fossilien, besonders hochverzierten Austern *(Ostrea flabellata?)*.

Hiermit würde die eigentliche Kalksteinregion der Rudistenkalke, Diener's Libanonkalkstein beginnen, welche nach Diener's Sammlung Fossilien von theils cenomanem, theils turonem Typus führt:

    Gryphaea capuloides Conr.
    Pinna decussata Goldf.
    Inoceramopsis subcanaliculata Haml. sp.
    Cerithium hispidum Zek.
    Pterodonta ovata d'Orb.

Die Schichten 8 und 9 dieses Profils entsprechen in ihrer Lage dem petrefaktenreichsten und zugleich constantesten Horizont im ganzen übrigen Libanon, demselben, den wir schon am Hermon kennen lernten. Es sind die Mergel und Kalke an der Basis der Rudistenkalke, charakterisiert durch ihren Reichthum an zahllosen Austern, die wirkliche Lumachellebänke bilden. Besonders vorherrschend sind *O. flabellata*, *olisiponensis*, *Dieneri* und cf. *acutirostris*. Es ist das die Stufe des *Buchiceras syriacum*, zugleich die Hauptlagerstätte der meisten Seeigel der libanesischen Kreide; kurz wir finden hier in jeder Hinsicht eine Fauna von echt afrikanischem Gepräge. Am Fusse des Nebi Sâü und an der Quelle des 'Anali bei Djezzin sammelte Fraas in diesen Schichten folgende Fossilien:

    Diploposdia hermonensis,   *Opis sp.*,
    Ostrea flabellata,   *Isocardia* cf. *carautonensis*.
          „   *olisiponensis*,   *Pholadomya departa*,
          „   cf. *acutirostris*,   *Natica* cf. *bulimoides*,
    Plicatula Reynesi,   „   cf. *praelonga*,
    Vola quadricostata,   *Pterocera sp. sp.*
        „   *quinquecostata*,   *Pterodonta ovata*,
    Nucula ovata,   *Buchiceras syriacum*.

Ueber der eigentlichen Ammonitenbank beobachtete Fraas am Nebi Sâfe eine 1 m. mächtige „Orbitulitenbank", ganz erfüllt von linsengrossen *Patellina* sp. cf. *lenticularis*. *Vola subalara*, eine neue, sich an die neocome *V. alara* anlehnende Form, stammt aus dieser Schicht.

Hierüber soll sich dann eine weitverbreitete Bank mit riesigen Pteroceren als Liegendes der 200 m. mächtigen, steilen Rudistenkalkfelsen einstellen. Die letzteren bauen sich bei Djezzin am Wege nach dem Niha hinter der 'Aualiquelle folgendermassen auf:

Oben: 30 m. kreidige, graue Mergel.

---

*) Libanon, p. 63.

1 m. Austernbank mit einer glatten Auster und einer *Vola*.
50 m. Wechsel von krystallinischen zuckerkörnigen Kalken und Dolomiten mit schiefrigen Bänken und Plattenkalken. Die festen Bänke sind sämmtlich von Rudisten durchzogen.
30 m. Massenkalke mit Feuersteinkugeln.
30 m. Plattenkalk mit Schnüren und Knauern von Feuerstein.
20 m. Massenkalk mit Feuersteinkugeln.
10 m. milde geschichtete Kalke mit Kalkspathdrusen.
3 m. graue Mergel.
3,5 m. harter, plattiger Fels voll Rudisten.
3 m. graue Mergel.
1,5 m. graue Kalkbank mit riesigen *Pterocera*.

Auf unserer weiteren Wanderung nach N. gelangen wir durch den Distrikt Schûf über Muchtârah und Djedeideh*), wo wir die Buchicerasszone wieder reich an Austern (*Ostrea flabellata*, cf. *acutirostris, syriaca*) und riesigen Gastropodensteinkernen (*Melo perretus, Natica syriaca, Natica indurata*) finden, in die Distrikte Sahâr, el-Gharb und Djurd zu den wichtigsten Lokalitäten für unserer Betrachtung. Es sind die als Hauptfundstätten von Fossilien schon seit langer Zeit bekannten Dörfer 'Abeih und Bhamdûn im mittleren Libanon.

* BLANCHE**) hatte aus der Gegend von **'Abeih** schon 1848 ein vortreffliches Profil gegeben, welches FRAAS mit als Grundlage seiner Zoneneintheilung diente, aber in neuerer Zeit von NÖTLING unrichtig aufgefasst worden ist. Das Profil bezieht sich speciell auf die Gehänge des Dâmûrthals bei dem Djisr el-Kadi zwischen 'Abeih und Dêr el-Kamar.

Die nebenstehende Abbildung ist eine Copie des wichtigsten Theils des BLANCHE'schen Profils:

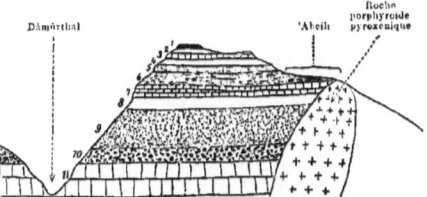

Ueber dem von uns als jurassisch angesehenen unteren Kalke mit Flintknollen, der oben oolithisch wird (Schichten 11—10 in BLANCHES Profil) folgen von unten nach oben:

„9", Mächtige Sandsteinschichten, getrennt durch Eisenoxyd- oder Thonschichten, erfüllt von schwefelkieshaltiger Kohle.

„8", gelber Kalk mit oolithischer Textur, unten dunkler und reicher an Brauneisenstein, der in Knollen und Schichten sich einstellt. — Ueber diesen Schichten, die oberflächlich von flachem Böschungswinkel begleitet sind, folgt

„7", ein steiler Absatz von weissem Kalk, sehr hart, dicht und feinkörnig. Grosse Felsblöcke, welche Mauern von 20—30 m. Höhe bilden.

„6", erdiger gelblicher Kalk, äusserst reich an Fossilien: Ammoniten von 6—8 cm. Durchmesser, Schnecken, Pholadomyen, Austern, kleinen Spatangiden und Crinoiden. In der oberen Region dieser Schichtzone ist die Fauna reicher als in der unteren.

---
*) ANDERSON: Geologial Recoun. of Part of the Holy Land in LYNCH, Off. Rep. of the U. S. expedition, p. 92.
**) Coupe transversale de la vallée du Damour Bull. soc. géol. 2e sér., tome V. p. 12.

„5", Kalkbank ohne Fossilien, einen steileren Absatz bildend.
„4", Mergeliger Kalk, grünlich, leicht porös, mit zahlreichen grossen Austern, Bivalven und Gastropoden.
„3", Compakter Kalk in würfelförmigen Blöcken, c. 12 m.
„2", Kalk mit vielen Nerineen, weniger mächtig als „3".
„1", Weisslicher Kalk mit kleinen Kieselknollen, wenig ausgedehnt, die Spitze der Berge bei 'Abeih einnehmend und an einer Stelle viele Hippuriten? führend.

Geht man von den Dammürgehängen südöstlich 'Abeih nach der Nordwestseite desselben Bergrückens, so findet man hier unterhalb 'Abeih am Wadi Daktmi auch die unteren Schichten, den eigentlichen Sandstein („7 und 8") sehr reich an besonders wohl erhaltenen Fossilien, was BLANCHE nicht bemerkt hat.

Die FRAAS'schen Zonen der libanesischen Kreide lassen sich mit Leichtigkeit in diesem Profil von BLANCHE wieder erkennen:

Nr. „9" entspricht der „Sandsteinformation" bei FRAAS;
die gelben sandigen, mergeligen Kalke „8" seiner „Gastropodenzone";
die Kalkmauern „7" seiner „Cardiumbank";
die an Ammoniten, Austern und Seeigeln reichen Schichten „6—4" seiner „Zone des *Amm. syriacus*";
die compakten weissen Kalke „3—1" mit Nerineen und Hippuriten der „Radiolitenzone".

NÖTLING gibt allerdings dem Profil BLANCHES eine durchaus andere, mir unverständliche Deutung. Die Cardiumbank, welche nach FRAAS über den Sanden und Sandmergeln als plötzlicher steiler Gebirgsabsatz sofort in die Augen springt, sieht NÖTLING in den Schichten 6—6 in obigem Profil, ganz speciell*) in den gelblichen Kalken 8 und 6, welche nach BLANCHE im Gegensatz zu 7 gerade einen geringeren Böschungswinkel in Folge leichter Verwitterbarkeit aufweisen. Der Buchiceraszone entspricht bei NÖTLING Schicht 4—5. Dass gerade die Schicht 6 nach BLANCHE Ammoniten, viele Austern und Seeigel führen soll, scheint NÖTLING nicht beachtet zu haben, ebenso dass BLANCHE l. c. p. 17 in seiner Schicht „1", welche NÖTLING schon dem Senon parallelisiert, Fossilien fand, die er für Hippuriten hielt. Auf diese Weise wird bei NÖTLING die mächtigste Zone im Libanon, die eigentlichen Rudistenkalke, denen DIENER deshalb den Namen Libanonkalkstein beilegte und der er eine Mächtigkeit bis 1000 m. zuschreibt, auf Schicht „2 und 3" beschränkt, d. h. auf etwa 20 m., da Schicht 3 nach BLANCHE 12 m. stark und 2 in seiner Zeichnung noch dünner erscheint.

Von senoner Kreide ist auf dem Bergrücken von 'Abeih in Wirklichkeit keine Spur vorhanden. Die Gipfel der Berge bei 'Abeih werden, wie ich durch Besteigen zweier derselben selbst mich überzeugte, von Rudistenkalken eingenommen oder der tieferen Austernzone (des *Buchiceras syriacum*).

FRAAS und NÖTLING betonen den lithologischen Charakter ihrer Stufen, besonders auch die Farbe („Gelbe, braune, graue und weisse Kreide" bei FRAAS). Solche Unterschiede können bei den ausserordentlichen Wechsel in vertikaler wie in horizontaler Richtung jedesmal nur für bestimmte Lokalitäten zutreffen, niemals für ein grösseres Landareal. Dass auch die Rudistenkalke Feuersteine führen, hat uns unter anderem soeben das FRAAS'sche Profil von Djezzin deutlich gelehrt. Auch DIENER hat sehr richtig auf seiner geologischen Karte bei 'Abeih keine senone Kreide verzeichnet.

So hat also auch das Parallelisiren**) der oben erwähnten Zone (?) des *Piolchts Oliphanti* Nörtl., aus dem Karmelgebirge mit den Nerineenkalken „2" bei BLANCHE unter dem weissen (Senon?) Kalk bei 'Abeih nur einen zweifelhaften Werth für die Bedeutung derselben als durchgehenden Horizont über den Rudistenkalken.

---

*) NÖTLING. Entwurf einer Gliederung der Kreideformation in Syrien und Palaestina. Zeitschr. d. Deutsch. geol. Ges. 1886, p. 851.
*) NÖTLING, l. c. Tabelle II zu p. 848.

Fassen wir nun die paläontologischen Momente von NÖTLINGS Gliederung der syrischen Kreide und ihrer Parallelisirung mit aussersyrischen Kreideabtheilungen näher ins Auge. Sie stützen sich hauptsächlich auf Beobachtungen bei 'Abeih und 'Ain 'Ainûb. NÖTLING hält die älteren Kreideschichten von 'Abeih, den „Trigoniensandstein" und die darauf folgenden „Radiolitenkalke" für Turon deshalb, weil bereits die älteste Zone, sein an Gastropodenresten reicher „unterer **Trigoniensandstein**" unverkennbar einen Gosauhabitus trage. Er hebt sogar einige Arten hervor, „welche völlig mit solchen aus der Gosau ident sind", so *Natica bulliformis* und *Cerithium sociale*.

Was die erstgenannte betrifft, so ist der Unterschied der betreffenden syrischen Individuen von den Gosautypen sowohl in Bezug auf das Fehlen einer tiefen Rinne im oberen schräg zur Naht aufsteigenden Theil der Windungen als auch in Bezug auf die vorhandene mittlere Kante auf der letzten Windung bei ausgewachsenen Exemplaren so auffallend und constant, dass von einer Identificierung mit der europäischen Art füglich kaum die Rede sein kann. Es fragt sich nur, wie weit man den Begriff der Species und der lokalen Varietäten ausdehnt. Meiner Ansicht nach sind, sobald solche in die Augen fallenden Verschiedenheiten von verwandten Formen an getrennten Orten mit solcher Constanz auftreten, zwei Arten zu unterscheiden. Wenn man allerdings, wie Dr. FRECH*), sogar die ebenfalls im Trigoniensandstein vorkommende, doppelkielige *Glauconia Seckzeni* LAIRT. als blosse Varietät von *G. obsoleta* SCHLOTH. auffasst, muss man consequenter Weise auch über die wesentlichen Unterschiede zwischen *Amauropsis bulliformis* der Gosau und *A. subcanaliculata* HAMLIN hinwegsehen. Mit den indischen Formen, welche STOLICZKA als *Natica bulliformis* beschrieb, besteht allerdings die grösste Uebereinstimmung, weshalb FRECH auch die syrischen und indischen Formen zusammen als besondere Varietät abtrennt. In Indien aber treten diese Formen nach STOLICZKA vom Cenoman bis ins Senon auf, vorzugsweise in der Ootatoor- und Trichinopoly-Grupp, also im Cenoman und Turon. Die Zusammengehörigkeit der indischen und syrischen Individuen kann also bezüglich des Alters der letzteren nichts weiter beweisen als Obere Kreide im allgemeinen.

Das sogenannte *Cerithium sociale* NÖTL. von 'Abeih, das ich unten als *C. Nötlingi* bezeichnet habe, ist, wie ich mich durch eingehendes Studium an sämmtlichen von NÖTLING gesammelten Exemplaren überzeugen konnte, von *C. sociale* ZEKELI der Gosau durchaus verschieden**).

„Auf" wie „schwachen Füssen" der Vergleich der anderen von NÖTLING beschriebenen *Cerithien* (*C. magnicostatum* und *orientale* CONR.) mit Gosauformen steht, hat bereits DIENER***) nachgewiesen.

Gewisse Beziehungen der Fauna des unteren Trigoniensandsteins von 'Abeih mit der in Gosauschichten herrschenden sind allerdings vorhanden. Aber sie beruhen nur auf einer nicht wegzulengnenden Faciesverwandtschaft, keineswegs auf Uebereinstimmung in dem Alter. Die Gosauformation stellt eine Gastropoden- und Rudistenfacies der obersten Kreide dar. Zu dem Cenoman kommen wir in Europa kaum Vorkommnisse mit einem solchen Reichthum und Mannigfaltigkeit von Gastropoden. Eine relativ reiche Fauna von letzteren bietet noch der untere Pläner in Sachsen, so an seinem Hauptversteinerungsfundpunkte, dem Forsthause bei Planen. Unter den 34 von GEINITZ †) aus diesem Pläner angeführten Cerithien befinden sich auch drei der typischsten Gosauformen: *C. sociale*, *C. solidum* (*C. Münsteri* KEF.) und *C. serangulum* ZEK. Hat man deshalb sofort diese Schichten dem Turon oder Senon einverleibt? Gerade die kleinen Schnecken sind Thierformen, die sich relativ sehr langsam veränderten und durch längere Zeiträume erhielten als z. B. Ammoniten und grosse Bivalven. Sie sind deshalb am wenigsten geeignet zur Verwerthung für

---

*) FRECH: Die Versteiner. der untersenonen Thonlager zwischen Suderode und Quedlinburg. (Zeitschr. der Deutsch. geol. Gesellsch. 1887) p. 182. t. 10. f 12.
**) Näheres hierüber vergl. im paläontologischen Theil dieser Arbeit.
***) Zeitschr. d. Deutsch. geol. Ges. 1887, p. 321.
†) GEINITZ: Das Elbthalgeb. in Sachsen. I. Der untere Quader. Palaeont. XX a. 1875.

geologische Schichtengliederung. Dass bei dem Reichthum an den verschiedenartigsten Gastropodenformen, den wir in den Gosauablagerungen finden, und bei der geringeren Auswahl an solchen im europäischen Cenoman, wo diese Facies selten war, nun in einer reichen Gastropodenfacies des syrischen Cenoman einzelne Formen gerade mit Gosauarten Verwandtschaft zeigen, kann niemanden Wunder nehmen.

Als Beleg für die Faciesähnlichkeit des Trigoniensandsteins mit der Gosauformation führe ich noch besonders das Auftreten einer ganzen Reihe von *Glauconien* an, einer Gattung, die vorzugsweise aus Gosauschichten, aber auch schon aus dem Aptien und Cenoman und im Senon bekannt ist. Direkt mit bekannten europäischen Arten konnten aus dem eigentlichen Trigoniensandstein nur zwei Formen identificiert werden, nämlich mit *Glauconia Renauxiana* d'ORB. aus dem oberen Cenoman der Provence und mit *G. obvoluta* SCHOTH. aus dem Senon des Harzrandes. In NÖTLINGS „oberer Abtheilung des Trigoniensandsteins", d. h. den Mergeln im unteren Theil meiner Buchicerasstufe, fand ich *Glauconia Giebeli* ZEK. Letztere ist die einzige Art aus der ganzen Gastropodenfauna des Cenomans von 'Abeih, welche mit einer echten Gosauform wirklich übereinzustimmen scheint. Wenn wir uns zum Vergleiche das Beispiel des Cenomans von Sachsen und von Frankreich vorhalten, so erscheint diese Uebereinstimmung sehr unbedeutend. Andererseits ist hervorzuheben, dass sich in viel höheren Schichten speciell der nordsyrischen Kreide, wie wir später sehen werden, wirklich eine ganze Anzahl typischer Gosaufossilien vorfindet. Diese oberen Rudistenkalke nehme ich keinen Anstand, als äquivalente Bildungen der Gosaukreide zu betrachten, die ihr nicht bloss in der Facies entsprechen.

Die von NÖTLING vorgenommene Gliederung der Sandsteinregion in die Zone der *Trigonia syriaca* und die der *T. distans* ist speciell für die Umgegend von 'Abeih und 'Ain 'Aināb sehr wohl durchführbar, sonst aber schon deshalb nicht, weil ausserhalb dieser Gegend bestimmbare Schalenexemplare von *Trigonia syriaca* bis jetzt nur an sehr wenigen Orten (in Azuntje, Djebā'a, Taunnāt Nīha) gefunden worden sind, die *Trigonia distans* NÖTL. aber nur noch von Bhamdūn bekannt ist. Ausserdem ist im übrigen Libanon der eigentliche „Trigoniensandstein" überhaupt arm an thierischen Resten, ebenso wie in Palästina der „nubische Sandstein".

Die von NÖTLING als zweites Leitfossil seiner unteren Abtheilung angeführte *Cytherea libanotica* reicht als Steinkern unzweifelhaft noch in höhere Lagen hinauf, ist daher als Leitfossil der Stufe mit *T. syriaca* unbrauchbar; wogegen *Protocardia biseriata* NÖTL. (= *P. judaica* HAML.) (nicht zu verwechseln mit *P. hillanai* im Gegensatz zu NÖTLINGS Fossilienliste p. 840 auf den eigentlichen Trigoniensandstein beschränkt erscheint.

Ein charakteristisches Merkmal des eigentlichen Trigoniensandsteins im Libanon ist zweifelsohne die vortreffliche Erhaltungsart sämmtlicher Mollusken mit der ursprünglichen Schale.

„Sobald"*) wir über die Sande und Sandmergel hinangestiegen sind, stehen wir vor einer Kalkbank, welche in der Regel einen gewaltigen in die Augen springenden Gebirgsabsatz bildet". Mit dieser Bank beginnt petrographisch und orographisch eine neue Zone, in welcher hellgraue, mauerartig vorspringende Kalkbänke mit gelbbraunen, mehr lockeren Kalkmergeln abwechseln. Auch paläontologisch leitet diese versteinerungsreiche Zone über in die höher folgenden eigentlichen massigen Rudisten- und Nerineen-Kalke und Marmore („Libanoukalkstein" DIENERS), da sowohl in den unteren Kalkbänken als in den Mergeln *Nerineen* und die ersten Rudisten auftreten. Sonst findet man vorwiegend Steinkerne von Bivalven (*Cardien*, *Protocardien*, *Cythereen*, *Pholadomyen*, *Liopisthen*), grossen Gastropoden (*Naticen*, *Pteroceren* etc.) und Cephalopoden (*Buchiceras syriacum*). In Schalen sind fast nur erhalten Seeigel und zahlreiche Austern, deren massenhaftes Vorkommen gerade für diese Stufe charakteristisch ist. Oberhalb 'Abeih mehren sie sich von

---

*) Vergl. NÖTLING, l. c. p. 836.
**) FRAAS: Geologisches aus dem Libanon, p. 328.

unten gegen die höheren Lagen, in denen ganze Bänke nur aus ihnen gebildet sind, so dass der Boden rings davon bestreut erscheint. In diesem Horizonte zwischen dem Trigoniensandstein und den eigentlichen Rudistenkalken tritt der Gosaucharakter, den wir in den Faunen dieser beiden Schichtencomplexe bemerken können, vollständig zurück; es überwiegt der afrikanische Charakter der Fauna mit Austern und Echiniden und zwar der des afrikanischen Cenoman.

Ich nenne diesen Horizont die **Stufe des Buchiceras syriacum und der Austern** und fasse in demselben zusammen: die Schichten 7, 6, 5, 4 in dem Profile von BLANCHE, die Cardiumbänke und die Zone des *A. syriacus* bei FRAAS, den grösseren oberen, kalkig mergeligen Theil der Stufe der *Trigonia distans* und die Stufe der *Buchiceras syriacum* bei NÖTLING. Dieser Horizont ist der wichtigste in der ganzen syrischen Kreide, theils weil er die meisten und charakteristischsten der zugleich anderwärts (in Palästina, Afrika, Europa) vorkommenden Fossilien führt, theils weil er im ganzen Libanon verbreitet und leicht wiederzufinden ist.

Eine Trennung in Cardiumbänke und Zone des *A. syriacus* halte ich aus mehr als einem Grunde für undurchführbar: In petrographischer Beziehung existiert kein constanter bemerkenswerther Unterschied innerhalb desselben. Zwischen der Sandsteinzone und den höheren Libanonkalken wechseln helle Kalkbänke und dunkle Kalkmergel. Auffallend hervortretende helle Kalkmauern zwischen lockeren braunen Kalkmergeln finden wir nicht bloss an der Basis dieses Horizontes (die eigentliche Cardiumbank von FRAAS), sondern sie wiederholen sich mehr oder weniger gegen oben; ja ihr Erscheinen ist nicht einmal auf diese Stufe beschränkt. Am Taunnât Niha sahen wir schon an der Basis der Trigoniensandsteine und Mergel noch unter Schichten mit *T. syriaca* dieselbe Abwechslung von einerseits rothbraunem Kalkstein und Mergeln mit zahlreichen Bivalven und Gastropoden, andererseits harten grauen Kalkstein, der eine steile Wand bildete. Es handelt sich also bei den sogenannten Cardiumbänken von FRAAS um lokal veränderliche Facieserscheinungen.

Auch paläontologisch ist kaum ein Unterschied bemerkbar. Rudisten und Nerineen treten in diesen beiden „Abtheilungen" (?!) in gleicher Weise auf, ebenso Echiniden, Austern und Ammoniten. Letztere führt BLANCHE aus seiner Schicht 6 an, welche NÖTLING noch den Cardiumbänken von FRAAS und seiner Stufe der *Trigonia distans* parallel stellte. DIENER*) sammelte zwei Exemplare von *Buchiceras syriacum* aus Mergeln direkt im Hangenden der Sandsteine mit *Trigonia syriaca* zwischen Afka und Meirûba. Eine Zwischenstufe mit *Trigonia distans* ist daselbst nicht vorhanden. Wie hoch genannte *Trigonia* im Profil von 'Abeih aufsteigt, darüber kann ich leider keine Angaben machen, da ich innerhalb der Kalk- und Mergelzone dort nur schlechte Steinkerne von *Trigonien* sah. Wenn auf NÖTLINGS Tabelle die Parallelisierung seiner „Stufe der *Trigonia distans*" mit den Schichten bei BLANCHE richtig ist, so müsste dieses Leitfossil bis in die Ammonitenschicht „6" („Calcaire jaunâtre riche en fossiles") reichen. Diese Annahme über ihre vertikale Verbreitung entspricht den thatsächlichen Verhältnissen, wie wir sie später in Bhamdûn sehen werden, wo *Trigonia distans* in denselben Kalk- und Mergelschichten mit *Buchiceras syriacum* zusammen auftritt.

Bei 'Abeih stehen einer richtigen Würdigung der Buchicerasstufe in paläontologischer Hinsicht und ihrer Ausdehnung nach unten grössere Schwierigkeiten entgegen. Nur an den Abhängen des Damûrthales werden von BLANCHE in Schicht „7" Ammoniten (vermuthlich *Buchiceras*), Austern, Seeigel und Crinoiden, ganz wie an der für die Buchicerasfauna typischen Lokalität Bhamdûn angeführt. Auf der NW.-Seite des Bergzuges von 'Abeih aber wurde *Buchiceras syriacum* bis jetzt nicht gefunden. So hat auch NÖTLING in seiner reichhaltigen Sammlung von Versteinerungen aus 'Abeih kein einziges Fossil ausdrücklich als der Buchicerasstufe zugehörig etiquettiert, obwohl er deren Vorhandensein nicht in Abrede stellt. Offenbar hat er die dortigen durch ihre Fülle an Austern und Bivalvensteinkernen ausgezeichneten Mergel, dieselben, welche

---

*) Libanon, p. 31.

bei Bhamdûn neben den gleichen Fossilien *Buchiceras syriacum* enthalten, noch zu seiner oberen Abtheilung des Trigoniensandsteins, der Stufe der *T. distans* gezogen. Dieser Deutung lässt sich insofern nicht widersprechen, weil mit der vertikalen Verbreitung des *Buchiceras syriacum* die der *T. distans* theilweise zusammenfällt und beide Stufen eben nicht als im Alter verschieden ganz von einander getrennt werden können. Nirgends im Libanon ist bis jetzt ein Vorkommniss bekannt, wo in einem zusammenhängenden Profil Schichten mit *T. distans* unter solchen mit *B. syriacum* verfolgt werden konnten. Beide Leitfossilien aber hat man an getrennten Lokalitäten direkt über der Zone der *T. syriaca* beobachtet, die *T. distans* in 'Ain 'Ainûb, den *B. syriacum* bei Afka. Kurz beide Stufen NÖTLINGS vertreten sich z. Th. gegenseitig, sind also nur heterotopische Bildungen einer und derselben Zone.

Wir haben gesehen, dass die beiden Stufen NÖTLINGS, die der *T. distans* und des *B. syriacum*, nicht selbstständig über oder neben einander aufrecht erhalten werden können, aber sie lassen sich wohl einander unterordnen. Zur Specialisierung können wir innerhalb der Mergel- und Kalkzone mit *Buchiceras syriacum* wenigstens im 'Abeiher Profil in theilweisem Anschluss an NÖTLINGS Tabelle zwei Unterabtheilungen bilden, die untere, Schichten 7 und 6 bei BLANCHE, noch mit *Trigonia distans* als Leitfossil (die aber bereits im obersten Theil unseres Trigoniensandsteins, Schicht 8 auftrat), die obere, Schicht 5 und 4, als Hauptausternregion mit ganzen Bänken von *Ostrea Dieneri*. Die erste über dem Trigoniensandstein folgende Abtheilung nähert sich demselben in der Erhaltungsart der Fossilien, welche wenigstens zum Theil noch die Schale aufweisen. In der oberen Abtheilung gibt es nur Austern- und *Vola*-Schalen, sonst lauter Steinkerne. Auch in der Fauna selbst findet ein gewisser Uebergang statt, die untere Abtheilung enthält noch einige kleinere Gastropoden (auch *Glauconien*) und *Trigonien*, die obere nichts mehr davon.

Die Fauna der bis jetzt besprochenen Zonen in der unmittelbaren Umgebung von 'Abeih stellt sich nach meinen Untersuchungen folgendermassen dar:

1. Sandsteinzone mit *Trigonia syriaca*, unterhalb 'Abeih am Wadi Dakûni:

	Sonstige Verbreitung:		
Ostrea alicula HAML.			
Gervillia sp. ind.			
Perna orientalis HAML.			
Modiola recessa SOW.	Cenoman	. Turon .	Senon
Pinna decussata GOLDF.	Cenoman		
Trigonia syriaca FRAAS non CONR.			
„ *pseudocrenulata* NÖTL.			
„ *Lewisi* n. sp.			
„ *distans* CONR. (nur in den obersten Schichten).			
Cardita lacunae HAML.			
Astarte formosa d'ORB. (?) nach FRAAS . .	(Gault)		
Protocardia judaica HAML.			
Cytherea libanotica FRAAS sp.			
„ *syriaca* CONR.			
Lutraria sinuata FRAAS.			
Corbula ucaeroides n. sp.			
Phasianella abeihensis n. sp.			
„ „ sp.	(		
Turbo Moreti FRAAS.			
Nerita sp.			
Neritopsis ocuata FRAAS.			

	Sonstige Verbreitung:
Turritella Damesi n. sp.	
„ *Kokeni* n. sp.	
„ *ventricosa* FORB.?	Senon
Glauconia Renauxiana d'ORB.	Cenoman
„ *obvoluta* SCHLOTH.	Senon
„ *Frechi* n. sp.	
„ *Seelzeni* LART.	Senon?
„ *abeihensis* FRAAS sp.	
Vanikoro neritopsoides n. sp.	
Amauropsis subcanaliculata HAML.	Cenoman . Turon . . Senon
Amauropsis abeihensis HAML.	
Natica patulaeformis FRAAS.	
Tylostoma Birtanum HAML.	
Pyramidella amoena n. sp.	
„ *Larteti* n. sp.	
Nerinea abeihensis n. sp.	
Cerithium glabrum n. sp.	
„ *magnicostatum* CONR. sp.	
„ *orientale* CONR. sp.	
„ *libanoticum* FRAAS.	
„ *Nöttingi* n sp.	
„ *excavatum* BRONGN. (*var. syriaca*)	Gault
„ *aequisulcatum* n. sp.	
„ *Fraasi* n. sp.	
Actaeonina olivae FRAAS sp.	
Colostracon Lewisi FRAAS sp.	
„ *sinuatum* HAML.	
Actaeonella Absalonis FRAAS.	
Aporrhais pleurotomoides n. sp.	
Lamna sp.	

2. Complex der Mergel und Kalke. Stufe des *Buchiceras syriacum*, der Austern und Seeigel.

a) Untere Abtheilung mit *Trigonia distans*.

(Bei 'Abeih oberhalb der Hauptstrasse nach Beirût und an den Gehängen des Damûrthals.)

Crinoidenstielglieder.	
Enallaster syriacus DE LOR.	
Toxaster Dieneri DE LOR.	
Ostrea Dieneri n. sp.	
„ *africana* LAM. sp.	Cenoman
Anomia subobliqua CONR. sp.	
Pecten elongatus LAM.	Cenoman
Perna orientalis HAML.	

Trigonia distans Conr.
Radiolites? sp.
Cardium syriacum Conr.
Venus syriaca Conr.
Eurotomaria sp. Fraas.
Pleurnema bicarinata Haml.
Glauconia Giebeli Zek. sp. . . . . Turon . . Senon
„   *obvoluta* Schloth. sp. . . . . Senon
„   *Seetzeni* Lart sp. . . . . Senon?
Natica syriaca Conr.
„   cf. *bulimoides* d'Orb. . (Neocom)
„   cf. *praelonga* d'Orb. . (Neocom)
Nerinea Schicki Fraas.
Cerithium acuticostatum n. sp.
Ammonites sp. Blanche (? = *Buchiceras syriacum*).
   b) **Eigentliche Austernregion mit zahllosen** *Ostrea Dieneri.*
Ostrea flabellata Goldf. . . . . Cenoman
„   *Dieneri* n. sp. (gemein)
Vola quinquecostata Sow., d'Orb., non Lam. . . . . Cenoman
? *Pinna cretacea* Schloth. sp. . . . | . . . . Turon . . Senon
Cardium syriacum Conr.
Cytherea syriaca Conr.
Sigaretus? sp.
Natica syriaca Conr.

Betrachtet man diese Faunen-Listen der unteren Kreideschichten von 'Abeih nur für sich, so wird man unter Umständen immerhin zweifelhaft bezüglich des zu bestimmenden Alters sein können. Es sind vorherrschend neue, respektive für den Libanon eigenthümliche Formen, denen nur wenige von den im übrigen Syrien gefundenen und mehrfach genannten afrikanischen oder europäischen Leitfossilien beigesellt sind. Legt man mit Nötling den Schwerpunkt auf die Gastropoden, so könnte man wohl geneigt sein, auf Senon oder Turon zu schliessen. Diese Beziehungen erklären sich aber, wie wir gesehen, vollständig einerseits durch die vorherrschende Gastropodenfacies des Sandsteins, andererseits die Formenmannigfaltigkeit und reiche Auswahl an Gastropoden im europäischen Turon und Senon im Gegensatz zum Cenoman. Die hauptsächliche Berücksichtigung der Gastropoden unter Vernachlässigung der Bivalven etc. ist indess unter allen Umständen unzulässig. Unter den Bivalven aber haben wir auch bei 'Abeih einige ganz charakteristische Cenomantypen, wie *Ostrea africana*, *flabellata*, *Perlen elongatus*, *Vola quinquecostata*. So wird man sogar bei 'Abeih, wo die mächtige Buchicerasstufe nicht in typischer Weise entwickelt ist, das cenomane Alter der Kreideschichten nicht verkennen können. Als Gegensatz gegen die echte Gosaufauna ist hervorzuheben, dass im Trigoniensandstein Rudisten noch ganz fehlen, Nerineen und Actaeonellen sehr zurücktreten und nur je durch eine Art vertreten sind.

Eine zweite Gastropodenfauna, diesmal mit auffälligeren Beziehungen zum Turon treffen wir bei 'Abeih in **höheren** weissen, kieseligen **Rudistenkalken**, der „Stufe des *Radiolites syriacus*" Nötling non! Conrad.

Diese eigentlichen Rudistenkalke, der „Libanonkalkstein" Diener's, „sind durchweg dickbankig geschichtet. Fossilien finden sich in dieser Stufe nur sporadisch, aber dann immer in Bänken, oder besser gesagt in vereinzelten Stöcken, in welchen sich dann ein reiches Leben entfaltet zeigt; weitaus der grössere Theil dieser Abtheilung ist versteinerungsfrei.

„Eine solche charakteristische Fossilienbank ist in der Nähe von 'Abeih aufgeschlossen." Es ist die Schicht „1" in Blanches' Profil. Mit Ausnahme der Korallen sah ich sämmtliche Fossilien verkieselt. Die Fauna ist folgende:

Cellulastraca (n. g.) crenata n. sp.
Phyllocoenia sp.
Diceras Nöttingi n. sp.
Sphaerulites Sauragesi d'Hombre-Firm. (= Radiolites syriacus Nötl. non! Conrad), häufig, (charakteristisch für das Turon Süd-Frankreichs und Algeriens).
Cardita lacunar Haml.
Delphinula Porteri n. sp.

Trochus crispus n. sp.
Nerita sp.
Pileolus sphaerulitum n. sp.
Pileolus sp. Nötl.
Nerinea gemmifera Coq. (beschrieben aus dem Provencien Algeriens).
Nerinea uniplicata n. sp.
Cerithium gracilens Haml.
Aporrhais Rusteni Fraas sp.

Die beiden einzigen auch ausserhalb Syriens bekannten Versteinerungen: *Sphaerulites Sauragesi* und *Nerinea gemmifera*, beide zugleich die häufigsten und bezeichnendsten Arten dieser Schicht, sprechen für ein turones Alter derselben.

Verlassen wir jetzt 'Abeih und zwar in nördlicher Richtung, so treffen wir zwischen 'Ainâb und 'Ain 'Ainûb dicht vor **Schumlân** folgendes Profil von Schichten, die steil gegen WSW. fallen:

Oben: 4) massiger weissgrauer Kalk,
Darunter 3) lockere braune Kalkmergel mit Bivalvensteinkernen und Austernschalen.
    Ostrea Dieneri n. sp.   *Cytherea libanotica* Fraas sp.
    Perna cirrata n. sp.   *Liopistha libanotica* Haml.
    Protocardia hillana v. *grandis*,
2) Nerineenbänke und Rudistenmergel mit:
    Ostrea cf. *Luynesi* Larr.   *Cytherea syriaca*.
    Hippurites plicatus Conr. (= *H. Lewisi* Fraas).   *Natica syriaca* Conr.
    Radiolites sp. (= *R. acuta* Fraas).   *Nerinea* cf. *Fleuriausa* d'Orb.

1) Massiger weisser Rudistenkalk mit langen Steinkernen von *Sphaerulites* (*Sauragesi?*), wechselnd mit dünnen gelbbraunen Mergelbänken mit Foraminiferen?

In den Kalkmassen 1) und 4), welche bei ihrer grösseren Widerstandsfähigkeit gegenüber 2 und 3 hervortreten, sieht man vermuthlich die tieferen Repräsentanten der weissen Rudistenkalkbänke, welche höher hinauf nicht mehr durch dunkle mergelige Zwischenlagen getrennt werden. Die specielle Lage der vier Schichten in dem Profil von Schumlân im Vergleich zu 'Abeih wird durch die wenigen genannten, nicht charakteristischen Fossilien noch nicht genau präcisirt; doch scheinen mir nur zwei Annahmen möglich: Schicht 1) könnte entweder der unteren „Cyclopenmauer" der Cardiumbänke von Fraas entsprechen, aus denen Fraas ja die ersten Rudisten citirt (Schicht „7" im Profil von Blanche) oder der Kalkwand „5" bei Blanche;

2) — 3) entweder der „braunen Kreide" mit den zahlreichen Steinkernen von *Protocardia* und grossen *Natica*-arten (Ammonitenschicht 6 bei Blanche) oder fast noch besser dem mergeligen Kalk „4" Blanches mit zahlreichen grossen Austern, Bivalven und Gastropoden;

4) würde dann schliesslich der Kalkbank „5" bei BLANCHE parallel stehen oder dem compakten Kalk „3" in BLANCHES Profil, womit der Felsenkranz der eigentlichen höheren Rudistenkalke beginnt.

Das Profil von Schumlân gehört demnach in jedem Falle grösstentheils, abgesehen vielleicht von dem obersten Kalk 4) unserer Buchicerasstufe, wie wir sie oben auffassten, an.

Das Auftreten von Rudisten innerhalb typischer Cenomanschichten ist an sich nichts Auffallendes. Es steht freilich im Gegensatz zu den Verhältnissen in Palästina, soweit diese beobachtet sind; aber es findet ein vollkommenes Analogon im Cenoman der arabischen Wüste Aegyptens und noch mehr in der von SCHWEINFURTH*) entdeckten Kreidescholle im W. der Pyramiden von Gizeh. Vergleicht man überhaupt die Schichtenfolge bei 'Abeih—Schumlân—'Ain 'Ainûb mit dem von SCHWEINFURTH gegebenen Profil, so zeigt sich da in mehr als einer Hinsicht eine wirklich überraschende Uebereinstimmung:

Profil westlich von den Pyramiden von Gizeh.	Schichtenfolge bei 'Abeih, Schumlân.
5 m. Fester weisser Kalkstein mit *Radiolites* cf. *cornupastoris*, *Chaetetes*.	Weisser Kieselkalk mit *Sphaerulites Sauvagesi*, Korallen.
10–20 m. Fester weisser Kalkstein voller *Actaeonella* oder *Nerinea*.	Graue Marmorkalke mit viel *Nerineen* und *Actaeonellen*.
2 m. Quarzitbank \ 40–50 m. ? /	⎰Compakter Kalk. ⎱Mergeliger Kalk mit zahlreichen Austern.
15–20 m. Schneeweisser Kalk mit *Sphaerulites Schweinfurthi*.	Grauweisser Kalk ohne Fossilien.
15–20 m. Schicht mit kleinen Austern.	Bräunlicher Kalkmergel mit *Ostrea Dieneri* Bivalvensteinkerne, *Hippurites plicatus*.
? m. Schneeweisser Kalk mit *Sphaerulites* und *Pseudodiadema*.	Weisser compakter Kalk mit *Sphaerulites* (Untere „Curdiummauer").
15–20 m. Braune Mergel und Sandsteinlagen mit *Hemiaster*, kleinen Austern.	Gelbbraune Mergel und Sandsteine mit *Ostrea alicula* (oberer Trigoniensandstein oder Gastropodenzone).
15–20 m. Austernlumachelle in Mergel. \ 15–20 m. Hellbrauner Sandstein. /	Unterer Trigoniensandstein mit *Trigonia syriaca*. *Ostrea alicula*.

Die typische petrefaktenreichste Lokalität für die Stufe des *Buchiceras syriacum* im Libanon ist **Bhamdûn** im Distrikt El-Djurd. Petrographisch herrscht dort innerhalb derselben grössere Einförmigkeit als bei 'Abeih. Kalkmergel im Bruch graublau, an der Oberfläche bräunlich gelb und dünne härtere Kalkbänke wechseln ab. Die von Wasserrinnen durchfurchten welligen Hügel direkt im Osten des Ortes, so an dem Hause meines Gastfreundes Chalil Jussuf Chalibe enthalten Fossilien in solcher Menge, dass man sie nur aufzulesen braucht. Die verschiedensten Arten liegen durcheinander ziemlich gleichmässig vertheilt, so dass man hier höchstens dieselbe Theilung der Stufe wie bei 'Abeih in eine untere austernärmere und eine obere austernreiche Region vornehmen kann.

In Bhamdûn ist nicht allein die Fundstelle der meisten in europäische Sammlungen übergegangenen Exemplare von *Buchiceras syriacum* BUCH, so auch des Originals von LEOP. v. BUCH zu suchen, sondern aus denselben Mergeln von dort stammt auch das Original zu *T. distans* CONRAD Offic. Report of the U. St. Expedition t. 4, f. 27, einer Art, die NÖTLING in 'Abeih und 'Ain 'Aïnûb wiederfand und hier als Leitfossil für eine besondere Stufe seines Trigoniensandsteins aufstellte. In dem unterhalb Bhamdûn im

---

*) Ueber die Kreideregion bei den Pyramiden von Gizeh. Petermanns Mitth. 35. Bd. 1889, p. 1, t. 1.

Thale folgenden Sandstein sind von dem Geologen der amerikanischen Expedition ANDERSON überhaupt keine Fossilien gesammelt worden. Aus den Mergeln von Bhamdûn rühren auch die sämmtlichen Exemplare von *Trigonia syriaca* CONRAD (non FRAAS nec NÖTL.) her, so z. B. t. 3, f. 19, 20, 23, welche ich ebenfalls auf *T. distans* CONR. beziehen möchte, während t. 3, f. 21 und Appendix t. 4, f. 27 eine neue Art repräsentiert, identisch mit *T. inornata* (?) FRAAS aus dessen Cardiumbänken (p. 330). Ich selbst fand zusammen mit *Buchiceras syriacum* ausser Exemplaren von *T. distans* und dieser neuen Art *T. undulatocostata* noch eine dritte, welche ich *T. regularicostata* genannt habe, so dass die Bezeichnung Trigonienschichten für diese Stufe ebenso angebracht wäre, wie für NÖTLINGS Trigoniensandstein. Die Fauna der Buchicerasmergel und Kalke von Bhamdûn stellt sich folgendermassen dar:

Diplopodia hermonensis LOR.
Toxaster Dieneri LOR.
Hemiaster Sauleyanus d'ORB.
Ostrea Dieneri n. sp.
„ *directa* n. sp.
„ *olisiponensis* SHARPE.
„ *flabellata* GOLDF.
„ *africana* LAM.
„ cf. *acutirostris* NILS.
„ *syriaca* CONR.
Anomia subobliqua CONR. sp.
Vola quinquecostata v. *syriaca* HAML.
Pinna cretacea SCHLOTH. sp.
Arca bhamdunensis CONR.
Arca (?) div. (5) sp. CONR.
Cucullaea ligericnsis d'ORB. sp.
Nucula Corneueliana d'ORB.
„ *parallela* CONR.
„ *obtenta* CONR.
„ div. (4) sp. CONR.
Trigonia distans CONR.
„ *undulatocostata* n. sp.
„ *regularicostata* n. sp.
„ *cuneiformis* CONR.
Sphaerulites Saurayesi d'HOMBRE-FIRM.?
Cardium syriacum CONR.

Protocardia hillana v. *typica*.
„ „ v. *grandis* n.
Cyprina crenulata CONR. sp.
Isocardia Merilli HAML.
Cytherea libanotica FRAAS sp.
„ *syriaca* CONR.
„ *obruta* CONR. sp., häufigster Steinkern.
Pholadomya departa HAML.
„ *decisa* CONR.
„ *Vignesi* LART.
Ceromya sinuata HAML.
Liopistha libanotica HAML.
Murtea? div. sp. CONR.
Scalaria sp.
Turritella? sp.
Turritella cf. *Dupiniana* d'ORB.
Glauconia sp.
Xenophora syriaca CONR.
Natica cf. *bulimoides* d'ORB.
„ *inducata* CONR.
Nerinea syriaca (CONR.) BLANCK. emend.
„ *subgigantea* n. sp.
„ *minima* n. sp.
Aporrhais sp.
Melo pervetus CONR. sp.

In dieser Liste sehen wir die meisten der uns aus früheren Fundstellen der Buchicerasstufe bekannten Fossilien wiederkehren, speciell auch die von Husbeia am Hermon, wo das Hauptleitfossil selbst fehlte.

Der auffallende Reichthum an kleinen Bivalven der Gattungen *Arca*, *Cucullaea*, *Nucula*, der im Libanon bisher auf den Fundort Bhamdûn sich beschränkte, erinnert ein wenig an die senone Kreide von Mâr-Sâba in Judäa. Diese auf Faciesverwandtschaft zurückzuführenden Beziehungen steigern sich innerhalb der Buchicerasschichten von Bhamdûn noch in gewissen rothen, dünnen Kalkmergelplatten, welche durch ihre ganz ausserordentlich reichhaltige Fauna von dicht neben einander liegenden kleinen Bivalven und zierlichen Gastropoden die Freude des Sammlers erwecken (vergl. Taf. VI, Fig. 1—2). Diese minutiöse Fauna besteht aus:

Anomia sp.
Leda perdita CONR.
Cardita lacunar HAML. } häufig.
Corbula striatula SOW.
Dentalium sp.
Turritella sp.

Nerinea minima n. sp., Hunderte von Individuen.
Cerithium cf. *formosum* ZEK. selten.
Fusus blaundanensis n. sp. gemein.
Aloria (Aporrhais?) sp.
Buchiceras syriacum, vereinzeltes junges Exemplar.

Die genannte *Leda*- und *Corbula*-Art sind auch aus der obersten Kreide von Mâr Sâba und am Oelberg bei Jerusalem beschrieben worden, indessen ist wie schon oben hervorgehoben, gerade auf solche kleinen ausdauernden Formen betreffs der Altersbestimmung nicht das geringste Gewicht zu legen.

An der **Damascusstrasse** sind die Buchicerasmergel, welche mit hellen Kalken abwechseln, wohl die einzigen Schichten, welche eine lohnende Ausbeute an Fossilien liefern. Bei Chân Mizhir und später bei Chân Murâd auf der Wasserscheide sammelte ich:

Ostrea Dieneri
" *flabellata* } Schalen.
Pola quinquecostata
Cardium syriacum
Protocardia hillana typica } Steinkerne.
Ceromya sinuata

Cytherea syriaca
" *obruta*
Turritella sp. } Steinkerne.
Natica syriaca
Aporrhais? sp.

Auf der Nordseite des Nahr Beirût nehmen Schichten der Buchicerasznone bei **Bêtmêri und Brumâna** die Kammhöhen des westlichen Parallelzuges des Libanon ein, der sich steil über die Küstenebene erhebt. Dort sind gewisse kalkige, z. Th. etwas sandige Lagen ungeheuer reich an *Ostrea Dieneri* und *olisiponensis*. Daneben treten schlecht erhaltene Steinkerne von Bivalven und Gastropoden auf. Am Wege von dort nach Beirût sieht man auch höhere Kalke des Kreidesystems, steil nach Westen fallend, meist Nerineen- und Korallenmarmore, mit Korallen und Bivalven:

Turritella betmerensis n. sp.
Nerinea Mamillae FRAAS
" *berytensis* n. sp.

Nerinea Lüttickei
Actaeonella Absalonis FRAAS.
Actaeonina oriformis n. sp.

Diese Marmore scheinen hier die tiefsten Horizonte des eigentlichen Rudistenkalkes oder Libanonkalksteins zu vertreten. Eine genauere Aufnahme der Schichtenfolge wird an diesen Stellen durch die gestörten Lagerungsverhältnisse sehr erschwert. (Vergl. dazu als Profil S. 6).

Die isolirte Kreidescholle von **Beirût** gehört, wie es scheint, nicht ganz und gar dem Senon an. Es scheint mir nicht ausgeschlossen, dass auch oben kieselige Horizonte des Rudistenkalks am Râs Beirût noch unter der eigentlichen senonen Feuersteinkreide hervortreten. „Von den Felsen bei den Gärten am Fusse der Sandwüste, die am weitesten gegen W. ins Meer reichen" sammelte FRAAS *Sphaerulites Sauragesi?* (= *Radiolites radiosus* FRAAS). An der Beirûter Küste dicht am Hotel d'Orient sah ich mangelhaft erhaltene Reste eines Seeigels (*Micraster?*) und *Exogyren*. Typische Senonversteinerungen sind mit Sicherheit von Beirût selbst nicht bekannt. Doch halte ich es nicht für unmöglich, dass der von DIENER erwähnte *Ananchytes ovata* des Beirûter College dort wirklich gefunden ist. In dem Kreidekalkstein bei Burdj el-Burâdjineh südlich Beirût gibt ANDERSON Gryphaeen an.

Nördlich von Beirût stellen sich am **Westabfall des Libanon** bis zur Breite von Tripolis in der Oberen Kreide verschiedentlich **schiefrige Mergel oder Kalke** ein, welche sich durch eine ungewöhnlich reiche Fauna an **Fischen und Crustaceen** auszeichnen. Während die bezügliche Fauna wiederholt Gegenstand eingehender Untersuchungen gewesen ist, erscheint die stratigraphische Stellung der Schichten im System der Kreide keineswegs im Verhältniss genügend aufgeklärt.

Im Hintergrund der Bai von Djûni treffen wir 18 km. nordöstlich von Beirût zunächst den fischführenden weissen weichen Mergelkalk von **Sâhel 'Alma**. FRAAS weist denselben an die obere Grenze seines Turons, über der erst das Senon seinen Anfang nähme. DIENER und NÖTLING halten ihn bereits für Senon. Nach DIENER*) würden die Schichten von Sâhel 'Alma ebenso wie die dünnplattigen Kalkmergel des benachbarten Râs Mamiltein über den Rudistenkalken folgen und „ein wenig tieferes Niveau einnehmen als die feuersteinführende Kreide von Beirût und Râs esch-Schaḳḳa" mit *Terebratula carnea* und zwar deshalb weil „die hangendsten Partieen am Râs Mamiltein bereits deutliche lithographische Uebergänge zu der Facies der weissen Schreibkreide zeigen, andererseits aber auch an der Basis der letzteren am Dimitriberge zu Beirût, bei Schueifât und im Distrikte el-Kûrâ petrographisch ganz ähnliche dünnplattige Kalkmergel mit Feuersteinschnüren sich einstellen".

Zu dieser aus Lagerung und Gesteinsbeschaffenheit gewonnenen Annahme bezüglich des Alters der Fischschiefer von Sâhel 'Alma passt deren paläontologischer Charakter sehr gut. Von Mollusken sind bloss zwei Cephalopoden durch FRAAS bekannt. Die erste Art, welche FRAAS *Ammonites cultratus* d'ORB. nannte, zeigt relativ die meisten Beziehungen zu *A. Blanfordianus* STOLICZKA, einer Form der Arrialoorgroup (Senon) Indiens. Die zweite ist ein zu genauerer Bestimmung kaum verwerthbarer *Nautilus*. Es wäre zu wünschen, dass spätere Besucher dieser Lokalität den vorkommenden Cephalopoden und sonstigen Mollusken mehr ihre Aufmerksamkeit widmeten, damit die stratigraphische Stellung dieser Schichten endlich definitiv entschieden wird.

Die Fauna der Crustaceen und Fische von Sâhel 'Alma hat viele Anklänge an die des oberen Senons, Zone des *Heteroceras polyplocum*, in Westfalen bei Sendenhorst und an den Baumbergen erkennen lassen. Bis jetzt hat man schon elf Gattungen und drei Arten als beiden Faunen von Sâhel 'Alma und Westfalen gemeinsam nachgewiesen. Diese drei Teleostierarten sind:

Holopteryx antiquus (nach FRAAS),
Cheirothrix libanicus PICT. et HUMB. = *Megapus guestfolicus* SCHLÜTER,
Rhinellus furcatus AG.

Die artenreichste Familie des syrischen wie des westfälischen Senon „ist wie auch in der Jetztzeit diejenige der zu den abdominalen Weichflossern gehörigen Clupeiden, von denen Sâhel 'Alma 30 nad Westfalen 24 besitzen". Auch die Stachelflosser sind in beiden Faunen reich vertreten, bei Sâhel 'Alma mit 23, in Westfalen mit 13 Arten. Ueber die sonstigen engen Beziehungen zwischen den Fischen von Sâhel 'Alma und denen der oberen Mucronatenkreide Westfalens hat V. D. MARK**) ausführlich berichtet, worauf ich hier verweise.

Vergleicht man andererseits die Krebs- und Fischfauna von Sâhel 'Alma mit derjenigen des zweiten berühmten Fischvorkommens im nördlichen Libanon bei **Hakel**, so geht eins mit Evidenz hervor, dass beide Faunen nicht gleichen Alters sind. „Von den 10 Crustaceengattungen ist nur eine (*Penaeus*) muthmasslich beiden gemeinsam, die andern sind sämmtlich verschieden, und in dieser Beziehung schliesst sich der Crustaceen-Fauna die Ichthyo-Fauna an"***). Unter 122 bisher aus dem nördlichen Libanon beschriebenen Fischarten, die sich in 55 Gattungen vertheilen, kommt nicht eine einzige Art beiden Fundorten zugleich zu, während doch das so viel weiter gelegene Fischlager vom Abû Tôr bei Jerusalem wenigstens eine Haifischart nach FRAAS mit Sâhel 'Alma gemein hat. 68—70 Arten aus 37 Gattungen kennt man von Sâhel 'Alma, 51—53 Arten aus 27 Gattungen von Hakel. Nur neun Gattungen †) (*Rhinobatus, Pycnosterinx, Platax, Clupea,*

---

*) Libanon, p. 41.
**) VON DER MARCK, Ueber die Verwandtschaft der syrischen Fischschichten mit denen der oberen Kreide Westfalens. Verh. d. naturh. Ver. d. pr. Rheinl. u. Westfalen. 1869 p. 139.
***) DAMES, Zeitschr. der Deutsch. geol. Ges. 1886. p. 573.
†) nicht 16, wie v. D. MARCK (Verh. d. naturh. Ver. d. pr. Rheinl. 1889. p. 150) irrthümlich angibt.

Rhinellus, Leptotrachelus, Spaniodon, Eurypholis und *Anguilla*) sind an beiden Orten zugleich vertreten. Die Fauna von Sâhel 'Alma zeichnet sich durch ihren Reichthum an kleinen Schachieren und an barschartigen Fischen (*Pycnosterinx*) aus, die von Hakel durch Ganoidfische, welche in Sâhel 'Alma bis auf zweifelhafte Reste zweier Arten fehlen, und zahlreiche Häringe (*Clupea*). Eine blosse Faciesverschiedenheit bei gleichzeitiger Ablagerung im Kreidemeere kann an so nahe gelegenen Punkten (20 km. Entfernung in der Luftlinie) solche Gegensätze nicht hervorrufen.

LEWIS*) hat zwischen Sâhel 'Alma und Hakel, genau östlich von Djebraïl ein drittes reiches Fischlager entdeckt bei **Hazhûla** (= Djoula auf der französischen Karte 1862). Das betreffende Gestein ist ein zerreiblicher erdiger Kalk, welcher in dünnen Lagen bricht und mit dem Hammer geschlagen ganz zerbröckelt. In der Gesteinsbeschaffenheit scheint also grössere Annäherung an die Mergel von Sâhel 'Alma als zu dem Hakelschiefer vorhanden zu sein, welcher dem lithographischen Kalke von Solenhofen nahekommt. Die Fauna ist jedoch, soweit bis jetzt bekannt, vollkommen identisch mit der von Hakel; denn LEWIS fand darin: *Cyclobatis oligodactylus*, *Beryx rexillifer*, *Eurypholis Boissieri* und *Aspidopleurus cataphractus*, also vier typische Hakel-formen.

Die Fauna von Hakel wird von PICTET et HUMBERT verglichen mit derjenigen der Fischschiefer von Comen in Istrien, welche der Unteren Kreide zugerechnet werden. Gegen die westfälische obersenone Fischfauna besteht das gleiche Verhältniss wie gegenüber der von Sâhel 'Alma. Auch hier sind nach VON DER MARCK 9 Gattungen gemeinsam, aber keine einzige Art im Gegensatz zu Sâhel 'Alma mit drei westfälischen Arten. Die enge Verwandtschaft der Senonfauna von Westfalen mit der von Hakel, welche VON DER MARCK annimmt und zu Schlussfolgerungen betreffs des Alters der syrischen Fischschiefer verwendet**), kann ich nicht einsehen, während ich die Beziehungen der westfälischen und Sâhel 'Alma-Fische unbedingt zugebe.

In der eigenartigen Crustaceenfauna von Hakel fand DAMES***) ein jurassisches Gepräge, namentlich ein solches, wie es die Fauna der lithographischen Schiefer zeigt. Cariden (*Penaeus*) und Astacinen (*Pseudastacus*) bilden die Hauptmenge. „Dazu gesellen sich, zwei auch bei Solenhofen und Eichstädt nicht gerade seltene Typen, die Xiphosuren (*Limulus*) und die Stomatopoden (*Sculda*), beide in Arten, welche den bayerischen nahe verwandt sind. In dieser Vergesellschaftung, welche sowohl in den lithographischen Schiefern Bayerns als auch den Fischschiefern von Hakel ausgeprägt ist, tritt uns ein ausgezeichnetes Beispiel für die auch sonst nicht unbeachtet gebliebene Thatsache entgegen, dass bei gleicher physikalischer Beschaffenheit der Lebensbedingungen, hier speciell der betreffenden Meerestheile und ihrer Absätze, trotz Trennung durch lange geologische Zeiten sich eine Fauna von sehr ähnlichem Habitus zusammenfindet. Das gilt in diesem Falle ja nicht allein für die Crustaceen: die Ophiuren, die Comateln, die Dibranchiaten und sogar die Fische verhalten sich analog. Ist auch keine Art mehr ident, sind auch die Gattungen grösstentheils verschieden, so wird man doch nicht leugnen können, dass z. B. das massenhafte Vorkommen der verschiedenen *Leptolepis*-Arten hier und der verschiedenen *Clupea*-Arten dort eine habituelle Aehnlichkeit auch in der Fischfauna erzeugt.

Aber neben diesen jurassischen Typen, von denen namentlich *Pseudastacus* und *Sculda* hervorzuheben sind, die sich bis jetzt ausser bei Hakel nur in der Juraformation gezeigt haben, erscheinen nun in *Ibacus praecursor* und *Ranina cretacea* zwei Arten, welche ebenso entschieden auf postcretaceische Formationen hinweisen, wie jene auf praecretaceische. Die Gattung *Ibacus* ist überhaupt fossil bisher noch unbekannt gewesen"†) und die nächsten Verwandten der neuen *Ranina*-Art haben ihre eigentliche Verbreitung im Eocän.

*) LEWIS: The fossil fish localities of the Libanon. Geol. Mag. 1878, p. 214.
**) v. D. MARCK, l. c. p. 155.
***) DAMES, Ueber einige Crust. aus den Kreideablagerungen des Libanon. Zeitschr. der Deutschen geolog. Gesellschaft 1886, p. 551.
†) DAMES, l. c. p. 574, 575.

Die Lagerungsverhältnisse bei Hakel bieten dem Verständniss des Besuchers relativ weniger Schwierigkeiten als die von Sâhel 'Alma und sind daher durch die Untersuchungen von HUMBERT und FRAAS ziemlich aufgeklärt. Unter dem Fischlager beobachtete HUMBERT in der Schlucht oberhalb des Dorfes Hakel eine Reihe abwechselnder Kalke und Mergelbänke mit *Diplopodia sinaica* AG. et DES., *Hemiaster Sauleyanus* d'ORB., *Area tailleburgensis* d'ORB., *Cardium billanum* Sow. und *Natica difficilis* d'ORB. und in höher gelegenen Feldern fand er *Ostrea flabellata*, die möglicherweise aus noch höheren Schichten über dem Fischlager herrührte. Dass wir es hier mit der Zone des *Buchiceras syriacum*, der Seeigel und Austern zu thun haben, erscheint fast zweifellos. Abgesehen von dem charakteristischen Wechsel von Kalk und Mergelbänken weisen die genannten Fossilien darauf hin.

Diplopodia (Diadema) sinaica DES. ist freilich bisher nur vom Sinai (Wadi Mokatteb und Badera) bekannt*), hier aber stammt sie aus einer bestimmten au Seeigeln und Austern reichen Schicht der Cenomankalke, die, bedeckt von Rudistenkalken, an den südlichen Abfällen des Plateaus von Tih dem nubischen Sandstein auflagern. Derselben Schicht, der einzigen am Sinai, welche Seeigel enthält, sind entnommen: *Heterodia dema libycum*, *Holectypus cxeisus*, *Periaster elatus*, *Epiaster distinctus*. *Hemiaster gracilis* und *Fourneli*, *Ostrea flabellata*, *Mermeti*, *africana* und *olisiponensis*. Der hier genannte *Hemiaster Fourneli?* dürfte mit dem *H. Fourneli* LARTET aus dem Cenoman Palästinas und *Periaster Fourneli* FRAAS vom Libanon identisch sein. Diese Formen aber sind besser von dem typischen *H. Fourneli* DESH. des Senons zu trennen und mit *H. Sauleyanus* d'ORB. zu vereinigen **). Ich fand diesen *Hemiaster* in Bhamdûn in der dortigen Buchicerasxone.

Auch FRAAS ***) kennt jene „Cenomanmergel im Thale von Hakel" ebenso wie unterhalb des Klosters Meifûk nordöstlich von Hakel, aus denen dort die herrliche Quelle des Klosters „am Anfang eines fruchtbaren von einem Felsenkranz umsäumten Thales" entspringt. Aus diesen Kalkmergeln der dortigen Gegend und von dem benachbarten Tannurin erwähnt FRAAS:

Holectypus Lartetii (von Meifûk),
Periaster Fourneli? (besser = *Hemiaster Sauleyanus*),
Cyphosoma cenomanense }
Diplopodia Malbosi } (= *Diplopodia hermonensis*),
Toxaster pentagonalis,
„ *altus* (= *Toxaster Dieneri?* r. *altus*).

Ueber diesen Mergeln im Thale von Hakel folgen feuersteinreiche Kreidebänke, aus deren Grotten die Quelle von Hakel entspringt. Sie werden abgeschlossen von einer 1 m. starken kieselreichen Bank mit *Gryphaea capuloides* COQU. (= *Ostrea vesicularis* r. *judaica* LARTET, kleine Form).

Diese stets kleine Auster†) bezeichnet einen wichtigen durch Palästina und Mittelsyrien durchgehenden Horizont innerhalb des Cenomans (vergl. Tabellen I und II).
Sie wurde oben schon im unteren Libanonkalkstein von der **Taumât Nîha** erwähnt.
Im südlichen Palästina finden wir sie stets vergesellschaftet mit *O. Mermeti* r. *minor*, im östlichen Judäa bei **'Aïn Djidy** noch mit *Vola aequicostata*. Hier im W. des Todten Meeres liegt sie über grauen, oft dolomitischen Kalken mit *Vola quadricostata*, *Ammonites Mantelli* (?). Auch diese Cenomankalke schliessen, entsprechend dem Liegenden der Capuloidesbank von Hakel, nicht selten Kieselknollen ein. Ueber der Austernbank aber folgen an der Quelle Djidy kreidige Mergel mit seltenen Fischresten. In dieser Schicht des östlichen Judäa möchte ich das Aequivalent der Fischschiefer von Hakel erblicken. Dann kommen Mergel und Kalke oben mit einer Bank reich an *Ostrea olisiponensis* und *flabellata*, weiter ein Wechsel von weissen mergeligen Kalken und weissen Mergeln und graue, compakto Kalke, oft dolomitisch. Letztere, welche den höheren Rudistenhorizont entsprechen mögen, worden bedeckt von weisslichen Kreidemergeln, diese an der Basis des Senons von dem Fischbonebed und dem bituminösen Asphaltkalken von Nebi Mûsa, welche ich für das Aequivalent der Schichten von Sâhel 'Alma halte.

---

*) HOLLAND und DUNCAN in Quat. Journ. Geol. Soc. vol. XXI p. 349. XXII p. 58. — LARTET, Expl. géol. de le Mer. Morte etc. Paris 1874 p. 91.
**) Vergl. paläontol. Theil dieser Arbeit.
***) Geolog. aus dem Libanon, p. 340 und 350.
†) Vergl. paläontol. Theil.

Am **Wadi Módjib** im O. des Todten Meeres finden wir die Lage der Kalkbank mit *O. Mermeti* r. minor und *O. capuloides* ganz ähnlich. Unter ihr folgen graue Mergel mit *Hemiaster Sauleyanus* (= *H. Fourneli* LARTET = *H. batnensis* PERON), *Ostrea olisiponensis*, *Pholadomya Vignesi* und tiefer: Kalke mit *Heterodiadema libycum* und *Holectypus Larteti*. Diese Seeigelschichten im Liegenden sind zusammen unserer Buchicerasszone respektive den seeigelreichen Mergeln im Thale von Hakel und Meifûk zu parallelisieren. Im Hangenden der Capuloidesbank gibt LARTET gelbe Kreidemergel und Plattenkalke mit *Ammonites Laynesi*, an (die den Fischschiefern von Hakel gleich kämen), dann compakten Kalk (bei Hakel = Rudistenkalke) und Mergel mit Pholadomyen. Hierauf erst folgen Kalke mit Feuerstein und ein Complex von gelblichen Mergeln und weissen Kreidemergeln mit Feuerstein, Schichten, welche als Senon zu bezeichnen wären.

Kehren wir nach dieser Abschweifung wieder nach Hakel zurück. „Ueber der Bank mit *Gryphaea capuloides* liegen die klingenden, harten Schieferplatten mit den altbekannten Fischen, Krebsen, Sepien und Echinodermen"*). Dann folgen compakte Rudistenkalke. „Bis zur Höhe des Berges geht es noch 90 m. hinan, womit wir bereits über den Horizont der Radioliten hinausgerathen". „Die Schiefer von Hakel gehören also sicher dem Radiolitenhorizont an", hebt FRAAS hervor. Genauer gesagt, liegen sie an der Basis desselben direkt über der Buchicerasstufe und gehören wie diese noch zum Cenoman, welches Alter ihnen auch HUMBERT, der zuerst diese Fundstätte genauer untersuchte, vindiciert. Das Kloster Meifûk liegt innerhalb einer aus Rudistenkalk gebildeten Steilwand wie ein Felsennest hoch über den Kalkmergeln. „Auf den Höhen um das Kloster wittern die Rudisten heraus, vorzugsweise *Radiolites* cf. *cornu pastoris* (nach den mir vorliegenden FRAAS'schen Originalstücken). Von Hakel stammt ein *Hippurites sp*. HUMBERT traf auf dem Wege von Djebail nach Hakel „*Radiolites lumbricalis*" und vielleicht *R. socialis*" an, deren Lager er ebenfalls für höher als das der Fischschiefer hält.

Die nächste normale Auflagerung über den Rudistenkalken sah FRAAS am Wege von Hakel ins hohe Tannurin über **Lahfît**, bis wohin noch die Rudistenfelsen vorherrschten als splitterharte Marmore mit Sternkorallen, verkieselten Rudisten und Nerineen. Bei Lahfît folgen graue Mergel reich an *Pholadomyen* und *Cythereen*, besonders *Pholadomya fabrina* MÖSCH non d'ORB., identisch mit LARTET'S *Ph. Vignesi*, welche PERON auch im Cenoman Algeriens mit *Hemiaster batnensis* und *Protocardia hillana* getroffen hat.

Diese *Pholadomya Vignesi* kennen wir bereits von verschiedenen Punkten Syriens aus grauen oder lichten Mergelschichten. Vereinzelt sahen wir sie schon in typischen tieferen Cenoman mit Seeigeln (*Hemiaster Sauleyanus* u. a.) und Austern, so am Wadi Módjib, bei Hasbeia am Hermon und Bhamdûn. Ihr Hauptlager aber scheint sie wie bei Lahfît auch in Palästina erst in den lichten weichen Kreidekalken und Mergeln zu haben, die über den höheren Rudistenkalken folgen, faunistisch noch wesentliche Anklänge an das Cenoman zeigen und nach oben direkt in das Senon übergehen. Der Fauna dieses Horizontes gehören nach unseren früheren Besprechungen hauptsächlich folgende Fossilien an: *Cyphosoma sp. Hemiaster* cf. *Chanerneti, Ostrea flabellata, Vola Dutrugei? Protocardia unabitica, Cytherea sp., Venus sp., Pholadomya Vignesi* und *Laynesi, Acanthoceras rotomagense* und *harpax*. Besonders gemein muss *Ph. Vignesi* (nach der im Stuttgarter Museum befindlichen Sammlung des Missionar ZELLER) am Djebel Oscha bei Es-Salt, dem alten Ramoth Gilead sein und zwar in einem gelblich weissen, weichen Kreide-Mergel zusammen mit *Protocardia unabitica* und *Acanthoceras harpax* STOLICZKA. Letzterer Ammonit, mit dem *A. rotomagense* STOLICZKA vereinigt werden muss, bildet eins der wichtigsten Leitfossilien der Ootatoorgroup (Cenoman) Südindiens, doch ist er vereinzelt dort auch in der Trichinopoly group (Turon) gefunden worden. Dem Horizont des *A. harpax* und der *Protocardia unabitia* des Ostjordanlandes entspricht in Judäa allem Anscheine nach der unterste Kakübke von Jerusalem mit *Ammonites rotomagensis, Protocardia unabitica* und *Pholadomya Vignesi*.

Der zur Charakterisierung dieser Schichten als Cenoman so höchst wichtige *Ammonites rotomagensis* ist im gleichen Horizont im nördlichen Libanon, den Pholadomyenmergeln, allerdings noch nicht nachgewiesen; wohl aber kommt er in, wie es scheint, etwas tieferen Schichten, den Rudistenkalken vor. Denn in der FRAAS'schen Sammlung in Stuttgart befindet sich ein echter *A. rotomagensis*, der sich direkt an deutsche und französische Formen anschliesst, mit der Fundortsbezeichnung „Toula, Libanon" (= Abdelleh Toula der französischen Karte), einer der grössten Ortschaften im Bezirk Batrôn in einer Gegend, die nach DIENERS geologischer Karte vollständig von Libanonkalkstein eingenommen wird. Das Gestein, aus dem der Ammonit besteht, ist ein grauer, harter compakter Kalk, weist also auf Rudistenkalk oder Libanonkalkstein hin. Dieses Auftreten des echten *A. rotomagensis* ist nur eine glänzende Bestätigung der von Dr. DIENER ausgesprochenen Ansicht vom cenomanen Alter eines Theils der Rudistenkalke des Libanon, welches er bereits aus dem Funde einer mit dem *A. rot.* freilich nahe verwandten aber nicht identischen Form gefolgert hatte.

---

*) FRAAS. II. p. 314.

Die Fischschiefer von Hakel, welche dem untersten Theil der Libanonkalksteine angehören, sind jedenfalls cenoman. Diejenigen von Sâhel 'Alma hingegen würden sich nach Fraas, wie auch mir am wahrscheinlichsten ist, an die über den Rudistenkalkstein gelegenen Pholadomyenmergel gegen oben anschliessen. Sie entsprechen dann vollkommen den Fischlagern und Asphaltkalken von Nebi-Mûsa in Judäa, welche über der Foraminiferenkreide (entsprechend den Pholadomyenmergeln) und unter der eigentlichen Feuersteinkreide liegen.

Ausser Sâhel 'Alma, Hazhûla und Hakel giebt es noch ein viertes Lager von schönen Fischversteinerungen im Libanon, das von Roth*) entdeckt, aber bis jetzt noch von niemandem ausgebeutet worden ist. Es liegt an einem von Reisenden weniger betretenen Wege von Tripolis nach Ehden zwischen Sba 'tl und 'Aito. Nach Diener's geologischer Karte und seinem Profil**) durch den nördlichen Libanon von der Küste über den Cedernpass nach Ba'albek besteht der Djebel 'Aito, an dessen Nordseite das Fischlager liegen muss, aus Libanonkalkstein, ebenso wie Hakels Umgegend.

Um die hervorgehobene merkwürdige Uebereinstimmung in der Schichtenfolge des nordwestlichen Libanons mit der aus der Umgebung des Todten Meeres klar zu veranschaulichen, folge noch hier eine vollständige Zusammenstellung der bezüglichen Profile:

Wadi-Módjib im O. des Todten Meeres (nach Lartet, l. c. p. 70, t. 5. f. 6)	Nordwestlicher Libanon.	Westseite des Todten Meeres bei 'Ain Djidy und Nebi-Mûsa (nach Lartet, l. c. p. 78, t. 5. f. 3.
Weisse Kreidekalke mit Feuerstein.	Feuersteinführende Kreide von Râs esch-Schakka mit *Terebratula carnea*.	Weisse kreidige Kalke und Mergel mit Feuerstein.
Gelbe Mergel. Kalk mit rothem Feuerstein.	Weiche weisse Mergel von Râs Mamilton, Râs esch-Schakka und Sâhel Alma (dort reich an foss. Fischen).	Mergel mit Fischen. Schwarze bituminöse Asphaltkalke. Brauner Kalk. Bonebed von Fischresten. *Gryph. vesicularis* v. *judaica*.
Gelbe Mergel mit *Pholadomya Lignesi* u. a. Bivalven.	Pholadomyenmergel mit *Pholadomya Vignesi*, cf. *ligericensis* und *decisa*, *Cytherea*.	Weissl. Foraminiferenkreide m. *Gryphaea vesicularis* v. *judaica*. *Ostrea canaliculata*.
Grüner compakter Kalk.	Rudistenkalke mit *Gryphaea* cf. *vesicularis* (Fraas), *Radiolites* cf. *cornupastoris*, *lumbricalis*, *Sphaerulites Sauvagesi*, *Ammonites rotomagensis*.	Grauer compakter Kalk oft dolomitisch.
Gelbe und rothe Kreidemergel und Plattenkalkbänke mit *Ammonites Laynesi*.	Kalk mit *Exogyra flabellata* (Hunnar).	Weisse mergelige Kalke und weisse Mergel abwechselnd. Mergel mit *Ex. olisipanensis* und *flabellata*. Kalke und Mergel.
Weicher Kalk mit *Gr. capuloides* und *Ex. Mermeti* v. *minor*.	Fischkalke von Hakel, Hazhûla und (?) 'Aito. Bank mit *Gryphaea capuloides*.	Graue kreidige Mergel mit Fischresten. Mergel und Kalke mit *Gr. capuloides*. *Ex. Mermeti* v. *minor* u. *Vola aequicostata*.
Graue Mergel mit *Hemiaster Saulcyanus*. *Ostrea Mermeti*, *Pholadomya Vignesi*.	Feuersteinreiche Kreidebänke. Mergel und Kalke im Thal von Meifûk und Hakel mit *Diplopodia hermonensis* und *sinaica*.?*Holectypus Larteti*, *Toxaster Dieneri*, *Hemiaster Saulcyanus*, *Protocardia hillana*.	Graue oft dolomitische Kalke, zuweilen mit Kieselknollen; *Ostrea Mermeti*, *Vola quadricostata*, *Ammonites Mantelli*?
Kalke und Mergel mit *Exogyra*, *Heterodiadema libycum*, *Holectypus Larteti*.		

*) Dr. Roth bei v. Schubert III, p. 370. — C. Ritter, Die Erdkunde, 17. Theil. Syrien I. p. 657.
**) Libanon. p. 71. Fig. 3.

Wandern wir nunmehr von Lahfît oder von 'Aito westlich, so erscheint in den oberen Thälern des Nahr el-Djôzeh und Nahr el-Kadîschah ein Aufriss tieferer Schichten, des Trigoniensandsteins und des Glandarienkalkes. „Die einzelnen Etagen der Sandsteinformation sind in der Spalte des 'Ain en-Neb'a, der der Schlucht des Kadîschah zueilt, in vorzüglicher Weise aufgeschlossen.

Zu unterst direkt über den Glandarienkalksteinen liegen violette Sandsteine, dünngeschichtete rothe Mergel und Schieferthone. Darüber folgt ein sehr harter rother Sandstein, mit Melaphyrtuffbänken alternierend, hierauf Kalkmergel mit *Protocardium* cf. *hillanum* Sow.; endlich eine c. 15 m. mächtige Kalkbank, die", ganz wie Fraas' Cardiummauer im südlichen Libanon, „in dem ganzen Gebirgspanorama des Kadîschah-Quellgebietes überall deutlich aus ihrer buntgefärbten Umgebung als lichter Streifen hervortritt. Die oberste Abtheilung der „Sandsteinformation" Dieners, welche ungefähr unserer Buchiceraszone entsprechen mag, „zeigt nochmals eine Aufeinanderfolge von Kalkmergeln, violetten Sandsteinen und dünnplattigen lichtgelben Mergeln mit Austernbänken wie in dem Profile des Osthhanges der Taumât Niha". Des Reichthums an Petrefakten, besonders Cardien, Venus, Gastropoden in diesem Schichtencomplex bei Bscherreh und Mâr Serkis wird schon von Seetzen und Roth gedacht. Diener sammelte in Mergeln (?) bei Bscherreh: *Nerinea Mamillae* und cf. *Fleuriausa*.

Auf den typisch cenomanen Sandstein-Mergelcomplex folgen dann weissgraue, wohlgeschichtete Plattenkalke als Anfang des „Libanonkalksteins", der im O. wie eine gewaltige Kalkmauer den eigentlichen Libanonkamm zusammensetzt. An dem bekannten Cedernpass, dem Hauptübergang über den nördlichen Libanon sammelte Diener in dem Libanonkalkstein folgende Fossilien:

Vola Dutrugei,
Hippurites cedrorum n. sp.
Nerinea cedrorum n. sp.

Gesamute in riesigem Exemplar vorliegende *Vola* ist in der algerischen Provinz Constantine charakteristisch für das Rhotomagien, in welchem sie in Gesellschaft von *Ammonites rotomagensis*, *Mantelli rarinus*, *Protocardia hillana*, *Vola quadricostata* und zwar nur in diesen Schichten vorkommt.

Auf dem weiteren Wege über den Cedernpass nach Baalbek zwischen Ainêta und Jamûneh fand Diener „in dem zum Wadi en-Nusfir abdachenden Gehänge des Dahar el-Cherâîb, vermuthlich aus der mittleren Abtheilung des Libanonkalksteins" einen *Ammonites harpax* (= *A. rotomagensis* Stoliczka und Diener)

Aus allen bisherigen Angaben bezüglich der Rudistenkalke des Libanon können wir vorläufig keinen anderen Schluss ziehen wie für dieselbe Stufe in Judäa. Der Libanonkalkstein und zwar in seiner Gesammtheit kann beinahe mit demselben Recht als Cenoman wie als Turon aufgefasst werden. Das Auftreten cenomaner Ammoniten in „tieferen Horizonten" des Libanonkalksteins veranlasste Diener zu dem naheliegenden Schlusse, die untere grössere Hälfte des Libanonkalksteins noch dem Cenoman zuzuweisen. Das wichtigste und am besten erhaltene Exemplar dieser Ammoniten, ein *A. harpax*, ist freilich nicht unbedingt beweisend für Cenoman. Denn in Indien sollen nach dem Autor dieser Art, Stoliczka, wenige Exemplare des von mir damit vereinigten *A. rotomagensis* Stol. auch in der Trichinopoly group (Turon) vorkommen und eine allmählige verspätete Einwanderung dieser und anderer Ammonitenformen des indischen Cenomanmeeres so auch der *Stoliczkaia dispar* Stol. nach Syrien erst zur Turonzeit scheint mir nicht ausgeschlossen Es müsste dann freilich auch noch das verspätete Vorkommen des echten *A. rotomagensis* im Turon Syriens erklärt werden, der nicht aus Indien, wo er fehlte, kommen konnte. Wichtig wäre es, die obere Grenze der Verbreitung genannter drei Ammoniten im Libanon festzustellen. Der Vergleich mit Palästina würde vermuthen lassen, sie in den Pholadomyenmergeln, dem Aequivalent des unteren Kakühle, zu suchen. Andere Ammoniten, die speciell auf Turon verweisen, sind wenigstens im Libanon noch nicht entdeckt worden. Diener hat, um dem Turon seinen Antheil als selbstständigem Glied des Kreidesystems in Syrien zukommen zu lassen, eine etwas künstliche, willkürliche Grenze (zwischen Cenoman und Turon) innerhalb seines Libanonkalksteins geschaffen und bezeichnet nur dessen oberste Partien als Turon. Für den Libanon speciell fehlt vorläufig ein sicherer Anhalt dafür, einen Theil desselben von dem Uebrigen als Aequivalent einer besonderen Etage abzutrennen. Dass in der oberen Hälfte des Libanonkalksteins einige Rudisten und Nerineen vorkommen, deren nächste Verwandte sonst sich auf Turon beschränken, mag gern zugegeben werden, ist aber insofern ohne besondere Bedeutung, weil dieselben Turonfossilien auch und zwar hauptsächlich die untersten Theile der Rudistenkalkmasse frequentieren, so bei 'Abeih, ja womöglich in einzelnen Vorläufern bis in die Mergel und Kalke mit *Buchiceras syriacum* reichen.

Die Ansicht des Verfassers geht kurz dahin, dass der mittlere und höhere Libanonkalkstein, d. h. der eigentliche höhere Rudistenkalk im engeren Sinne, wie in Palästina der Rudistenkalk, eine ziemlich einheitliche Zone bildet, deren Fauna, sowohl in tieferen als in höheren Partien sich mehr oder weniger als ein Gemisch von älteren Formen *(Ostrea flabellata, Vola Dutrugei, Ammonites rotomagensis, harpax* und cf. *dispar)* und turonen (Rudisten und Nerineen) charakterisiert. Die eigentlichen Rudistenkalke dürfen daher nicht getheilt werden, sondern sind in ihrer Gesammtheit als das richtige Aequivalent des europäischen Turons zu betrachten. Aber diese Etage der Oberen Kreide erscheint in Süd- und Mittel-Syrien mehr als untergeordnetes Glied resp. obere Abtheilung des Cenomans, indem sich echt cenomane Typen, den turonen vergesellschaftet, wie es scheint, bis an die untere Grenze des Senons verbreiten.

Ueber den geologischen Bau des **Antilibanon** und seiner Ausläufer verdanken wir Diener die wichtigsten Aufschlüsse. Es bleibt mir nur übrig, hier auf die spärlichen Fossilienfunde kurz zurückzukommen. Rudistenkalk oder „Libanonkalkstein" und feuersteinführende Kreide (Senon) sind nach Diener die einzigen vorkommenden Zonen der Kreideformation. Ersterer zeigt wie im Libanon bald turone, bald cenomane Versteinerungen. Einen Ammoniten, der wohl zu *Mammites nodosoides*, einen der typischsten Leitfossilien des Turon, gehören könnte, fand Diener bei Breitân am Wege von Ba'albek nach Jahfûfeh in der obersten Abtheilung seines Libanonkalksteins. Östlich von diesem Punkte, südöstlich von Ba'albek enthält der Libanonkalkstein des Harf Râm el Kabseh nach Dieners Sammlung folgende Fossilien:

Ostrea flabellata,
Vola Dutrugei,
Ammuropsis subcanaliculata,
Natica syriaca, } in Steinkernen.
Pterocera (Harpagodes),
Pterodonta ovata.

Aus dem östlich gelegenen **Wüstengebiet der palmyrenischen Ketten** sind noch keine cretaceischen Versteinerungen bekannt geworden. Nach Diener bestehen dieselben aus weisser Senonkreide und eocänem Kalkstein. Von Palmyra befindet sich ein Stück zuckerkörnigen Kalkes mit *Nerinea gemmifera* in der Dienerschen Sammlung, einem Fossil, das eher auf Turon als auf Senon hinweisen möchte, da es bis jetzt nur in der erstgenannten Abtheilung der Kreide gefunden wurde.

Die Senonmergel in den palmyrenischen Ketten haben nach Dieners freundlichen mündlichen Mittheilungen nicht selten einen eigenthümlich muschlig schaligen Bruch und Absonderungsweise, wie wir solche schon bei Anderson[*]) von Senongesteinen der Klippen von 'Ain Terâbeh am Todten Meere beschrieben finden. Zuweilen sind sie auch hier imprägniert von Bitumen. Bei 'Ain el-tineh an dem östlichen Abfall der Stufe von 'Asâl el-Ward unweit der Strasse von Damascus nach Homs liegen mehrere Asphaltgruben in der Senonkreide.

---
[*]) Geol. Reconnaissance of Part of the Holy Land. in Lynch: Off. Report etc. 1852, p. 1 6 3) d.

Zugleich ist die letztere die Lagerstätte von Gyps oder Marienglas, welches meist in regelmässigen Schichten den Mergeln zwischengelagert ist. Nach Černik*) bestände schon „der stufenförmige Djebel Suwân**) im SO. Zukara's", der nördliche Ausläufer des Antilibanon, wo Diener bloss Eocänkulkstein angibt, „ausschliesslich aus Thonmergeln mit spärlichen Gypsgängen". Das grosse Wüstenbecken El Dau zwischen dem Djebel Tijâz, Abjad und Senajeh ist ein flach gewelltes, sehr gelockertes Terrain aus porösem Thonmergel und Gypsablagerungen ***).

Aber erst **östlich von Palmyra** werden gypsführende Senonmergel gegenüber den Eocänkalken das vorherrschende Gestein. Der Gebirgsrücken Satije baut sich nach Černik aus regelmässigen, abwechselnden „Schichten von Kalkmergel und Thon" auf, welche Lagen Ursache zu der verschieden vorgeschrittenen Auswaschung und den eigenthümlich zersägten Abdachungsformen sind. Nur allzusehr erinnern diese (Senon-) Schichten in ihrer Beschaffenheit an die Schichten mit *Exogyra Overwegi* in der libyschen Wüste, welche nach Zittels Beschreibung bei ihrem steten Wechsel von gyps- und steinsalzreichen Blätterthonen, Blättermergeln und Kalkmergelbänken ebenso zackige Profile bieten. Die Annahme eines tertiären, miocänen Alters für diesen gypsführenden Complex bei Palmyra, zu der Suess †) geneigt ist, halte ich vorläufig für nicht gerechtfertigt.

Südlich der Wasserlache Ghadir et-Taïr wurden „bedeutende Massen von Marienglas an den nördlichen Hängen des Djebel Abjad gesehen"*†).

Auch in dem südlichsten Streifen der nordsyrischen Wüste nördlich der Breite von Homs und Palmyra östlich vom Orontes an bilden senone Kreideablagerungen allem Anschein nach grossentheils den Untergrund, der allerdings in den meisten Fällen verhüllt wird von ausgedehnten Basaltdecken, pliocänen und quartären Süsswasserablagerungen. In dem einförmigen Plateau zwischen Homs und Selemīje sind einige Thalfurchen, so die des 'Ain Hosain bei 'Aiz ed-Dīn, derart eingeschnitten, dass unter diesem Basaltlager gelblich weisse Kreidemergel zu Tage treten. Etwas nördlicher zwischen Selemīje und Hamâ treten die Kreideschichten deutlicher hervor. Nahe dem Bach von Selemīje, der westwärts zum Orontes fliesst, sieht man einzelne Hügel von blendend weissem Kreidemergel. Diese Schichten bilden das direkte Liegende der im Norden horizontal darüber gelagerten Eocänsedimente in den Tafelbergen des Djebel el 'Ala, über deren Beschaffenheit an anderer Stelle ausführlicher gesprochen werden soll. Von Selemīje aus scheinen mir diese Senonmergel noch weithin bis zum Euphrat den Untergrund der ebenen wasserlosen Wüste zu bilden, in der sich keine merklichen Bergzüge mit jüngeren aufgelagerten Eocänbildungen wie südlich bei Palmyra und nördlich bei Selemīje mehr erheben. Die Senonschichten dürften auch dort das Muttergestein von Gyps und Asphaltlagern sein.

Dr. Moritz, der über die ausgedehnten Wüstengebiete im Norden von Palmyra Erkundigungen eingezogen hat, glaubt dem Marienglas dort eine beträchtliche Verbreitung zuschreiben zu müssen und neigt sich der Ansicht zu, dass, was die Beduinen als hadjar abjad (= weisser Stein) bezeichnen und woraus z. B. die Ruinen von Anderin bestehen sollen, weniger Marmor oder Kreide als vielmehr Gyps bedeute. Jedenfalls soll derselbe bei Resâfeh, welches im N. von Ghadir et-Taïr ungefähr unter 38° 50' östlich Greenwich liegt, vorhanden sein. Westlich in der Nähe dieses Ortes führt Djewdet Pascha's Türkische Karte des Wilajets Aleppo „eine Tagereise östlich El'is'rijie einen Berg, genannt Abû-Feijâd" auf, der Steinkohlen enthalten soll. Ich möchte diese Angabe auf ein dortiges Vorkommen von Asphaltkalk in der obersten Kreide zurückführen,

---

*) Ingenieur Černiks technische Studienexp. durch die Gebiete des Euphrat und Tigris v. A. v. Lerchenfeld, I. Ergänzh. zu Petermanns Mittheil. 44. 1875. p. 9.
**) Der Name Djebel es-Suwân bedeutet übrigens „Feuersteingebirge".
***) Černik, l. c. p. 10.
†) Suess, Antlitz der Erde, I. 1885, p. 635.
*†) Černik-Lerchenfeld, l. c. p. 12.

der ja Steinkohlen äusserlich oft zum Verwechseln ähnlich sieht und dessen Vorkommen im Senon durchaus nichts Auffallendes hat. Das **Gebiet des mittleren Euphrat** im O. von Palmyra enthält nach ČERNIK vorwiegend „abwechselnde Gyps- und Thonlagen". „Das Profil des Stromthals präsentiert sich durchweg auf der syrischen Seite z. B. bei der Feste Kan Kalleh mit einem hohen Steilufer mit zu Tage liegenden Kalkmergel-, Gyps- und Thonschichten". „Bituminöse Thone und Gypse" herrschen vor bis zur Mündung des Wadi Ali auf der rechten Seite des Euphrat, wo dessen Lauf eine Strecke lang eine westliche Richtung nimmt, und werden hier durch grobkörnigen (Eocän-?) Kalk ersetzt *).

Bei der Passierung der Wasserrisse der Nordgehänge des Djebel Kayem zwischen El Baus und Anah bemerkt dann ČERNIK: „Der Boden der Risse zeigte nebenbei zahlreiche Petrefakten, namentlich Fischgattungen." Die Vermuthung liegt nahe, dass es sich hier abermals um ein senones Fischlager wie bei Nebi Mûsa und Sâhel 'Alma handelt und dass die Senomergel hier unter den jüngeren Kalken in den Thalfurchen erscheinen. Es sei hier hervorgehoben, dass ausser in cretaceischen Schichten in ganz Syrien bislang nicht die geringsten Spuren von Fischversteinerungen gefunden wurden, obgleich die jurassischen, eocänen, miocänen, pliocänen und quartären Schichten im übrigen an Reichthum der Versteinerungen der Kreide keineswegs nachstehen.

Erst bei Hit am **unteren Euphrat** stellen sich wieder bituminöse Thone und Gypse ein. „Die runden Hügel, welche aus dem Bitumenfeld Hits emporragen, bestehen aus gleichmässigen Schichten von Gyps und Thon, aufruhend auf sandigem Thonboden. Das ganze Gebiet aber zwischen dem Wadi Kubeissah und Wadi Mohammedieh ist jenes vielfach erwähnte Asphaltlager, das die gebirgige Uferzone am untern Euphrat abschliesst und der dortigen Landschaft ein eigenthümliches Gepräge aufdrückt **).

Auf unserer nunmehr beendigten Wanderung durch Süd- und Mittelsyrien hatten wir in den Kreidebildungen Palästinas Erscheinungen in paläontologischer Hinsicht wahrgenommen, welche in gewissem Gegensatz stehen mit herrschenden aus dem vergleichenden Studium speciell der nordeuropäischen Kreide gewonnenen Anschauungen über die Entwicklung der Fauna in der Oberen Kreide. Unsere Beurtheilung der Verhältnisse, welche sich auf die Beobachtungen von FRAAS und LARTET stützt, hat sich dann des Weiteren im Libanon in ihren Hauptpunkten bestätigt.

Im unteren Theil der vorhandenen Kreideablagerungen erkannten wir überall typisches Cenoman, im obersten Theil typisches Senon. Die Mitte dagegen, die Rudistenkalke und Pholadomyenmergel zeigen im Gegensatz zu Europa eine so merkwürdige Mischfauna, dass hier eine Deutung genau entsprechend den europäischen Verhältnissen unmöglich wird. Ist hier eine turone Abtheilung vorhanden, wie wird sie nach oben und unten begrenzt: das sind Fragen, die schwer zu beantworten scheinen und zu ihrer definitiven Lösung noch sehr der Detailforschungen bedürfen. *Ammonites rotomagensis* und *harpax*, die wir bei Palästina als aus diesen im Alter zweifelhaften Schichten namhaft machen, stellen sich auch im Libanon wieder ein, hier freilich nicht in den Pholadomyenmergeln in der Nähe senoner Typen, sondern etwas tiefer in den Rudistenkalken, die sich sonst in der Fauna mehr als Turon charakterisieren. Die aus derselben Uebergangszone in Palästina und Libanon mehrfach erwähnten Cenomanformen *Otrea flabellata* und *Vola Dutrugei* fanden sich zuletzt auch im Rudistenkalk des Antilibanon wieder.

Es widerstrebt mir, jedesmal, sobald von Cenomanfossilien die Rede ist, unseren europäischen Anschauungen von einer scharfen Grenze zwischen Cenoman und Turon gemäss, consequent nur an die untere

---

*) Vergl. SACHAU: Reise in Syrien und Mesopotamien. Leipzig 1883 p. 129 und KIEPERT: Nouv. carte gén. des prov. asiat. de l'Empire Ottomane. 1884.
**) SCHWEIGER-LERCHENFELD, Ergänzungsheft zu Petermanns Mitth. 44, 1875, p. 23.

Hälfte des Libanonkalksteins zu denken und dessen oberste Partien lediglich für die Turonfossilien zu reservieren, so lange beides nicht durch direkte Beobachtung erwiesen ist. Haben wir doch gesehen, dass Turontypen (z. B. *Sphaerulites Saurayesi* = *Hippurites liratus* COSN. ebenso gern in tieferen Regionen des Rudistenkalkes, also unter dem Lager des *Ammonites harpax* im Libanon vorkommen, dass in Judäa Cenomantypen auch das Kreidekalklager (Kakühle) über den Rudistenkalken einnehmen, in welchen sie sich sogar fast direkt mit Senontypen zu vergesellschaften scheinen.

Paläontologische Grenzen zwischen zwei Schichtenabtheilungen, mögen sie in gewissen Gegenden auch noch so scharf erscheinen, ändern sich auf grössere Entfernungen nicht viel weniger wie petrographische und verlieren an Schärfe, indem Formen, deren Verbreitung sonst durch jene Grenze abgeschnitten war, dieselbe überschreiten, indem sich Zwischenglieder mit gemischter Fauna einschieben oder einzelne Abtheilungen sich auskeilend verschwinden. Wir werden an anderer Stelle Gelegenheit haben bei Behandlung jüngerer Gebirgssysteme Syriens (bei der Grenze von Kreide und Eocän, von I, II und III Mediterranstufe) auf ähnliche Erörterungen zurückzukommen.

Vorläufig verweise ich auf ein sprechendes Beispiel, die Abgrenzung von Unter- und Obermiocän, welche im Wiener Becken wohl überall vortrefflich durchführbar erscheint bei dem dort festgestellten sich wenig verändernden vertikalen Verbreitungsgebiet der Hauptfossilien. Sobald man sich aber weit nach W und S, Frankreich, Algerien, Aegypten entfernt, ändern sich die relativen Verbreitungsgrenzen der einzelnen Fossilien mehr oder weniger. Die Grenze zwischen erster und zweiter Mediterranstufe wird unscharf und ist nur mit Mühe unter den veränderten Verhältnissen an der Fauna wiederzuerkennen.

Unter solchen Umständen hat man nach neuen Eintheilungsprincipien zu suchen, welche mit geringerer Rücksicht auf liebgewordene Systemgliederung in der Heimat wesentlich auf die lokalen Verhältnisse sich stützt.

Von diesem Standpunkte aus unterscheiden wir in Palästina und Mittelsyrien folgende durchgehende Glieder des Kreidesystems:

I. Die Sandsteinstufe mit *Trigonia syriaca* als Hauptleitfossil, ferner mit kleinen Austern (*Ostrea aliruba*). und *Producnlia judaica*. In Palästina, Arabien und der arabischen Wüste Aegyptens entspricht dieser Stufe der sogenannte nubische Sandstein. Sie zerfällt wenigstens im Libanon in zwei Unterabtheilungen:

a) vorherrschend sandige Bildungen, reich an dünnen Kohlenflötzen, in der oberen Region sehr häufig Melaphyrtuffe;

b) oben vorherrschend mergelige Bildungen, zuweilen reich an wohlerhaltenen Schalthierresten, besonders Gastropoden (*Cerithien, Turritellen, Glauconien*), daher sie FRAAS als Gastropodenzone bezeichnete.

II. Die Stufe der abwechselnden Kalke und Mergel mit *Buchiceras syriacum* als Hauptleitfossil in Mittelsyrien, sonst reich an cenomanen Typen; besonders *Heterodiadema libycum, Hemiaster Saulcyanus*. zahllosen Austern, den ersten Rudisten, Bivalven- und Gastropodensteinkernen.

III. Der Libanonkalkstein oder die Rudistenkalke schlechthin. Innerhalb dieser Stufe können wir noch eine Zweitheilung vornehmen :

a) Das tiefere Glied schliesst sich petrographisch und paläontologisch an II, doch enthält es weder mehr *Buchiceras s.* noch die charakteristischen Seeigel. Nur die Austern (*Exogyren*) sind z. Th. noch die nämlichen; ihnen gesellen sich aber andere Typen, Vorläufer sonner Austern wie *Gryphaea capuloides* zu. Petrographisch sind es abwechselnd Plattenkalke. compakte Kalkbänke, Marmore und graue oder weisse Mergel. Diese Zone ist wichtig besonders durch die Fischlager im nördlichen Libanon bei Hazhûla, Hakel und ?'Aito, welche ihr angehören.

b) Der übrige grössere Theil des Libanonkalksteins ist die eigentliche Region der Rudisten. Vereinzelt finden sich als auffallende Erscheinungen typisch cenomane Ammoniten, sowie eine turone Form aus den obersten? Lagen. Ob in der vertikalen Verbreitung beider Ammonitengruppen wirklich eine scharfe

Grenze in Mittelsyrien vorhanden, darauf müssen spätere Detailforschungen besonders achten. Petrographisch ist diese Zone vollständig einheitlich. Es sind graue und weisse compakte Kalke, weissliche Kieselkalke mit Feuersteinknauern, seltener durchlaufenden Lagen von Feuerstein, zuckerkörnige Dolomite und Plattenkalke.

IV. Es folgt nun die Stufe der kreideartigen Gesteine von der Art, wie wir sie im Senon gewohnt sind zu sehen. Zunächst:

a. Die gelblichweissen Pholadomyenmergel, denen auch der unterste Theil des Kakühle bei Jerusalem angehört; dann

b. die weichen weissen Kreidemergel von Mâr Sâba, Jerusalem (oberer Kakühle), Râs Mamiltein etc., welche an so vielen Orten von Bitumen erfüllt, oft braun bis schwarz gefärbt erscheinen. Sie sind der wichtigste Fischhorizont ganz Syriens, dessen Bedeutung besonders NÖTLING hervorhob, der freilich ungerechtfertigter Weise alle existierenden Fischlager ihm zutheilte.

c. Den Schluss bildet die feuersteinführende Kreide, welcher wohl auch die fossilreichen Ledabänke von der Apostelquelle bei Nebi Mûsa zuzutheilen sind. Ob als Aequivalent dieser letzten Launna-Zähne führenden Schicht auch die Fischzahnschichten von Abû Tôr aufzufassen sind und also, wie DIENER anzunehmen geneigt ist, dem oberen Senon zufallen, lässt sich aus den wenigen vorliegenden Nachrichten noch nicht entscheiden.

Fragt man nun, wie entsprechen diese vier Stufen mit ihren Unterabtheilungen den europäischen Kreideetagen, so möchte ich, wenn einmal das Vorhandensein des Turons als besondere Etage als unerlässlich gilt, es für das Richtigste halten, ihr Aequivalent in den Abtheilungen III b, den typischen höheren Rudistenkalken und vielleicht noch IV a, den Pholadomyenmergeln zu suchen und zwar deshalb, weil diese Schichten wenigstens keine rein cenomane, noch eine rein senone Fauna bergen, vielmehr cenomane, turone und sonone Formen in ihnen sich vergesellschaften.

Alle höher liegenden Schichten IV b und c sind sicherlich als Senon, alle tieferen I, II und III a incl. der Fischkalke von Hakel als Cenoman zu betrachten.

Ich brauche wohl hier nicht noch einmal auf die von NÖTLING bezüglich der syrischen Kreide geäusserten Ansichten ausführlicher einzugehen. Mit Hülfe von ein paar Gastropoden aus dem Trigoniensandstein von 'Abeih glaubt er „die Unhaltbarkeit der Ansicht des cenomanen Alters der Sandstein-Etage ohne Weiteres (sic!) bewiesen" zu haben, und „ist somit das Cenoman aus der Reihe der syrischen Kreideglieder zu streichen". Ich kann hier nur mit NÖTLINGS eigenen Worten seiner Entgegnung gegen DIENER*) erwidern : „Wenn je eine Beweisführung auf schwachen Füssen gestanden hat, so ist es die" NÖTLING'sche „vom" turonen „Alter des Trigoniensandsteins" und der folgenden Stufen, „wie man sich wohl hat überzeugen können"; meine oben dargelegten Ansichten über das Alter des Trigoniensandsteins", wie auch besonders dasjenige der Buchiceasstufe, „haben" gestützt auf eingehenderes Studium eines reichhaltigen paläontologischen Materials „jedenfalls einen grösseren Grad von Wahrscheinlichkeit für sich".

Die Ursache für die Entstehung von Ansichten, wie sie NÖTLING äussert, habe ich schon oben angedeutet. NÖTLING hat bloss die Gastropodenschichten von 'Abeih einer besonderen Aufmerksamkeit gewürdigt; diese erinnern in der Facies, aber nur in dieser, theils an die Gastropodenbänke der Gosauschichten in den Alpen, theils aber auch ebenso sehr, wie FRAAS hervorhebt, an die Aptienmergel Frankreichs. Die Bedeutung der Facies aber wird heutzutage auch bei älteren geologischen Perioden mehr und mehr gewürdigt und schon viele Irrthümer in der Altersbestimmung von Schichten sind aufgedeckt und zurückgeführt worden auf Faciesähnlichkeit. Hätte NÖTLING noch Zeit gefunden, die höheren Buchicerasschichten mit ihren Seeigeln und Austern gebührend zu würdigen, auf welche sich sowohl DIENERS als meine Beweisführung mit Recht hauptsächlich stützt, so würde er nicht in dieser vorschnellen Weise entschieden und die bisherigen Forschungsergebnisse über Palästina und Mittelsyrien mit einem Male so zu sagen über den Haufen geworfen haben.

*) Zeitschr. d. Deutsch. geol. Ges. 1886. p. 854.

Schon nach den Arbeiten von LARTET, FRAAS und ZITTEL konnte es für einen Geologen, der sich eingehender mit der Materie befasste, kaum mehr zweifelhaft erscheinen, dass Cenoman in Syrien nicht allein wirklich existiert, sondern das petrefaktenreichste Glied der Oberen Kreide bildet.

3. Die Entwicklung der Oberen Kreide in Nordsyrien.

Wir verlassen Mittelsyrien und treten im N. des Libanon über die Senke von Homs in das **Nusairier-Gebirge** oder den **Djebel el 'Ansârîje**. Den Libanon sahen wir aus Jura und Schichten der Oberen Kreide vom Cenoman bis zum Senon aufgebaut. Die obengenannte nördliche Fortsetzung desselben aber enthält von Sedimenten, soweit wenigstens meine eignen Beobachtungen reichen, Obere Kreide, aber nur Turon und Senon, und Eocänkalke. Die Stufen des jurassischen Glandarienkalkes, des Trigoniensandsteins und der Mergel und Kalke mit *Buchiceras syriacum* scheinen hier nicht mehr aufzutreten. Das tiefste Glied bilden bereits die eigentlichen Rudistenkalke in engerem Sinne, die oben unter III b aufgeführt wurden. Es verhält sich also das Nusairier-Gebirge in seiner Zusammensetzung etwas ähnlich den südlichen Fortsetzungen des Libanon; dem Gebirge von Galiläa, Samaria und dem westlichen Judäa, wie auch ähnlich dem Antilibanon.

Paläontologisch ist ein grosser Gegensatz gegen die süd- und mittelsyrische Kreide zu verspüren. Alle jene Charakteristica der afrikanischen Kreidefacies, die allerdings auch im südlicheren Syrien in jenen höheren Kreidestufen sich sehr reducierten, scheinen verschwunden. Seeigel habe ich nirgends mehr in zweifellosen Kreideschichten sammeln können, während sie in den unteren Lagen des Eocäns Nordsyriens lokal zu den häufigsten Fossilien gehören. Austern sind nur spärlich noch vorhanden. Vor allem fehlen die cenomanen Formen wie *O. flabellata*, welche in Süd- und Mittelsyrien noch hoch in die Rudistenkalke sich verbreitet fanden. Nicht einen einzigen zweifellosen Cephalopodenrest habe ich in der nordsyrischen Kreide entdeckt.

Damit fallen denn auch alle wichtigen cenomanen Fossilien weg, welche weiter südlich in den Rudistenkalken den turonen Typen sich vergesellschafteud, die Beurtheilung des Alters der Schichten so sehr erschwerten. Die Fauna der Rudistenkalke Nordsyriens ist rein und unvermischt die des nordeuropäischen Turon und sie weist darauf hin, dass auch im S. die gleiche Etage vorliegt und hier nur in ungewöhnlicher Weise, sei es durch späte Einwanderungen von S, SW und SO her, sei es in Folge längeren Andauerns, der für die Fortexistenz der cenomanen Thierwelt günstigen Lebensbedingungen, die cenomane Fauna sich länger erhalten konnte neben den die neuangebrochene Zeitepoche anzeigenden turonen Formen.

Das tiefste Glied des Kreidesystems, welches ich im südlichen Nusairier-Gebirge antraf, sind mehr oder weniger kieselige Kalke, welche auch vollständig in weissen Sandstein und Kieselbreccien übergehen, ferner weisse körnige Dolomite und Marmor. Der südlichste Punkt, an dem diese Formation unter einer weiten Basaltdecke zu Tage ausgeht, ist die Umgebung des Nahr el-Fuwar oder Nahr es-Sabte, des nördlichsten Zuflusses des Nahr el-Kebir. Die Grotte bei den Klöstern Dêr Ahmeri und Mâr Djîcjis westlich Kal'at el-Hösn, aus der die intermittierende Quelle Nahr Sabty = Siebentagsfluss, welche schon Flavius Josephus unter dem Namen ὁ Σαββατικός erwähnte, heraustritt, besteht aus weissem, zuckerkörnigem, cavernösem Dolomit, welcher nach meinen Aufsammlungen enthält:

Teutaculiten-artige Wurmröhren,
Rudisten,
Nerinea gemmifera LART., häufig,
Cerithium cf. *sexangulum* ZEK.,
    „   sp. cf. *peregrinorsum* d'ORB.,
    „   *aviforme* n. sp.,
Actaeonella parva n. sp., häufig.

— 55 —

Das Gestein ist vollkommen dasselbe wie das mit *Nerinea gemmifera* von Palmyra und die dolomitischen Pileoluskalke des Karmelgebirges in der NÖTLINGschen Sammlung.

Diesen zuckerkörnigen Dolomit mit Rudisten und Nerineen trifft man wieder an der Westseite des Gebirges bei Tartûs, einer Küstenstadt, welche ganz auf Rudistenkalk erbaut zu sein scheint. Es treten dort auch dichte Kalke und kieselige Breccien auf, in denen kleine Feuersteine, Dolomitstücke etc. durch ein quarziges Bindemittel verkittet sind. Ein derartiges Stück war ganz erfüllt von Abdrücken und Steinkernen von *Cerithium Münsteri* Kef. v. *syriacum*.

Von Tartûs an bis über Bâniâs bilden graue harte, meist kieselreiche förmliche quarzitische Kalke und graue Sandsteine die steilabfallende Basis der niedrigen Küstenberge, soweit letztere nicht aus jungvulkanischem Material bestehen. Echte Feuersteinknollen konnte ich in diesen Gesteinen an der Küste anstehend nicht beobachten. In den Kalken sammelte ich nördlich Tartûs und in Bâniâs:

Terebratula biplicata? | *Ostrea* cf. *Tisuri* Coq.
Terebratulina suborbicularis n. sp. | *Rudiolites* cf. *laubricalis*;

in den Sandsteinen nördlich Bâniâs: einen Rudisten, der durch seine grosszellige Schalenstruktur an *Sphaerulites Mortoni* erinnert.

Die Kalke wie Sandsteine erscheinen oft in ganzen Lagen nur aus groben kalkigen, resp. verkieselten Schalentrümmern aufgebaut, die durch kalkiges oder quarzitisches Bindemittel verkittet sind und an der Oberfläche herauswittern. In Stücken solcher weissen kieseligen Breccie nördlich Bâniâs liessen sich bestimmen:

Ostrea cf. *dirrcta* n. sp., | *Cytherea syriaca*,
Rudisten, | *Nerinea* cf. *Fleuriausa*.

Gegen oben geht der Steilabfall der Küstenberge in eine sanftere Böschung über, indem den Rudistenkalken, welche nur in einer Mächtigkeit von 50—100 m. auftreten, blendend weisse Kalkmergel mit muscheligem Bruch aufgelagert sind. Diese höheren versteinerungsleeren Schichten mögen dem unteren Senon des Libanon entsprechen. Sie schliessen wenigstens in ihren untern von mir beobachteten Theilen an der Westküste des Nusairier-Gebirges keine Feuersteine ein.

In der von niedrigen Hügeln durchzogenen Ebene der Umgegend von Lâdikîje sieht man die unteren harten Kieselkalke nicht mehr. Dafür bietet die obere Stufe der Mergel eine reiche Mannigfaltigkeit. Es erscheinen bald blendend weisse, bald graue und gelbe Mergel und die Härte der einzelnen Lagen wechselt sehr. Auch gelblich graue Dolomit- und Kalkbänke schieben sich ein.

Hier zu beiden Seiten des unteren Nahr el-Kebir*) oder des Stroms von Lâdikîje begegnen wir zum ersten Male einem ganz neuen Glied in der Zusammensetzung der Bodenoberfläche: Eruptivgesteinen aus der Gruppe der Gabbros, Norite, bastitführenden Serpentine und reinen Serpentine, denselben, welche man bereits von den nahebelegenen Insel Cypern kennt. Die Verbreitung dieser cretaceisch-eocänen Grünsteine beschränkt sich in Syrien auf die nordöstlichen Gebirge, welche man als die directe Fortsetzung der beiden Cypern von W. nach O. durchziehenden Gebirgszüge und als die äussersten vorgeschobenen Parallelzüge im System des Taurus ansehen darf. Es sind dies einerseits im S. der Cassius Mons, dessen südlichste Ausläufer eben bis zur Mündung des Nahr el-Kebir reichen, der nördliche Theil des Djebel el-Koseir am Knie des Orontes und der Kardalar oder Kurd Dagh oder das Kurdengebirge, andererseits im Norden der Amanus Mons und Giaur Dagh. Die südliche Verbreitungsgrenze der Serpentingesteine läuft von der Bucht von Djebele etwa an der Mündung des Nahr Rûz nach NNO, parallel dem Mittellauf des Nahr el-Kebir schräg über das Plateau des Djebel el-Koseir zur Niederung El 'Amk, von da etwa längs des 'Afrinthales aufwärts über Killis, 'Aintâb zum Euphrat.

Besagte Grünsteine haben nun bei Lâdikîje die Kreideschichten durchbrochen und metamorphosiert.

---

*) Dieser Fluss, der dicht östlich Lâdikîje mündet, ist nicht zu verwechseln mit dem oben erwähnten Nahr el-Kebir (= grossen Fluss) zwischen Libanon und Djebel el-'Ansârîje.

Westlich von dem Dorfe Skublu zeigen sich die Kreidemergel in unmittelbarer Nähe eines solchen Grünsteindurchbruchs durch Anreicherung an Kieselsäure gehärtet und zugleich roth gefärbt.

Ob mit dem Auftreten von Eruptivmassen auch das lokal beschränkte des Gypses innerhalb der Kreideschichten hier in ursächlichem Zusammenhang steht, wie in manchen anderen Ländern (Algerien, Spanien), wäre noch zu untersuchen. Unweit Bahluljc kommt Gyps in dicken horizontalen Schichten und grösseren Nestern, welche ganze Hügel von 10 m. Höhe zusammensetzen, vor. Das begleitende Gestein ist Dolomit, weiche Mergel und Mergelkalk.

Zwischen Safķân und Chân Ahmed Hamâde (= Ghafâr bei NIEBUHR = Crusia bei MAUNDRELL) auf dem weiteren Weg von Lâdiķtje nach Djisr esch-Schughr traf ich an den steilen Abstiege von der ersten Passhöhe zum Thal des Nahr el-Kebir mächtige Schichten von weichen, dünngeschichteten Mergeln; deren Schichtflächen stellenweise mit Pteropodenresten wie besät waren (*Vaginella labiata* n. sp. und *rotundata* n. sp.). Ueber den weichen Mergeln ruhen auf der Höhe des Passes harte, pflasterartig zersprungene Mergelplatten.

Erst am mittleren, mehr nach N. umbiegenden Thal des Nahr el-Kebir, bei dessen Vereinigung mit seinem linken Zufluss Nahr Sakh el-Adjûz, wo auf das flache Hügelvorland die ersten grösseren Erhebungen des eigentlichen Nusairiergebirges folgen, treten innerhalb des Kreidegebirges unter den oberen weichen Mergeln wieder harte, diesmal feuersteinführende Kieselkalke auf. Durch ihre grosse Widerstandsfähigkeit, daher eckigen Oberflächenformen, durch die öfteren Schichtlagen von Feuersteinknollen unterscheiden sie sich leicht von den marmorartigen Eocänkalken dieser Gegend. Am Gebirgsübergang von Lâdikije nach Djisr esch-Schughr erscheinen auf der Wasserscheide bei Kasdar Bikdâsch ganze Lagen von Feuerstein im oberen Theil dieser Zone, wechselnd mit harten Kalkmergelplatten. Diese harten Schichten der feuersteinführenden (Turon-?) Kreide bedingen in erster Linie das mehrfache Auftreten grossartiger romantischer enger Felsschluchten oder Klammen, durch welche sich auf der Westseite des Gebirges die wasserreichen Zuflüsse des Nahr el-Kebir fast unterirdisch mit tosendem Gebrause hindurchwinden. Bezüglich der Fauna dieser sehr versteinerungsarmen Zone kann ich nur eines Fundes von hierhergehörigen kieseligen Kalkblöcken mit Rudisten, Nerineen und anderen Schnecken Erwähnung thun, den ich im Alluvium des Nahr el-Kebir bei Chân Ahmed Hamâde machte. Am besten zeigen sich die Kieselkalke aufgeschlossen längs des ganzen östlichen über 200 m. hohen Steilabsturzes des Gebirges zur breiten Grabensenke des mittleren Orontesthals oder des sogenannten Ghâb, z. B. im W. von Djisr esch-Schughr. Hier mag ihre Mächtigkeit mindestens 150 m. betragen.

Der höhere Mergelcomplex über dem feuersteinführenden Kalk und unter dem Nummulitenkalk wurde in seiner ganzen Mächtigkeit, 120—130 m., bei Kasdar Bikdâsch südsüdwestlich von dem Dorfe Dâmat beobachtet. Er beginnt mit grauen, geschichteten, weichen Mergeln, darauf blendend weissem, harten Pläner, dessen plattenförmige Schichten oberflächlich pflasterartig in polygonale Stücke zerspringen. Auf diesen Platten erkennt man grosse *Inoceramen* und *Pinnen*[*]. Die Plattenmergel werden bedeckt von grauen, weichen, bröcklichen Mergeln, welchen etwas härtere Mergel in grosser Mächtigkeit bis zu der Decke von echtem Nummulitenkalk mit *Numm. rariolaria* ?, *Lucasana* und cf. *curvispira* folgen.

Die Inoceramenpläner erinnern petrographisch an die oben erwähnten pflasterartigen Mergelplatten auf der Passhöhe oberhalb Safķân über den Vaginellenmergeln; aber ich möchte sie doch für älter halten und jene Mergelplatten den obersten härteren Mergellagen im Senonprofil von Kasdar Bikdâsch parallel stellen, so dass auch die Pteropodenschichten hier ihr Aequivalent noch über der Inoceramenschicht in den bröckligen grauen Mergeln fänden.

*) Bedauerlicherweise sind die aufgesammelten, wohlbestimmbaren Exemplare mit der ganzen betreffenden Kiste, welche ich in Aleppo abschickte, verloren gegangen, ein Fall, der freilich bei der Unzuverlässigkeit des Verkehrswesens innerhalb des Orients leider oft noch genug vorkommt.

Zwischen den Ablagerungen des Senons und dem korallenführenden Nummulitenkalk, der die höchsten Gipfel am Gebirgskamm in der Regel zusammensetzt, scheint speciell in dem nördlichen Nusairier-Gebirge doch eine Unterbrechung in der Sedimentation stattgefunden zu haben, da die massigen Foraminiferen-Korallen-Kalke hier ziemlich unvermittelt den Mergeln aufliegen. Die Lagerung erscheint allerdings meistens concordant. In einem Falle aber, zwischen Dâmat und Djisr esch-Schughr beim Abstieg zum Orontesthal, gelang es mir eine ganz unverkennbare zweifellose Discordanz von senkrecht zerklüfteten Eocänkalken mit Nummuliten auf geschichteten Kreidemergeln zu beobachten.

Wir kehren zur Küste zurück und setzen unsere Wanderung von Lâdiķije nordwärts fort. Diese ganze, von niedrigen Bergreihen durchzogene Landschaft, welche, im S. und O. vom Nahr el-Kebir umflossen, im N. bis zum Râs el-Bazit und zum Fusse des eigentlichen Djebel el-'Okrâ oder Cassius Mons reicht, wurde von RUSSEGGER durch falsche Auslegung des AINSWORTHschen „Jebel Krââd" unter dem Namen „Dschebel Keraad" zusammengefasst. Geognostisch steht sie in wenigem engem Verhältniss zum östlichen Djebel el-'Ansârije wie zum **Cassius**, als dessen direkte südliche Ausläufer diese Hügelzüge betrachtet werden müssen. Sie gehören nach AINSWORTH und RUSSEGGER durchweg der Oberen Kreide an. Bei Lâdiķije sahen wir nur Schichten der obersten weichen Kreide, erst weiter nördlich etwa am Wadi Kandil stellen sich auch die dichten harten Straten des Turons (?) ein, von Serpentinmassen häufig durchbrochen. „Das Verflachen dieser Schichten ist in Betracht seiner Richtung ein sehr verschiedenes, immer aber ist die Neigung nur ganz sanft. Durch die fortschreitende Verwitterung sind die Straten des erdigen Kalkes stärker angegriffen als die des harten, sie sind zum Theil ganz zerstört, während das Ausgehende des harten Kalksteins unverändert blieb, daher derselbe in langen Kämmen wie grosse Gänge, längs des Thales Mauern gleich emporragt"*).

An der Südwestseite des Cassius ist die harte Kreide das herrschende Gestein bis zur Küste, an der sie scharfe Felsen von 30—80′ Höhe bildet, so auch in der Gegend des Vorgebirges Possidi oder Râs el-Bazit.

Der Djebel el-'Okrâ, die weittragende Warte Nordsyriens, welche (nach meinen Barometermessungen) sich 1745 m. hoch**) steil aus dem Meere erhebt, setzt sich in seiner Hauptmasse zusammen aus granem, dichtem, hartem, kieseligem Kalkstein mit Feuersteinen, der dem „Libanonkalkstein" im Alter entsprechen dürfte. Neben dicken massigen Bänken sieht man plattenförmige Kalkschiefer und zwischendurch nicht selten Lagen gelblichen, bröckeligen Kalkes und Schieferthon. Nahe am Gipfel fand ich einen gelblich grauen marmorartigen Kalk mit zahlreichen Nerineenresten. Sonst erscheinen diese Kalke so gut wie versteinerungsleer.

Im O. und S. des Gebirgsmassivs sind die Kalke vielfach von mächtigen unregelmässigen Serpentingängen und -Stöcken durchbrochen. Die zunächst liegenden Kalkmassen sind in einem sehr zersetzten aufgelösten Zustande, stark eisenschüssig und roth gefärbt. Die Eruptivmasse selbst enthält viele Einschlüsse von Kalkblöcken. Mit dem Empordringen des Serpentins stehen die vielfachen Störungen der Schichtungsverhältnisse am Djebel el-'Okrâ grosstentheils in ursächlichem Zusammenhang. Diese Störungen erstrecken sich freilich im wesentlichen nur auf das Kreidegebirge. Die dem letzteren aufgelagerten jüngeren Tertiärschichten sind weder hier noch im Amanus irgendwie von Serpentindurchbrüchen betroffen. Das Miocän sah ich in Syrien überhaupt nirgends in direkter Berührung mit Serpentinmassen. Es geht daraus hervor, dass wenigstens ein Theil der Eruptionen serpentinartiger Grünsteine in Nordsyrien noch nach der Kreideperiode vermuthlich während der Eocänepoche statt hatte. Andererseits bilden dieselben

---

*) RUSSEGGER, Reisen in Europa, Asien und Afrika 1841. I. 1, p. 429.
**) Nach AINSWORTH 5341 engl. Fuss = 1628 m., nach MURRAY 5318 engl. F. = 1621 m., auf REY's Karte 1767 m., nach MANSELL 5800 engl F. = 1768 m. nach POST 6400′ = 1957 m.

Blanckenhorn, Zur Geologie Syriens.

Grünsteine auch das Grundgebirge, auf dem die harte Kreide erst zur Ablagerung gekommen zu sein scheint. In dieser Lage sind sie im Thale des Orontes am Djebel Mâr Sim'ân und in der südlichen Umgegend von Antiochia aufgeschlossen.

Der cretaceische Kieselkalk des Djebel el-'Okrâ wird im N. bedeckt von den Ablagerungen des grossen Miocänbeckens des unteren Orontes, vorwiegend weissen oder grauen Kalken und Breccien, welche hier an der Südküste der einstigen miocänen Meeresbucht bis zu einer Höhe von 350 m. über dem heutigen Meeresstand emporsteigen. Diese fast durchweg versteinerungsführenden Kalke mit vielen obermiocänen Pecten-Arten und Gastropoden sind es, welche AINSWORTH als „supracretaceous Conide limestone" und nach ihm RUSSEGGER als „Konnitenkalk" am Cassius, Djebel Kosseir etc. bezeichneten und welche RUSSEGGER noch der Oberen Kreide zurechnete. Da diese den Leithakalken und -Conglomeraten ausserordentlich gleichenden Bildungen ähnlich wie die Miocänablagerungen am Rande des Wiener Beckens die älteren dichten Kalke krustenförmig überzogen, deren Vertiefungen ausfüllten, kurz innig mit ihnen verwachsen erscheinen, so wird es bei ungenügender Würdigung ihrer Fossilreste wohl schwer, sie von den ganz fossilarmen Kreideschichten zu trennen. Aber diese lichten, mergeligen, oft auch harten, aber nie feuersteinführenden, mehr weniger cavernösen Kalke steigen keineswegs, wie AINSWORTH annimmt, bis zum Gipfel des Djebel el-'Okrâ empor, vielmehr mit seiner grösseren Masse über das Niveau des Miocänmeeres emporragte. Dass die mergelige Zone der obersten Kreide oder des Senon, die wir soeben noch bei Lâdikije reich entwickelt fanden, auch am Massiv des Djebel el-'Okrâ über der Zone der Kieselkalke in zerstreuten Partien vertreten ist, halte ich nicht für ausgeschlossen, wenn ich dieselbe auch bei meiner eignen Besteigung dieses Berges nicht beobachten konnte.

Als nördlichster Vorsprung des Cassius ist noch zu erwähnen der Djebel Mâr Sim'ân, der heutzutage von der Masse des Gebirges durch die tiefe Schlucht des Orontes getrennt erscheint, sonst aber immerhin enger mit dem Cassius als dem Amanus zusammenhängt. Auf der Südseite dieses Berges sind die cretaceischen Kieselkalke über Grünsteinen blossgelegt, während der Nordabhang mit Ablagerungen des unteren Pliocänmeeres bedeckt ist, welches zwischen ihm und dem Amanus seine Eingangspforte in das Pliocänbecken der Niederung El-'Amk hatte.

Die eigentliche Gebirgsmasse des Cassius hat eine Erstreckung in südwest—nordöstlicher Richtung parallel dem unteren Orontes, in welcher zugleich nach NO. eine allmählige Erniedrigung und Verflachung bemerkbar wird. Der nordöstliche Ausläufer derselben, AINSWORTHS Djebel Schaksina, ein typisches Karstgebirge, bietet noch die gleiche geognostische Zusammensetzung wie der Culminationsgipfel 'Okrâ. Er findet sein Ende etwa mit dem Thal von Bêt el-Mâ (= Daphne) im NO. und dem des Nahr ez-Zau, Blendjar oder Bawerda im SO.

Der östlich folgende **Djebel el-Koseir** ist ein einförmiges Plateau von 4—500 m. Höhe, durchweg bedeckt von marinen Miocänbildungen (*Conide limestone* AINSWORTHS); nur am N.-Abfall desselben am Orontesthal unmittelbar bei Antiochia, sowie einigen kleinen am Nordrand eingeschnittenen Thälern unweit Antiochia werden die Kreidebildungen, harte dichte Kieselkalke und Serpentin als deren Unterlage entblösst unter einer Decke von cavernösen, versteinerungsreichen Kieselkalken, Breccien, Conglomerat, Mergelkalken und Mergeln des Miocäns. Aus der Gegend von Antiochia (genauer Fundort nicht genannt) stammen wohlerhaltene Exemplare von *Nerinea nobilis*, einer Art der Gosauformation, welche Herr Dr. v. LUSCHAN sammelte.

Mit dem Cassius Mons ist in gewissen Hauptzügen des geologischen Baues der im Norden gegenüberliegende Theil des **Amanus Mons**, der Djebel el-Ahmar oder Kyzyl Dagh verwandt. Die peripherischen Gehänge im S. und O. sind mit einem mächtigen Mantel mariner Miocänbildungen bedeckt. Cretaceische Kalke trifft man erst im Centrum dieses Gebirgsstockes. Von „Schawar in N. des Amanus" stammt nach v. LUSCHANS Sammlung ein Kalkstück mit zahlreichen *Actaeonella prisca* DESH., die auf der Oberfläche ausgewittert sind.

In dem **nordsyrischen Hinterlande** östlich von der Mauer des Nusairier Gebirges und dem Amanus Mons haben wir nicht viel von Kreidevorkommnissen zu berichten. Das ganze Gebiet auf dem rechten Ufer des Orontes von Hamâ und Selemije bis nordwärts zum Knie des Orontes in der Niederung El-'Amḳ, zum Thale des 'Afrîn und landeinwärts etwas über Aleppo hinaus wird eingenommen von mächtigen Eocänablagerungen, marinem Miocän, ausgedehnten Basaltdecken, pliocänen und quartären Süsswasserablagerungen, schliesslich subaerischen Bildungen, namentlich röthlichen Kalkkrusten als Produkt der Bodenauslaugung, welche in oft erstaunlicher Dicke (1 m.) die Wüstenlandschaft weithin überziehen. Kreideschichten sind unter allen diesen jüngeren Gesteinen nicht mehr blossgelegt. Auch die Hornsteinmassen, Sandsteine und Kalke mit Feuersteinlagen des Djebel el-'Ala bei Selemije und des Plateaus zwischen Hamâ und Ḳal'at Sedjer möchte ich schon dem unteren Eocän zurechnen, da sie den erwähnten Senonmergeln der Wüste von Selemije aufliegen, andererseits bei Ḳal'at el-Mdîk nach oben direkt in Nummulitenkalke übergehen. Aus letzterem besteht der grösste Theil der wirklichen Gebirgserhebungen östlich vom mittleren Orontes. Der nach Russegger zur Oberen Kreide gehörige sogenannte Conideukalk Ainsworth's, welcher einen grossen Theil der nordsyrischen Hochebene bedeckt und z. B. westlich vom Chalus oder Kuweik bei 'Azaz und bei Armenas an nördlichen Djebel el-'Alâ auftritt*), ist meinen Untersuchungen zufolge grösstentheils miocänen Alters.

Erst im **Thale des 'Afrîn** am Südrand des Kurdengebirges treffen wir wieder Senonschichten an, die von den Eocänbildungen des Kurdengebirges concordant überlagert werden: Im O. des Sees Aḳ Deniz am Rande der Niederung El-'Amḳ stehen bei dem Schwefelbade El-Hammam gelblichweisse Kalkmergel an, charakterisiert durch ausgezeichnet muscheligen concentrisch schaligen Bruch. Sie enthielten nur kleine *Creseis* sp., aber in grosser Menge. Diese weissen Kalkmergel des Senons lassen sich von hier aus auf dem rechten Ufer des 'Afrîn aufwärts bis zur grossen Brücke der Landstrasse nach Aleppo und weiterhin auf dem linken Ufer in mehreren Seitenthälern des 'Afrîn über Kefr Mâz, Katmâ, Jadile und Karnabe in der Umgegend von Killis verfolgen, wo sie mehrfach von Basalt und basaltischem Tuff, diese von kalkigen Miocänbildungen bedeckt werden.

In dem **nordöstlichsten Theil des syrischen Wüstenplateaus von Killis** nach O. über den Kuweik **zum Euphrat** gewinnen endlich diese vorläufig zum Senon gerechneten Ablagerungen grössere Verbreitung. An dem Wege Aleppo-Biredjik stehen zuerst 30 km. nordöstlich von Aleppo nahe Batnz weisse Mergel mit Ostracodenschalen (*Bairdia* sp.) an. Im S. werden sie von *Operculinen* führendem Eocänkalk bedeckt. Diese lichten Mergel, zuweilen sich vollkommen der Schreibkreide nähernd, nehmen von hier an das ganze ungeheuere Areal bis zum Euphrat und darüber hinaus noch mindestens einen Randstreifen des nördlichen Mesopotamiens ein. Nur eine in nordöstlicher Richtung streichende zusammengehörige Kette von vereinzelten Basaltkegeln und grösseren Ergüssen, welche bei Djowanbagh die Karawanenstrasse kreuzt, hat diese Kreideschichten durchbrochen. Ausserdem werden letztere natürlich an allen grösseren Flussthälern Sadjûr-Su, Kirsun Tschai und Euphrat von mächtigen Diluvial- und Alluvialmassen verhüllt.

Bei Bâb el-Limûn im S. des Sadjûr Su entdeckte ich in den gelblichweissen schiefrigen Mergeln eine Menge Pteropoden.

Balantium flabelliforme n. sp.
Balantium amphoroides n. sp.
Vaginella labiata n. sp.
„ *rotundata* n. sp.
Styliola sp.

Hier beobachtet man auch in gewissen Mergellagen jenen muscheligen, concentrisch schaligen Bruch,

---

*) Ainsworth: Researches in Assyria. Babylonia and Chaldaea. London 1838. p. 295 und 300.

8 *

eine Eigenthümlichkeit der Senonmergel Syriens, deren schon bei denjenigen der palmyrenischen Wüste und von El-Hammam Erwähnung geschah.

In der Umgegend von Biredjik und Balkis enthält die dortige blendend weisse Schreibkreide auch vereinzelt Knollen von Feuerstein, Drusen von Gyps und dünne Schichtlagen von Brauneisenstein; von Petrefakten nur *Terebratula Dutempleana* d'Orb., vollkommen entsprechend gewissen Formen aus der südindischen Kreide und kleine unbestimmbare Bivalven. Senkrecht aus den Fluthen des Stroms erhebt sich auf dem linken Ufer 40—50 m. hoch die Burg von Biredjik, ein von Menschenhand ausgehöhlter und bewohnbar gemachter Felsen von Schreibkreide. Er bildet nur einen durch Erosion ringsherum isolierten Theil von dem Steilabfall des Plateaus von Nordmesopotamien. Die Stufe der weissen Schreibkreide lässt an diesem Steilabfall eine Mächtigkeit von mindestens 80 m. erkennen.

Nach N. erstreckt sich das unbestrittene Gebiet der weissen Kreide längs des Euphrat über Balkis bis Horum Kal'at und westlich bis Nisib. In Nisib folgen auf die weisse Schreibkreide von Biredjik wie in Bâb el-Limûn mehr gelblichweisse Pteropoden führende Kalkmergel mit:

Terebratula Nicaisei Coq.
Balantium flabelliforme n. sp.
Tentaculites cretaceus n. sp.

und anderen unbestimmbaren Resten.

Ungefähr längs einer NO—SW. Linie von Horum Kal'at, Nisib über Killis zum Unterlauf und der Mündung des 'Afrin legt sich im NW. auf die lichten Kreidemergel ein bunter Wechsel verschiedenartiger Eoeänbildungen.

Sie beginnen zwischen Nisib und 'Aintâb z. Th. mit gelblichweissen bis blendendweissen Kalkmergeln, so dass hier ein Unterschied gegen die senonen Mergel nur durch Petrefaktenführung erkennbar wird. Am mittleren 'Afrinthal herrschen an der Basis bröcklige graue Thonmergel und Schieferthone, am oberen 'Afrin rother Mergel vor. Die Mergel wechseln ab mit Kalkschichten, Thonlagen und härteren Thonquarzitbänken und gehen über in feuersteinarme Kalke. Letztere werden nach oben dunkler und feuersteinreicher und nun folgen bei 'Aintâb glasharte gelbe oder graue Hornsteine, im mittleren Kurdengebirge echte graugrünliche Quarzite mit Jaspislagern. Alle diese Bildungen dokumentieren sich in ihrer zuweilen reichen Fossilführung schon deutlich als Eocän. Aus dem Vorkommen von zahlreichen grösseren Foraminiferen, *Operculinen, Heterosteginen, Orbitoiden* und zweifellosen *Nummuliten*, echt eocänen Seeigeln, Bivalven und Gastropoden erhellt zur Genüge, dass nicht mehr cretaceische, sondern untereocäne Schichten vorliegen. Die unteren an *Operculinen* und *Heterosteginen* besonders reichen, an *Nummuliten* noch armen Kalke mit wenig Feuerstein bei 'Aintâb entsprechen den oben erwähnten Operculinenkalken zwischen Aleppo und Batûz im Hangenden der Ostracodenmergel.

Die Grenze zwischen der Kreide und dem unmittelbar ohne Unterbrechung darüber abgelagerten Eocän liegt also noch innerhalb der weicheren Mergelschichten direkt über dem Pteropodenhorizont. Denn die oberen Horizonte dieser weicheren Gesteine des Kaffer Dagh, auf denen die Stadt 'Aintâb gebaut ist, enthalten schon abgesehen von *Ananchytes* n. sp. ind. aff. *orata*, die aber auch höher in die Hornsteinkalke hinaufsteigt, typisch eocäne Bivalven und Gastropoden (*Voluta harpa*), z. Th. dieselben, welche Tchihatcheff im Eocän mit *Nummulites Lucasana* aus Kleinasien anführt.

Auf die Hornsteine resp. Kieselkalke des Eocäns folgen im N. von 'Aintâb die echten marmorartigen weissen Nummulitenkalke.

Erst bei 'Arablar 5 Stunden nordwestlich 'Aintâb auf dem Wege nach Mar 'asch scheinen nach den Belegstücken, die mir Herr Professor Livonian in 'Aintâb vorlegte, wieder Rudistenkalke anzutreten. Ich selbst habe diese Kreidevorkommnisse nicht mehr erreicht, aber in der Sammlung des Herrn Livonian von dort erkannte ich sowohl *Rudisten* als *Nerineen* (das Original zu *N.* cf *Fleuriausa* Taf. VIII. Fig. 11); von

Mar 'asch: *Cellulastruca* (n. g.) *aedificium* n. sp., eine Gattung, die wir schon aus dem Libanon kennen und *Ostrea directa* n. sp., letztere Auster in ihrer Beschaffenheit sowohl als in der Gesteinsart und Erhaltung vollkommen entsprechend Exemplaren derselben Art aus den Buchiceras-mergeln des Libanon.

B. Paläontologischer Theil:

Die fossilen Reste des Kreidesystems in Mittel- und Nordsyrien.

In den nachfolgenden Blättern werden nur solche Arten besprochen, deren Vorkommen in Mittelsyrien (d. h. nördlich vom Querthale des Nahr el-Käsimije oder Leontes an) und Nordsyrien (bis Mar 'asch und Biredjik) nachgewiesen ist. Die palästinensische oder südsyrische Fauna, von welcher schon LARTET*) eine freilich unkritische Zusammenstellung gegeben hat, ist nur insoweit berücksichtigt worden, als dies zum Vergleich mit mittel- und nordsyrischen Formen geboten erschien. Von Arten, deren Verbreitungsbezirk nach dem augenblicklichen Stand der Kenntnisse die nördliche Grenze von Palästina nicht mehr überschreitet, findet man nur eine einzige: *Protocardia moabitica* LARTET, ihrer Wichtigkeit wegen aufgeführt.

Plantae.

Triploporella Fraasi STEINM.

Gyroporella vesiculifera FRAAS: Geologisches aus dem Libanon. (Württemb. naturw. Jahresh. 1878, p. 337.)
Triploporella Fraasi STEINMANN: Zur Kenntn. foss. Kalkalgen. (Neues Jahrb. f. Min. 1880 II, p. 133.)

Vorkommen: Dâmûrthal im Libanon in der Zone des *Buchiceras syriacum*.

Neuropteris recentior LINDL. nach FRAAS l. c. p. 315.

Vorkommen: Djebá'a, Kohleumergel im Trigoniensandsteine, Zone der *Trigonia syriaca*.

Pterophyllum cretosum GEIN. nach FRAAS p. 315.

Ebendaselbst.

Gräser
Palmenhölzer } nach FRAAS p. 299. in Samoitbildungen des
Credneriemblätter } Trigoniensandsteins in der Schlucht des
etc. } 'Auali bei Djezzin.

Foraminifera.

Patellina sp. cf. lenticularis BLUMB. sp. Taf. II. Fig. 12 a b.

Orbitolites concava FRAAS: Aus dem Orient II p. 338.

Convex concave Scheiben von der Grösse einer Linse; 5 mm. Durchmesser, also ebenso gross als *P. (Orbitulina) lenticularis* BLUMB. des Urgons, aber viel kleiner als die cenomane *Patellina (Orbitulina) concava* LAM.

Oberseite, Fig. 12 a, regelmässig gewölbt bis flach kegelförmig, im Centrum eine kleine knopfartige Erhöhung. Oberfläche concentrisch gestreift; erst bei Entfernung der äusseren Schalenhülle tritt das Netz

---

*) LARTET: Explor. géolog. de la Mer Morte, de la Palestine et de l'Idumée avec la Paléontol. du terrain de craie de la Palestine. Paris 1877.

der oberen punktförmigen, zugleich in concentrischen und gebogenen radialen Linien angeordneten Kammern hervor.

Unterseite (12 b) ohne besondere Schalenhülle, vertieft nur im mittelsten Drittel, das von einem breiten gewölbten Ring umgeben ist. Anordnung der feineren Kammern, Septen und Kanäle der Unterseite unregelmässig, mit der Lupe nicht zu entwirren. Nur gegen den Rand sieht man radial gereihte Punkte.

Vorkommen: Am Nebi Sâfi bei Djebâ'a zahlreich in einer 1 m dicken Grenzbank zwischen dem Horizont des *Buchiceras syriacum* und den höheren Rudistenkalken („Orbitulitenbank" FRAAS p. 333).

Cristellarien
Globigerinen   nach FRAAS III p. 331 in den sogenannten
Textularien   „Cardiumbänken" am Libanon, unterstem
Rotalinen   Rudistenhorizont, zusammen mit Rudisten
Nummuliniden   z. B. bei Schumlân.

Anthozoa.

Cellulastraea novum genus.

Stock massiv, aströidisch, bündelartig aus langen parallelen Zellröhren aufgebaut, welche weder direkt noch durch Rippen mit einander in Verbindung stehen, sondern nur durch Exothek verbunden sind. Kelche kreisrund, ohne Säulchen. Septen 12—18, nicht bis zur Mitte reichend, an ihrem inneren Rand regelmässig wellig grossgekerbt, d. h. in gewissen Abständen abwechselnd bald weiter in das Innere bis fast zur Mitte reichend, bald bis zum Zellenrand eingeschnitten. So entstehen über einander liegende Kammern (cellulae) in den einzelnen Zellen. Zellwände mit kurzen Rippen, welche die der benachbarten Zellen nicht berühren.

Verwandtschaft: Diese Gattung schliesst sich eng an *Solenastraea* an, mit der sie im Querschnitt abgesehen von dem Fehlen des Säulchens übereinstimmt, von der sie sich aber wesentlich im Längsschnitt durch die eigenthümliche Kammerung der Zellröhren unterscheidet.

Vorkommen: In der oberen Kreide Syriens und des Taurus in zwei Arten.

Cellulastraea crenata n. sp. Taf. II, Fig. 13—15.

Calamophyllia fenestrata FRAAS II. p. 327.

Ein Stock von 12 cm. Länge. Die Zellen sind parallel, aber nicht vollkommen gerade, sondern ein wenig hin und hergebogen. Zellen 3 mm. breit. 12—18 Septen verschiedener Cyclen, alle sind in Entfernungen von 2—2½ mm. am inneren Rande tief eingeschnitten bis zur Wand. Zwischen diesen Kerben reichen die sechs Hauptsepta bis fast zur Mitte. Den Kammern oder Hohlräumen im Innern entsprechen jedesmal schwache Einschnürungen der Zellwände von aussen. Letztere sind mit niedrigen gekörnelten Rippen versehen.

Die Zellen sind um höchstens ⅙ ihres Durchmessers von einander entfernt. Der Zwischenraum ist mit feinblasiger Exothek erfüllt, deren Anschluss an die Zellwand nur locker ist, so dass bei oberflächlicher Verwitterung die Zellröhren zuweilen frei heraustreten.

Vorkommen: 'Abeih, Rudistenkalk (Original im Stuttgarter Naturalienkabinet, gesammelt von Rev. LEWIS in Beirût).

Cellulastraea aedificium n. sp. Taf. III, Fig. 1 a—d.

Stock mit ganz genau gradlinigen parallelen Zellen. Dieselben durch grossblättrige Exothek verbunden, nicht durch die Aussenrippen, welche allerdings viel länger sind als bei der vorigen Art. An der vorhandenen Oberfläche ragt der von der Exothek gebildete Zwischenraum über die vertieften Zellmündungen hervor. (Bei *Solenastraea* dagegen treten die Zellen, besonders der Zellrand aus der Umgegend heraus.) Uebrigens kann diese Erscheinung hier auch durch die besondere Verwitterungsart, und durch die grössere Widerstandsfähigkeit der Exothek bei dieser Art hervorgerufen sein. Mit letzterem Umstand im Zusammenhang steht die Erscheinung, dass die Zellenröhren nie, wie bei der vorigen Art, sich herausschälen. Die Verbindung zwischen Exothek und Zellwand ist inniger und wird auch durch die relativ schmaleren aber längeren Rippen gefördert.

Die Zellen haben gleichmässig 3—3½ mm. im Durchmesser. Ihr Abstand von einander beträgt 1 mm., ¼—½ ihrer Durchmessers. Sie enthalten 12 bis 18 ziemlich gleich lange Septen; doch ist die Anordnung in 6 Systemen bei einzelnen Zellen nicht zu verkennen. Axe im Centrum fehlt.

Ganz eigenthümlich ist dieser Koralle folgende Beschaffenheit. In regelmässigen Abständen von 5 mm. sieht man über einander Etagen von Kammern oder rundlichen Hohlräumen, welche dadurch zu Stande kommen, dass die Septen bald weiter in das Zelllumen hineinreichen bis fast zur Mitte, bald in ihrer Entwicklung zurückbleiben, so dass der Rand eines Septums einen wellenförmigen Verlauf nimmt. Dünne Endothekallamellen wurden an dem Längsschliff nur am Rande der Zellen beobachtet und zwar in den Zwischenräumen zwischen den Kammern, wo mit den Septen auch die Endothek kräftiger entwickelt zu sein scheint.

Den Speciesnamen *aedificium* habe ich mit Bezug darauf gewählt, dass diese Koralle von der Seite gesehen das regelmässige Bild der fensterreichen Seite eines grossen Gebäudes (Kaserne) gewährt.

Vorkommen: Bei Mar'asch wahrscheinlich aus Kreideschichten gesammelt vom Herrn Professor LIVONIAN aus 'Aintâb. Von dort stammt auch eine *Ostrea directa* n. sp. (vergl. später), die in der libanesischen Kreide auftritt.

Phyllocoenia (?) sp. Taf. II. Fig. 16.

Astraea corolluris (Reuss) FRAAS p. 327.

Kleine kuglige Knollen von 20—30 mm. Grösse. Die bis 3 mm. grossen unregelmässig vertheilten Kelche ragen mit scharfem Rande aus der Umgebung heraus. Sie werden durch Rippen verbunden. Kelche in der Mitte vertieft. Septa bis zur Mitte reichend; kein Säulchen.

Vorkommen: 'Abeih, Rudistenkalk. (In den Sammlungen von H. H. FRAAS in Stuttgart und NÖTLING im Berliner Mus. f. Nat.)

Ausser diesen kommen noch andere Korallen nicht selten in dem mächtigen Complex der Rudistenkalke und Marmore des Libanon vor, aber meist in schlechter Erhaltung und schwer bestimmbar. FRAAS erwähnt p. 327 noch *Cladocora* (?!) *Simongi* REUSS (?) von 'Abeih, die ich nicht genauer untersucht habe.

Crinoidea.

Geocoma pinnulata FRAAS, l. c. p. 345 t. 4 f. 2.

Vorkommen: Fischschiefer von Hakel.

Crinoidenstielglieder

in der Buchiceraszone von Bhamdûn und 'Abeih.

Asteroidea.

Ophiura libanotica FRAAS, l. c. p. 345, t. 4, f. 1.

Vorkommen: Kalkschiefer von Hakel.

Echinoidea.

A. Regulares.

Salenia petalifera AG. nach FRAAS p. 287, t. 4, f. 4 und 4a.

Leitfossil im Cenoman Nordfrankreichs und Englands.
Vorkommen: Bei Salima (von LEWIS gesammelt).

Pseudocidaris Dieneri DE LORIOL.

1887. LORIOL. Recueil Zool. de la Suisse. Genève–Bâle. p. 306, t. 15, f. 2.

Vorkommen: In Buchicerasschichten bei Bhamdûn (von DIENER gesammelt).

Pseudodiadema ibanoticum DE LOR.

1887. DE LORIOL. Rec. Zool. Suisse. p. 368, t. 15, f. 3.

Vorkommen: Bei Hasbeia am Hermon in der Zone des Buchiceras syriacum (von DIENER sowohl als NÖTLING gesammelt).

Diplopodia hermonensis DE LOR. Taf. II, Fig. 17–18. Taf. III, Fig. 2–3.

Cyphosoma renomanense (COTT. GEIN.) FRAAS p. 287 und 349.
Cidarites (Phymosoma) Delawareei (DES.) FRAAS p. 287.
? *) *Diplopodia Malbosi* (DES.) FRAAS p. 350.
Diplopodia hermonensis DE LORIOL. c. p. 371. t. 16, f. 1.

Halbkugelig niedergedrückt, kreisrund. Durchmesser im Maximum 27 mm., Höhe 10 mm. Oberseite im äusseren Drittel des Durchmessers gewölbt, in der Mitte flach. Unterseite vertieft. Scheitelschild klein, nur ⅓ bis ¼ des Durchmessers erreichend. Mund gross, zehneckig, bei jungen Exemplaren nahezu die Hälfte, bei ausgewachsenen ein Drittel der Breite des Seeigels einnehmend.

Fühlergänge oben breit, schwach vertieft, geradlinig begrenzt; am Rande der Basis verschmälern sie sich und nehmen an der Basis etwas welligen Verlauf. Die Poren stehen an der Basis in zwei Reihen, am Mund aber vermehren sich die Täfelchen. Gegen oben hin treten die Porenpaare auseinander, so dass die Poren im Quincunx stehen oder wie es bei allen ausgewachsenen Individuen der Fall ist, in drei Reihen, deren mittelste die doppelte Anzahl Poren trägt als die seitlichen.

Ambulacral- und Interambulacralfelder tragen zwei Reihen gleich grosser Warzen. Dieselben sind gekerbt und durchbohrt. Zwei Reihen von kleinen Warzen liegen an der äusseren Seite der Interambulacralfelder; zwei noch schwächere in deren Mitte, aber nur unterhalb des Randes des Seeigels.

Verwandtschaft: Diese *Diplopodia* unterscheidet sich von den anderen Arten der Kreide z. B. von der nahe verwandten *D. Malbosi* DES. namentlich durch die geringe Grösse des Scheitelschildes und die meist in drei, seltener in vier Reihen gestellten Poren der Oberseite.

Vorkommen: In der Zone der Seeigel, Austern und Buchiceras an vielen Punkten Mittelsyriens: Salima (von LEWIS ges.); am Nebi Sâfi, bei Hakel und im Gebirge Tannurin (von FRAAS ges.), Hasbeia am Hermon (DIENER), Bhamdûn (von mir selbst ges.).

Diplopodia sinaica DES.

1846. *Diadema sinaicum* DES. AGASSIZ et DESOR. Catalogue raisonné des échinides. Ann. des scienc. nat., 3e sér. t. 6. Paris, p. 318.

---

*) Anmerkung: Das oder die Originale zu *Diplopodia Malbosi* FRAAS habe ich selbst nicht untersucht.

1858. *Diplopodia sinaica* Desor, Synopsis des échinides foss. Paris, p. 78.
1866. *Pseudodiadema sinaicum* Pictet et Humbert. Nouv. recherches zur les poiss. foss. du Mont Liban, p. 10.
Rundlich, ziemlich flach. Interambulacralfelder nur mit zwei Reihen von Tuberkeln.

Vorkommen: Mergel bei Hakel zusammen mit *Hemiaster Sauleyanus* (nach Humbert); sonst nur vom Sinai bekannt aus dortigen Cenomanschichten.

Heterodiadema libycum Cott.

1874. Lartet, l. c. p. 156, t. 14, f. 15—21. — 1878. Fraas p. 350.

Vorkommen: Ist eins der bezeichnendsten Fossilien des Cenomans mit afrikanischer Facies und verbreitet in Algerien, Aegypten, Sinaihalbinsel, Palästina. In Mittelsyrien bis jetzt nur gefunden bei Medjdel esch-Schems am Hermon in der Stufe des *Buchiceras syriacum* mit diesem zusammen (Nötling).

Goniopygus Menardi Ag.

1852. *Echinus bullatus* Conrad in Lynch: Official Rep. of the U. St. expedition to explore the Dead Sea and the river Jordan, Baltimore, Appendix p. 233, t. 8, f. 56.
1874. *Goniopygus Brossardi* Lartet. l. c. p. 157, t. 14, f. 12—14.

Vorkommen: Libanon (nach Conrad). Sonst meist vergesellschaftet mit voriger Art im Cenoman Algeriens und Palästinas (Wadi Môdjib).

Echinus? syriacus Conr.

Conrad, l. c. p. 212, t. 1, f. 1 und t. 22, f. 127.

Vorkommen: Libanon (? bei Bhamdûn) zusammen mit *Exogyra flabellata*. (= *Boussingaulti* Conr.)

Echinus? libanensis Conr.

Conrad l. c. Appendix p. 235, t. 8, f. 54.

Vorkommen: Libanon.

Diese beiden letztgenannten Seeigel sind l. c. zu schlecht abgebildet, als dass sie sich deuten liessen. Man könnte sie wohl für *Psammechinen* halten.

B. Irregulares.

Discoidea cylindrica Lam. sp.

1867. *Discoidea cylindrica* Fraas I, p. 228.
1878. *Galerites cylindricus* Fraas II. p. 287.

Vorkommen: Bei 'Ain Hamâde (nach Fraas.) In Europa wichtiges Leitfossil des Cenoman. Bei Jerusalem im Melekeh-gestein (Hippuritenkalk).

? Echinoconus vulgaris Klein.

Galerites vulgaris Fraas p. 278.

Vorkommen: Fraas gibt denselben aus der Sammlung des Syrian Protestant College in Beirût an. Fundort unbekannt.

Holectypus Larteti Cott.

1867. Cotteau, Sur les éch. rec. par M. L. Lartet. etc. (Compt. rend., t. LXXVIII. p. 198; Bull. de la Soc. géol. 2e série, t. XXVI. p. 537).
1874. Lartet, l. c. p. 155, t. 14, f. 1—5.
1878. Fraas. l. c. p. 350.

Vorkommen: Charakteristisch für das Cenoman Palästinas; in Medjdel esch-Schems am Hermon in der Zone des *Buchiceras syriacum* (NÖTLING).

Ananchytes*) ovata LESKE sp.

1886. DIENER: Libanon. Wien p. 43.

Vorkommen: Ein Exemplar in der Sammlung des P. S. College in Beirût mit der Etiquette „Beirût" (nach DIENER). In Europa und Afrika bekanntes Leitfossil des Senon.

Toxaster Dieneri LOR.

1887. DE LORIOL: Rec. zool. Suisse. p. 378. t. 17. f. 1. — DIENER. Zeitschr. d. Deutsch. geol. Ges. 1887. p. 325.

Erinnert in der Form an *T. complanatus* AG. aus dem Neocom und scheint wie dieser gerade in den Umrissen sehr zu variiren. Im Typus ist die Gestalt herzeiförmig, länger als breit, etwa halb so hoch als lang. In Betreff des Unterschiedes von *T. complanatus* verweise ich auf LORIOL.

Vorkommen: Bei Medjdel esch-Schems am Hermon zusammen mit *Buchiceras syriacum* (NÖTLING); im unteren Trigoniensandstein von 'Abeih (DIENER), in den Buchicerasschichten von Bhamdûn (von mir gesammelt).

Toxaster Dieneri? var. altus.

Toxaster complanatus altus (QUENSTEDT.) FRAAS. l. c. p. 349.

Mitten zwischen diesen typischen Exemplaren der vorigen Art von Medjdel esch Schem sah ich eine Form höher gewölbt und kürzer, daher fast gleich lang und breit, 22 mm. lang, 21 mm. breit, 14 mm. hoch. Im Uebrigen stimmte das Individuum vollkommen mit *T. Dieneri* überein, so dass ich es vorläufig nur als Varietät betrachten möchte.

Hierher dürfte wohl auch der von FRAAS erwähnte *altus* zu rechnen sein, indem der damit in Vergleich gezogene *T. complanatus altus* QUENSTEDT, Echiniden p. 636, t, 87, f. 14—15 ähnliche Umrisse aufweist. Die vorliegende Form steht in ganz demselben Verhältniss zu *T. Dieneri*, wie die citirte hohe Varität QUENSTEDTS zu dem cenomanen *T. complanatus*.

Der *Toxaster altus* FRAAS wird l. c. angeführt aus den „Cenomanmergeln im Thale von Hakel" und von 'Ain Hamâde im Salimathal.

Toxaster pentagonalis FRAAS.

FRAAS, Geologisches aus dem Libanon. 1878. p. 349. t. 7. f. 4.

Vorkommen: Mit dem vorigen zusammen in den Cenomanmergeln im Thal von Hakel und bei 'Ain Hamâde.

Enallaster Delgadoi DE LORIOL. l. c.

1878. *Heteraster oblongus* (AG. DES.) FRAAS p. 331.
1887. *Enallaster Delgadoi* DE LORIOL. l. c. p. 377. t. 10, f. 4—5. — DIENER, Zeitschr. d. Deutsch. geol. Ges. 1887, p. 325.

Vorkommen: Diese bezeichnende Art des Cenomans von Portugal ist im Libanon stellenweise sehr häufig in den „Cardiumbänken" oder Buchicerasschichten von Azunije im Wadi Andara, dem östlichen Quellthal des Dâmûr, am Nebi Sâfi und bei Ailâta.

Enallaster syriacus LOR.

DE LORIOL. l. c. p. 373. t. 10. f 2—3. — DIENER, Zeitschr. etc. 1887. p. 325.

Vorkommen: 'Abeih, mittlerer und oberer Trigoniensandstein (Buchicerasstufe?)

---

*) Von 'Aintâb in Nordsyrien erhielt ich zwei *Ananchytes*-Exemplare, die bei genauer Untersuchung sich als etwas verschieden von A. *ovata* herausstellten und dem dortigen an Seeigelresten überaus reichen Eocän angehören dürften.

Hemiaster Saulcyanus d'Orb.

1856. *Hemiaster Saulcyanus* d'Orbigny: Pal. franç. Terr. crét. VI. p. 258, t. 880.
1866. *Hemiaster Saulcyanus* Pictet et Humbert: Nouv. rech. sur les poiss. foss. du mont Liban. p. 10.
1869. *Hemiaster Fourneli* Cotteau: Sur les échin. foss. rec. par Lartet en Syrie et en Idumée (Bull. soc. géol. 2. sér. t. XXVI. p. 533.)
1870. *Hemiaster batnensis* Peron: Notice sur la place qu'occupent dans la série strat. quelques oursins très répandus en Algérie. (Bull. soc. géol. 2 sér. XXVII. p. 599.)
1872. *Hemiaster Fourneli* Lartet: Essai sur la géol. de la Palestine. (Ann. des scienc. géol.)
1874. *Hemiaster Fourneli* Lartet: Expl. géol. de la Mer Morte p. 149. t. 13, f. 8—10.
1878. *Periaster Fourneli* Fraas II. p. 349.
1878. *Micraster polygonus* Fraas ib. p. 349, t. IV. f. 5.

Niedergedrückt, in der Regel viel weniger hoch als *H. Fourneli* und *batnensis*, etwas abgerundet eckig, vorn mit nur schwachem Sinus, hinten gradlinig begrenzt oder ausgebuchtet. Grösste Breite in der vorderen Hälfte, hinten sich verschmälernd. Hinterseite abgestumpft. Oberseite wenig convex. Scheitel ungefähr in der Mitte. Unterseite ziemlich flach, nur schwach aufgetrieben in der Medianregion hinter dem Munde. Dieser im vordersten Viertel gelegen. After auf der Oberseite im oberen Theil einer wenig vertieften Area.

Unpaares Ambulacrum in einer seichten Furche gelegen. Poren rundlich oder auch länglich, winklig in einem Paare gegeneinander geneigt, von einem vorragenden Körnchen getrennt. Die 29—34 Porenpaare sind in der Regel nicht wie bei den verwandten *Hemiastern* schief gestellt, so dass die Poren in Quincunx stehen, sondern senkrecht zur Längsachse des Seeigels. Paarige Ambulacra tiefer ausgehöhlt als das unpaare, alle gradlinig, nie gebogen, gleichbreit, schmaler als bei *H. Fourneli*; ebenso breit wie bei *H. batnensis*, aber etwas länger. Das vordere Paar nimmt [3a] bis [6,7] (bei *H. batnensis* [3] bis [4,5]) der Entfernung vom Scheitel zum Rande ein; das hintere Paar [2,3] des Radius. Die vorderen paarigen Ambulacra sind immer merklich länger als die hinteren um [1,8] bis [1,10] ihrer Länge, bei *H. batnensis* um 1/5, während *H. Fourneli* fast gleichlange Paare hat.

Peripetalfasciole einfach, möglichst gradlinig, so namentlich auf der Hinterseite (bei *H. Fourneli* ist sie am Peribrokt stark bogig). Wird der Seeigel verdrückt, so bricht die Schale mit Vorliebe längs der Fasciole.

Verwandtschaft: Lartet vereinigt mit Recht die libanesische schon von d'Orbigny beschriebene Form mit den in Palästina verbreitetsten *Hemiaster*. Mit der Benennung *H. Fourneli* freilich kann ich mich nicht einverstanden erklären. Denn von dieser Art, wenigstens so wie sie heutzutage aufgefasst wird, sind die syrischen Exemplare verschieden, die eher noch als *H. batnensis* bezeichnet werden könnten, wie Peron wollte. Was früher alles unter dem Namen *Hemiaster* oder *Periaster Fourneli* aus der Oberen Kreide des Atlas, Frankreichs Spaniens, Portugals, Aegyptens und Palästinas ging, hat sich mit der Zeit in eine ganze Reihe von Arten aufgelöst, die scharf von einander abzugrenzen z. Th. die allergrössten Schwierigkeiten, bietet. Diese in ihren Gliedern so verwandte Gruppe nimmt die obere Kreide von Cenoman bis zum Senon in Südeuropa, Afrika und Asien ein. Als cenomane Formen derselben sind hauptsächlich zu nennen: *Hemiaster batnensis* Coq.[*]), *Chauveneti* Per. et Gauth.[**]), *pseudo-fourneli* Per. et Gauth., *Orbignyanus*

[*]) **Hemiaster batnensis** Coqu and 1862. Géol. et Pal. de la rég. sud de la Prov. de Constantine p. 248. t. 20, f. 6—8.
In typischem Cenoman Algeriens bei Batna, Biskra, Setif etc. häufig, ebenso in Aegypten.
[**]) **Hemiaster Chauveneti** Cotteau, Peron et Gauthier 1878. Échinides fossiles de l'Algérie p. 135, t. 8, f. 1—5 = *H. Orbignyanus* Lartet: La Mer Morte. p. 150, t. 13, f. 11—12.
Im Cenoman von Setif in Algérien mit *H. batnensis*, *Heterodiadema libycum*, *Ostrea olisiponensis*, *Cardium Pauli*, *Ammonites rotomagensis* und *Mantelli*; ferner in Ostjordanland zwischen Süf und Djerasch zusammen mit *O. flabellata*.

Des.*) und *Saulcyanus* d'Orb.; aus Schichten, turonen Alters soll *Linthia oblonga* d'Orb. sp. **) stammen; der eigentliche *Hemiaster Fourneli* Desh.***) s. str. gehört dem Senon an (nach Peron und Gauthier). Der bis jetzt auf Syrien beschränkte *H. Saulcyanus* lässt sich als eine Art Uebergangsstufe von *H. balnensis* zu *H. Fourneli* s. str. auffassen.

Micraster polygonus Fraas Orient II ist ein verkieselter Steinkern, der vor der Verkieselung zusammengedrückt wurde und deshalb am Rande in radialen Rissen sich spaltete. Von der Schale selbst ist aber nichts erhalten. Die deutliche Lage des Afters schliesst die Zugehörigkeit zu *Micraster* aus.

Vorkommen: Im südlichen Palästina östlich vom Todten Meere häufig bei Kerak, Wadi Môdjib, Wadi Zerka Maïn, 'Aïn Mûsa (hier in derselben Schicht mit *Heterodiadema libycum*) und Râs el-Abjad an der Küste des nördlichen Galiläa in weissem feuersteinführendem Kreidekalk zusammen mit *Ostrea vesicularis?* und *Janira tricostata* Coquand non Bayle. (Ob es sich bei allen diesen von Lartet citierten Vorkommnissen stets um dieselbe von Lartet abgebildete Art handelt, muss ich dahin gestellt sein lassen). Vom Libanon sind als Fundorte zu nennen: Ba'abda, Chûn Schauûr, Tannurîn, Beinet, Batrûn (nach Fraas überall im Horizont der Fischschiefer von Hakel); Mergel bei Hakel (Humbert). Ich selbst fand ein zusammengedrücktes schlechtes Exemplar mit theilweise verkieselter Schale in Bhamdûn (Stufe des *Buchiceras syriacum* respektive eigentlicher Seeigelhorizont).

Hemiaster? (Holaster) syriacus Conrad. sp. Off. rep. p. 212, t. 1, f. 2.

Steinkern vom Libanon.

*) Hemiaster Orbignyanus Des.

1854. *Hemiaster Fourneli* d'Orbigny: Pal. franç. Echin. p. 234. t. 877.
1858. *Hemiaster Orbignyanus* Desor: Synopsis des Ech. foss. p. 377.

Scheitel nach hinten gerückt. Hintere Ambulacralfelder sehr viel kürzer als die vorderen paarigen. — Im Cenoman der Provence bei Beaussot unter Kalken mit *Caprina adversa*, in Gesellschaft von *Heterodiadema libycum*. (Vergl. Lapparent: Traité de Géologie p. 1101).

**) Linthia oblonga d'Orb. sp.

1847. *Hemiaster Fourneli* Agassiz et Desor: Catal. rais. des éch. foss. p. 128 (pars).
1854. *Periaster oblongus* d'Orbigny: Pal. franç. p. 275. t. 900.
1858. *Periaster Fourneli* Desor: Synopsis p. 383 (pars).
1873. *Periaster Fourneli* Quenstedt: Echiniden p. 602.
1880. *Linthia oblonga* Peron et Gauthier; Ech. foss. de l'Alg. VI.

Fasciola lateralis vorhanden. Scheitel nach vorn gerückt. — Rudistenkreide am Djebel Gharib in der arabischen Wüste Aegyptens und im unteren Turon (Ligérien) der Umgegend Batnas in Algerien.

***) Hemiaster Fourneli Desh. s. str.

1847. *Hemiaster Fourneli* Ag. et Desor: Cat. rais. p. 123 (pars.)
1849. *Hemiaster Fourneli* Deshayes in Fournel: Richesse min. de l'Algérie p. 374, t. 16, f. 37—39.
1858. *Periaster Fourneli* Desor: Synopsis p. 388 (pars) t. 42, f. 5.
1862. *Hemiaster Fourneli* Coquand: Géol. et Pal. de la Prov. de Constantine, t. 26, f. 12—16.
1870. *Hemiaster Fourneli* Peron: Bull. soc. géol. de France 2 sér., t. XXVII, p. 599. — Cotteau, Peron et Gauthier, Echinides foss. de l'Algérie. —
1880. *H. Fourneli* Coquand, Etudes suppl. sur la pal. algér. p. 252.

Ambulacra sehr breit. — Die eigentliche Verbreitungszone dieser Art ist das Senon Algeriens, wo er sich meist zusammen mit *Cyphosoma Delamarrei* und *Holectypus serialis* von den unteren bis in die oberen Regionen findet; doch stimmen die meisten Autoren darin überein, dass der typische *H. Fourneli* auch schon im Turon Algeriens zusammen mit Radioliten auftritt. (Vergl. auch Peron: Essai d'une déser. géol. de l'Algérie p. 106).

Vermes.

In lichtem, körnigem *Rudisten-, Nerineen* und *Cerithien* führenden Kalk westlich Kal'at el-Hösn im Nusairier-Gebirge kommen Abdrücke und Steinkerne von Röhrchen vor, die wieder zu Scaphopoden (*Pyrgopolon* gen.) noch zu Pteropoden (*Tentaculites* gen.) zu passen scheinen und vorläufig ihre zweifelhafte Stellung bei den Würmern finden mögen.

Die Schale war tentaculitenartig schlank, verlängert kegelförmig, gerade. Das längste Stück, beiderends abgebrochen misst 15 mm. Länge, 1½ mm. Breite. Die Schale war äusserlich entweder glatt oder mit sehr feinen scharfen Querrunzeln geziert, zwischen denen noch Körnerreihen liegen oder nur mit sehr zahlreichen, quer laufenden Körnerreihen. Aber auch die Innenseite der Schale war quergeringelt, wie die Steinkerne verrathen, und zwar gröber, so dass man dies schon mit unbewaffnetem Auge erkennen kann. Es scheinen auf zwei Ringe der Oberfläche ein Ring im Innern zu kommen. Mit der Lupe sieht man aber auch im Innern noch zwischen zwei groben je eine sehr feine Querlinie.

Die Schale ist dicker als es bei Pteropoden der Fall zu sein pflegt. Der kreisrunde Mündungsrand ist durch Radialeinschnitte sternförmig gekerbt.

Brachiopoda.

Discina? sp.

Libanon.
Orbicula sp. Conrad, Off. Rep. App. p. 235, t. 8. f. 55.

Rhynchonella cf. Martini Mant. Taf. III, Fig. 5. 6.

Rundlich, aufgeblasen. Ebenso breit wie hoch oder wenig breiter. Höhe 8—10 mm, Breite 9—11 mm., Dicke 6—8 mm. 21—23 abgestumpfte Rippen, die in der Nähe des Wirbels verschwinden. Kleine Schale regelmässig gewölbt, ohne hervortretenden Wulst. Stirnrand leicht eingebogen. Zunge mässig hoch mit durchschnittlich 7 Rippen.

Verwandtschaft: Diese Art gehört zur vielgestaltigen Gruppe der octoplicaten *Rhynchonellen* und schliesst sich eng an *Rh. Martini* Mant. (= *pisum* Sow., Quenst. u. a. Autoren) aus dem unteren Pläner oder Cenoman, die ihr auch in der Grösse entspricht. Nur soll die eigentliche *Rh. pisum**) höher als breit sein, was bei den mir vorliegenden Exemplaren nur einmal vorkommt, indem meist die Breite 1 mm. mehr als die Höhe zählt. Bei *Rh. Cuvieri* d'Orb. aus französischem Turon ist die Breite ebenso gross als die Höhe, aber gleich 17 mm. und es sind 32—34 Rippen vorhanden. Davidson**) rechnet zu *Rh. Cuvieri* auch kleinere Formen aus dem Chloritic Marl (Cenoman) und Lower Chalk (Turon) Englands, die aber ebenfalls 30—34 Rippen (den Wulst mit 9) haben.

Vorkommen: Schneifät im Libanon südlich Beirût zusammen mit folgender Art in Kalken der Cenoman- und Sandsteinzone (gefunden von Diener).

Terebratula biplicata Sow. Taf. III, Fig. 7—11.

Höhe 20 mm. Grösste Breite 15 mm. in der Mitte der Schalenhöhe. Wölbung vom Wirbel bis zum Stirnrand gleichmässig, am höchsten in der Mitte. Grosse Schale im Umriss am Wirbel relativ ein wenig breiter und nicht so zugespitzt als bei *T.* cf. *bisuffarcinata* des Saltmathals. Schon bei der höchsten Wölbung in der Mitte der Schale fangen die Falten und Furchen sich zu markieren an und werden meist schärfer als bei obiger *T.* cf. *bisuffarcinata*. Bei einer vorliegenden grossen Schale (Fig. 8) ist sogar die

---
*) Quenstedt: Brachiopoden p. 171, t. 41, f. 74.
**) Davidson, Brit. foss. Brach. I. Mon. of Brit. Cret. Brach. p. 88, t. 10. f. 50—54.

mittlere Stirnfalte zwischen den zwei Furchen noch durch eine schmale Rinne getheilt. Charakteristisch ist die deutliche Punktation der Oberfläche und das Hervorschimmern gleichbreiter concentrischer Zuwachsstreifen.

Verwandtschaft: Die Exemplare entsprechen ganz gut den Abbildungen von *T. biplicata* bei QUENST. Brach. t. 48, f. 69—74. In der Gosauformation der Neuen Welt bei Wien am Starhemberger Schlossberg sammelte ich Formen der *T. biplicata*, welche den syrischen vollkommen gleichen.

Vorkommen: Schueifât südlich Beirût (von DIENER gesammelt). In Bâniâs an der nordsyrischen Küste fand ich in Kalk mit *Terebratulina suborbicularis* n. sp., ein Bruchstück einer *Terebratula*, die ebenfalls hierher gehören dürfte.

Terebratula Dutempleana d'Orb. Taf. III, Fig. 12 und 13.

Höhe 40 mm. Grosse Schale besonders am Wirbel stark gewölbt; kleine nur mässig gewölbt, mit sehr flachen breiten Falten. Foramen 3½ mm. breit.

Verwandtschaft: Die vorliegenden Exemplare zeigen Uebergangsformen von der typischen *T. biplicata* zu den Varietäten *Dutempleana* d'Orb. und *obtusa* Sow. Sie stimmen am meisten überein mit folgenden Abbildungen:

Terebratula Dutempleana d'Orbigny: Terr. cret. Brach. t. 511. f. 1—2 aus dem Gault.
T. biplicata v. *obtusa* Davidson: Monogr. Brit. cret. Brach. t. 6, f. 13 aus Cenoman.
T. biplicata Davidson, ibid., t. 6, f. 31 aus Turon.
— — *v. Dutempleana* Stoliczka. Pal. Indica. Cret. Fauna of South India, IV. t. 4, f. 2 aus Turon. —
— — *typica* Stoliczka, ibid., t. 4. f. 4 aus Senon.

Für *Terebratula obesa* ist das Foramen noch zu klein und die Wölbung der kleinen Schale zu gering.
Vorkommen: Biredjik und Balķis am Euphrat in weisser Schreibkreide.

Terebratula carnea Sow. Taf. III, Fig. 14.

1886 *T. carnea* Diener. Libanon p. 43.

Vorkommen: Râs esch-Schakka nördlich Bâtrûn in senonen Kreidemergeln.

Terebratula Nicaisei Coq.

1862 COQUAND: Géol. et Pal. de la rég. sud de la prov. de Constantine. p. 235. t. 16. f. 19—21.
1874 LARTET: Expl. géol. de la Mer Morte. p. 149, t. VIII. f. 1—2.
1883 PÉRON: Essai d'une descr. géol. de l'Algérie. p. 91.
1889 SCHWEINFURTH: Ueber die Kreideregion bei den Pyramiden von Gizeh. Petermanns Mitth. XXXV. t. 1.

Exemplare von 11½ mm. Höhe, 9½ mm. Breite, 6 mm. Dicke. Umriss fünfseitig, Schlosskantenwinkel 95—98°. Grösste Breite hinter der Mitte der Höhe. Die Seitenränder bilden mit dem Stirnrand einen stumpfen Winkel. Stirnrand fast gerade, ein wenig eingebogen. Wölbung unbeträchtlich. Die höchste Wölbung wird auf der grossen Schale begrenzt von zwei sehr stumpfen Kanten, die vom Wirbel zu den unteren Ecken verlaufen. Von diesen Kantenlinien fällt die Schale viel steiler zum Seitenrand ab als bei *T. carnea*. Schale dünn glatt, undeutlich concentrisch gestreift. Foramen sehr klein.

Verwandtschaft: Von *T. carnea* unterscheidet sich diese durch den eckigen und mehr ovalen Umriss mit der weiter nach unten zu gerückten Breite und dem längeren, geraden, schwach eingebogenen Stirnrand.

Vorkommen: COQUAND beschrieb diese Art zuerst aus Albienschichten von Aumale; LARTET führte sie dann aus Cenomankalken mit *Ostrea flabellata* zu Rädjib in Peräa, PÉRON aus Schichten mit *Ammonites Mantelli* am Djebel Guessa bei Boghar in Algerien an; SCHWEINFURTH citiert sie aus schneeweissem Kreidefels mit *Gryphaea vesicularis* des Senons im Westen der Pyramiden von Gizeh. Die Art scheint demnach innerhalb der Kreide ebenso wie *T. biplicata* eine grosse Verbreitung in horizontaler wie in vertikaler Richtung zu besitzen. Ich selbst fand sie bei Nisib zusammen mit Pteropoden in gelblichweissen Kreidemergeln, die ich dem obersten Senon zurechnen zu müssen glaube.

Terebratulina suborbicularis n. sp. Taf. III, Fig. 15.

Kreisrund. Nur zwischen dem geraden Stirnrand, an dem eine Sinusbuchtung kaum angedeutet ist, und den Seitenrändern ist je ein sehr stumpfer Winkel, ebenso am Wirbel. Länge 17 mm. Grösste Breite = $16^{1}/_{2}$ mm. in der Mitte der grossen, resp. über der Mitte der kleinen Schale. Dicke $9^{1}/_{2}$ mm. Ohrenförmige Ausbreitung der kleinen Schale neben dem Wirbel wohl entwickelt, daher Schlosslinie gerade, $8^{1}/_{2}$ mm. lang. Zwischen dieser und den scharfen Schnabelkanten eine Art falscher Area quer gestreckt, so dass man beim ersten Blick das Exemplar für eine *Orthis* hält. Wirbel wenig überragend. Zahllose feine Radialstreifen laufen vom Wirbel zu den Rändern und vermehren sich durch Einschiebung neuer noch feinerer.

Verwandtschaft: Diese *T.* unterscheidet sich von den bekannten Arten wie *T. gracilis* des Turon und Senon und *T. relicta* Stol. aus der Ootatoorgroup Indiens besonders dadurch, dass die grösste Breite genau in der Mitte liegt und nicht nach der Stirn zu gerückt erscheint.

Am nächsten steht unserer Art vielleicht *T. agorianitica* Bittner*) aus dem Rudistenkalk von Agoriani im Parnass-Gebiet.

Letztere ist $21^{1}/_{2}$ mm. hoch, aber nur 18 mm. breit, $10^{1}/_{2}$ n.m. dick, die Schlosslinie gelegen. Ohren der kleinen Klappe schwach entwickelt. Grösste Breite in der Mitte der kleinen Klappe. Wirbel spitzer.

Vorkommen: Bei Bânîâs an der nordsyrischen Küste gefunden in einem Kalkblock mit *Ostrea* cf. *Tisnei* und *Terebratula biplicata*?

Lamellibranchiata.

A. Monomyaria.

Ostrea genus.

a) Gerippte Austern.

Ostrea alicula Haml. Taf. III, Fig. 16 -17.

Ostrea succini Fraas II, p. 307, t. 2, f. 3.

" *alicula* Hamlin: Res. of an exam. of Syrian Moll. foss. p. 62, t. 6, f. 3.

Die älteste der gerippten Austern der Libanonkreide, zugleich die kleinste und zierlichste, nur 25—35 mm. gross. Als typische Form betrachte ich *O. alicula* Haml. t. 6, f. 3. Die Abbildung der rechten Schale bei Fraas ist wenig bezeichnend und an den Seiten wie mir scheint sogar ungenau. Ich ziehe deshalb den jüngeren Namen *alicula* vor, da Hamlin beide Schalen gut abbildete und beschrieb.

Charakteristisch ist die grade gestreckte Gestalt mit nur unmerklicher Krümmung. Umriss oblong bis eiförmig. Vorderrand gerade. Unterrand kurz in ungefähr rechten Winkel auf den Vorderrand stossend, im Bogen in den Hinterrand übergehend, der in etwas gekrümmter Linie, dem Vorderrand nicht ganz parallel, vielmehr etwas mit ihm convergierend zum Wirbel verläuft.

Die rechte, untere, grosse Schale gewölbt, ganz bedeckt von 16–20 scharfen, dachförmigen, dichotomierenden Rippen und zickzackförmigen Anwachsstreifen. Wirbel vorspringend. Anheftungsstelle vorn über dem Wirbel, oft breit.

Linke, obere, kleine Schale vollkommen flach, gegen den Rand mit gerundeten, dichotomierenden Rippen, die nach der Mitte zu schwinden, und wellenförmigen Anwachsstreifen. Schalenränder wellig bis zickzackförmig verlaufend.

---
*) Bittner: Der geol. Bau v. Attica, Böotien, Lokris u. Parnassis. Denkschr. d. k. k. Akad. Wien. XI. p. 23, t. 6, f. 11.

Vorkommen: Das eigentliche Lager dieser Auster, speciell der typischen Form mit deutlichen concentrischen Lamellen auf beiden Schalen, gerader Gestalt und möglichst parallelen Seitenrändern ist der Trigoniensandstein, die Zone der *Trigonia syriaca* (bei 'Abeih und Djebâ'a), weshalb sie FRAAS auch Begleiter des dortigen Bernsteins, „*succini*", nannte. Bei 'Abeih tritt sie auch noch in den unteren Mergeln und Kalken der Buchiceraastufe (= Stufe der *Trigonia distans* nach NÖTLING) zusammen mit der folgenden, höheren Niveaus charakterisirenden Art auf. Letztere scheint aus ihr hervorgegangen zu sein, indem beide Arten durch Uebergänge mit einander verbunden sind (vergl. Taf. III Fig. 17).

Ostrea (Exogyra?) Dieneri n. sp. Taf. III Fig. 18, Taf. IV Fig. 1—4, Taf. V Fig. 1.

Ostrea Boussingaulti COQU. (pars) t. 1, f. 9 (non, f. 10—11).
Ostrea sp. (Grobrippige Form) NÖTLING. Entwurf einer Gliederung der Kreideformation in Syrien p. 840.

Schale dick, mit dem vordern Theil des Wirbels, selten mit der ganzen Vorderseite der Unterschale (vergl. Taf. IV, Fig. 3) festgeheftet. Wirbel spitz, vorspringend verlängert, mehr oder weniger gekrümmt, aber nur selten wie bei echten *Exogyren* spiralförmig nach der Seite aufgedreht.

Beide Schalen meist sehr ungleichseitig. Vorderrand unter dem Wirbel oft tief exogyrenartig eingekrümmt, unten dann mehr oder weniger gerade verlaufend. Winkel zwischen Vorder- und Unterrand spitz; Unter- und Hinterrand bilden zusammen einen Halbkreis.

Unterschale gewölbt, mit 12—20 dichotomierenden, groben, breiten Rippen, die alle in der Richtung gegen den Wirbel verlaufen, aber in der Nähe des letzteren verschwinden.

Oberschale wenig gewölbt oder flach. Die Rippen sind viel schwächer und gerundeter als auf der Unterschale und erreichen vom Rande aus selten mehr die Mitte der Schale oder fehlen ganz. Dagegen treten wellige Anwachslamellen mehr hervor als auf der Unterschale, namentlich am Rande.

Varietäten: Diese Art variirt theils in Bezug auf die verschiedene Krümmung des Wirbels der Unterschale, theils in Bezug auf die Berippung speciell der Oberschale. In letzterer Beziehung lassen sich vier Varietäten unterscheiden.

1) Die Rippen der Oberschale sind mindestens bis zur Mitte sichtbar. Oberschale besonders gegen den Wirbel hin ziemlich gewölbt, aber immer weniger als die Unterschale. Die Schalenränder verlaufen wenigstens am Unterrand zickzackförmig (vergl. Taf. IV, Fig. 2; Taf. V, Fig. 1).

2) Nur gegen den Rand hin sind auf der Oberschale die Rippen angedeutet, durch den stark welligen Verlauf der Anwachsstreifen. Oberschale nur wenig gewölbt oder flach. Schalenränder wellig.

Varietäten 1 und 2 stellen die Uebergänge zu *O. alicula* dar und finden sich auch schon im untersten Theil der Buchicerasstufe zusammen mit *Trigonia distans*. Von da reichen sie bis an die obere Grenze dieser Zone.

3) *v. typica*. Oberschale glatt nur mit concentrischen Anwachslamellen, stets ganz flach; Schalenränder einfach (vergl. Taf. IV Fig. 3—4). —

Dies ist die häufigste Form im oberen Theil der Uebergangszone des Sandsteins in den Rudistenkalk, d. h. der Stufe der Kalk- und Mergelbänke mit *Buchiceras syriacum*, wo sie mit Varietät 1 und 2 vermischt, ganze Bänke zusammensetzt.

4) Schliesslich gibt es noch Exemplare, bei denen auch auf der Unterschale die Rippen nur schwach angedeutet sind oder ganz verschwinden. Entweder ist dann aber dieser Umstand durch Abreibung nachträglich hervorgebracht oder die Individuen waren mit dem grössten Theil der Unterschale auf einer unebenen Unterlage, z. B. andern Austernindividuen, aufgewachsen, so dass in Folge dessen die normale Entwicklung der Unterschale gehemmt wurde.

Verwandtschaft: Von *O. alicula* unterscheidet sich *O. Dieneri* in ihrer typischen Form durch ihre Grösse, die schiefe gebogene Form der Schalen, besonders der Unterschale, durch breitere stumpfere Rippen,

— 73 —

das geringe Hervortreten von Anwachsstreifen auf der Unterschale und das Verschwinden der Rippen wenigstens bei den meisten Individuen auf der Oberschale.

Gewisse Beziehungen existieren zu *O. flabellata* GOLDF., *O. olisiponensis* SHARPE bei COQUAND und LARTET und *O. Orcurrgi* COQUAND*) (non! BEYRICH). Doch diese drei sind abgesehen von der meist bedeutenderen Grösse sämmtlich typische *Exogyren* mit stark eingerolltem Wirbel.

O. flabellata hat meist auf beiden Schalen einen zugeschärften Rücken oder Kiel, von dem die Rippen nach den Seiten ausgehen. Die beiden andern besitzen eine mehr gedrungene, halbkugelige Gestalt, kreisförmige, seltener eiförmige Oberschale; die Unterschale ist mit deutlichen Anwachsstreifen versehen, welche bei *O. olisiponensis* oft als Lamellen und Dornen vorspringen.

Am nächsten steht unsere Art von den genannten wohl der *Exogyra olisiponensis*, welche in der Hauptausternregion der libanesischen Kreide, der Stufe des *Buchiceras syriacum* mit ihr zusammen gefunden wird. Zu dieser *Exogyra* kommen bei Bhamdûn, Abeih und Brumâna auch wirkliche Uebergangsformen von *O. Diencri* vor, indem der Wirbel nicht spitz verlängert, sondern seitlich mehr oder weniger eingerollt erscheint (vergl. Taf. IV, Fig. 5). Ferner wird bei denselben zugleich die Gestalt gedrungener und abgerundeter, die Unterschale wölbt sich höher und zeigt auch concentrische Streifen.

Schliesslich lässt sich unsere Art noch mit *O. Eumenides* COQ.**) aus dem oberen Cenoman Frankreichs in Beziehung bringen. Der einzige Unterschied ist, dass bei letzterer die Oberschale sehr concav ist.

Bemerkung: Ich nenne diese Auster zu Ehren des Herrn Dr. DIENER, der gerade auf den Austernreichthum der libanesischen Kreide gebührend aufmerksam machte.

Vorkommen: Vorliegende Art ist die gemeinste Auster im mittleren Libanon, d. h. in der Umgegend der Damascusstrasse, wo ich sie sammelte in der Buchiceraszone von 'Abeih, Schumlân, Bhamdûn, Chân el-Koréje, Brumâna, Chân Mizhir.

Als dritte grösste Art ist dieser Gruppe von Austern mit flacher oft rippenloser Oberschale noch zuzurechnen:

Ostrea directa n. sp. Taf. IV, Fig. 7.

Ostrea virgata CONRAD 1. c. t. 1. f. 6—8. App. t. 1. f. 8 (?).
 „   „   FRAAS II. p. 361.

Wird grösser als vorige, bis 80 cm. hoch, eiförmig zugespitzt bis oblong, möglichst gleichseitig. Wirbel verlängert gerade. Beide Seitenränder fast gleichmässig gebogen.

Grosse Schale gewölbt mit geraden, radialen dichotomierenden Rippen und concentrischen Anwachslamellen. Anheftungsstelle am Wirbel symmetrisch in der Mitte.

Kleine Schale deckelförmig, flach mit concentrischen Lamellen.

Vorkommen: In der Zone der *Buchiceras* und Austern bei Bhamdûn, Brumâna u. a. O.

Die von FRAAS wahrscheinlich der Sammlung des amerikanischen Collegs in Beirût entnommene sogenannte *Ostrea virgata* mit der Bezeichnung Terbol gehört nicht dem Miocän an, da das betreffende Handstück Rudisten enthält. Obwohl der Djebel Terbol bei Tarâbulûs nur aus Miocänschichten aufgebaut ist, könnte die Fundortsangabe gleichwohl stimmen, da es nämlich in den Miocän Geröllschichten und Conglomerate mit groben Geröllen von Kreidekalken (die „Kreidenagelflue" bei FRAAS II, p. 361), so dass hier die cretaceische *O. directa* auf secundärer Lagerstätte sich befand.

Dieselbe Auster erhielt ich durch Herrn Professor LAVONIAN von Mar'asch im Taurus. (Original zu Taf. IV, Fig. 7.) Da ich die betreffende Lokalität selbst nicht kenne, bin ich hier allerdings etwas im

---

*) COQUAND: Géol. et Pal. de la region sud de la prov. de Constantine. 1862 t. 19, f. 1—6 und Monogr. du genre Ostrea p. 140, t. 44, f. 1—9 und t. 46, f. 14—15.
**) COQUAND: Mon. du genre Ostrea. p. 133, t. 46, f. 10—12.

Zweifel, ob das Exemplar nicht dem Eocän angehört, das ich am Wege von 'Aintâb nach Mar'asch sehr reich an Petrefakten, indessen ohne die geringste Spur von Austern entwickelt fand.

Verwandtschaft: Die vorliegende Austernform lehnt sich zweifelsohne mehr an tertiäre Typen an, als an die bis jetzt bekannten Formen der Kreide. Die Oberschale allein könnte freilich für eine von *O. acutirostris* des Senons gehalten werden; dem widerspricht aber die Beschaffenheit der radial gerippten Unterschale, welche bei *O. acutirostris* glatt ist.

Das Exemplar von Mar'asch und ein ganz ähnliches in der Sammlung libanesischer Kreidefossilien von Consul ROSEN im Berliner Museum für Naturkunde erinnern lebhaft an *Ostrea angusta* DESH. des Eocäns; die CONRAD'schen und FRAAS'schen Formen an *O. virgula* GOLDF. des belgischen Oligocän.

Ostrea cf. Tisnei Coq.

Steinkerne und Abdrücke. Die Schale scheint dünn gewesen zu sein. Länglich, oblong, nicht gekrümmt. Höhe im Maximum 15 cm., Länge 5 cm. Mittlerer Theil des Steinkerns in der oberen Partie der Schale schwach gewölbt, leicht gewellt durch breite Runzeln, nach den Seiten zu in eine Furche abfallend, an die sich ganz kurze aber hohe Rippen anschliessen, am Rande zahnartig vorspringend. In der untern Partie des Steinkerns laufen von der allmählig zugeschärften Rückenmitte aus stark knotige, abgerundete Rippen dichotomierend und etwas unregelmässig gewunden zu den Rändern.

Verwandtschaft: Diese Auster erinnert an *O. Tisnei* Coq. aus den Provencien oder den Bänken mit *Hippurites organisans* in Frankreich. Doch sind dort die Rippen schärfer, regelmässiger und nicht so stark geknotet.

Vorkommen: Im Turonkalk von Bâniâs in Nordsyrien zusammen mit *Terebratulina suborbicularis*.

Exogyra flabellata GOLDF.

1834. *Exogyra flabellata* GOLDFUSS: Petr. Germ. t. 87. f. 5 b.
1841. *Exogyra plicata* GOLDF.. ibidem, t. 87. f. 6.
1856. *Ostrea flabellata* d'ORBIGNY: Terr. crét. III. t. 475.
1862. *Exogyra Boussingaulti* CONRAD: Off. rep. p. 213 (pars) t. 2. f. 10—11.
1869. *Ostrea flabellata* COQUAND: Monographie du genre Ostrea, p. 126—128.
1877. „ „ LARTET: Expl. géol. de la Mer Morte. p. 49, 55 etc.
1878. „ - FRAAS II. p. 335.

Diese für Cenoman bezeichnende Art wurde schon von d'ORBIGNY und COQUAND aus dem Libanon citiert. Sie bildet hier so vollkommene Uebergänge zu *O. Boussingaulti* des Urgonptien, dass es schwer hält, sie davon zu trennen.

Die Unterschale ist bald niedrig, bald stärker gewölbt. In letzterem Falle entspricht sie der *Exogyra plicata* GOLDF., die wohl mit *E. flabellata* vereinigt werden muss. Mit *O. Dieneri* ist sie durch keine Zwischenformen verbunden, vielmehr stets durch das Vorhandensein ihres Kieles wohl geschieden.

Vorkommen: Ueberall in der Zone des *Buchiceras syriacum* bei 'Aleih, Bhamdûn, Chan Mizhir, Muchtârah, Dakkûr, Nebi Sâfi im Libanon; Hasbeia, Medjdel esch-Schems und Chalwet el-Beidah im Hermongebirge. Vereinzelt auch im Libanonkalkstein oder der eigentlichen Rudistenzone am Taumât Niha und Hakel im Libanon; Harf Ram el-Kabsch im Antilibanon.

Exogyra olisiponensis SHARPE.

? 1852. *Exogyra Overweyi* BEYRICH: Bericht über die von OVERWEG gefundenen Verstein. (Monatsber. des Vereins f. Erdk. Berlin) t. 1. f. 1 (nou 2).
1869. *Exogyra olisiponensis* COQUAND: Mon. du genre Ostrea, p. 125, t. 19, f. 1—2.
1877. *Ostrea olisiponensis* LARTET: La Mer Morte, p. 138, t. 9. f. 1—2.
1878. *Ostrea olisiponensis* FRAAS II. p. 336.

Verwandtschaft: Ist mit *Ostrea Dieneri* verwandt, zu der Zwischenformen existieren (vergl. oben).

Vorkommen: In der Buchicerasstufe am Nebi Sâfi, bei Djamhûr, Ba'abda, Bhamdûn und Brumâna.

b. Ungerippte Austern.

Exogyra africana LAM. sp.

1852 *Exogyra densata* CONRAD: Off. Rep. t. 18, f. 102, 106.
1874 *Ostrea africana* LARTET: La Mer Morte. p. 144, t. 10, f. 1—7.
1878 „ „ FRAAS II. p. 336 mit Holzschnitt.

Diese in Palästina so ausserordentliche häufige cenomane Auster ist in Mittelsyrien ungleich seltener, vermuthlich weil hier die Facies weisser Kreidemergel und Kalke, in der sie mit Vorliebe aufzutreten pflegt, innerhalb des Cenomans nicht erscheint.

Vorkommen: 'Abeih und Bhamdûn? in der Buchicerasstufe (Collection BLANCKENHORN).

Exogyra cf. Luynesi LARTET.

Ein Exemplar. Unterschale vom Wirbel bis zur Mitte gekielt, ganz glatt, ohne Rippen und Anwachsstreifen. Wirbel zurückgebogen. Oberschale concav mit concentrischen Runzeln. Es fehlen dagegen die von LARTET bei seiner *E. Luynesi* beobachteten Radiallinien auf der Oberschale. Im Uebrigen stimmt das Exemplar genau zu LARTETS Abbildung.

Vorkommen: Schumlân zwischen 'Abeih und Suḳ el-Gharb in den unteren Rudistenbänken der Buchicerasstufe.

Ostrea cf. acutirostris NILS. nach FRAAS.

Ostrea linguloides CONRAD, l. c. p. 212, t. 2, f. 13.
„ *scapha* CONRAD, p. 213, t. 15, f. 75—76.
„ *acutirostris* FRAAS II. p. 337.

„Ganz flach, Wirbel klein, kaum gekrümmt."

Verwandtschaft: Diese Auster scheint am nächsten verwandt mit der *varietas ostreoidea* der vielgestaltigen *O. Delettrei* COQUAND *), welche auch aus Palästina genannt wird.

Sie „hält" nach FRAAS „immer ihren bestimmten Horizont in der mittleren Rudistenzone ein und bildet am oberen Dâmûr im Bezirk Arkûb am Fusse des Bârûk ganze weite Felsenhorizonte. Am Nebi Sâfi liegen die Austernbänke bei den Ammoniten" (*Buchiceras*). ANDERSON sammelte sie in Muchtârah und SCHWEINFURTH in 'Aleih.

(*O. acutirostris* kommt in Europa im Senon vor, so in den Gosauschichten, in Algerien im Santonien oder unteren Senon. In Aegypten erwähnt SCHWEINFURTH eine *O. acutirostris?* in cenomanen Schichten westlich der Pyramiden von Gizeh.)

Ostrea syriaca CONR.

Ostrea syriaca CONRAD. l. c. p. 212, t. 2, f. 12.

Von Muchtârah.

Gryphaea vesicularis LAM.

Ostrea vesicularis v. *judaica* LARTET. l. c. p. 148 t. 10, f. 17—20 non 21, 22.
Ostrea vesicularis FRAAS, p. 341.

Diese veränderliche Art ist in der typischen Gestalt, in der sie für das Senon Europas leitend ist, in Mittel- und Nordsyrien bisher noch nicht aufgefunden, respektive erwähnt worden. ANDERSON führt

---

*) Monogr. du genre Ostrea t. 47, f. 5. — Géol. et Pal. de la Prov. de Constantine, t. 18, f. 3.

Gryphaeen in senonem? gelblichweissem Kreidekalk von Burdj el-Buradjineh direkt südlich Beirût an. FRAAS fand im Libanon schon in seiner Radiolitenzone in der Nähe der Rudisten *O. vesicularis*, theils mit glatter hochgewölbter Schale, theils gefurchte Formen, die er mit *Gryphaea Pitcheri* vergleicht.

In Palästina sind hierhergehörige Formen häufiger: Die Exemplare aus dem Senon vom Wadi 'Arab im Adjlûn und vom Berge Carmel, welche NÖTLING sammelte, unterscheiden sich kaum von der typischen *G. vesicularis*. Eher ist das der Fall bei denjenigen aus wenig tieferen Horizonten direkt über den compakten (Rudisten-) Kalken in Judäa (Sebbeh, Nebi Mûsa), welche LARTET zuerst für *O. Baylei* (des Carentonien COQUANDS oder Obercenoman) zu halten geneigt war und welche er als *O. vesicularis v. judaica* anführt.

Einen ganz bestimmten noch tieferen Horizont nimmt eine kleine Form dieser Gruppe ein, die man besser als besondere Art abtrennt:

Gryphaea capuloides CONR.

Gryphaea capuloides CONRAD, l. c. p. 224. t. 18, f. 103–104. — FRAAS, p. 342.
Ostrea vesicularis v. judaica LARTET. p. 148, nur die kleineren Formen: t. 10, f. 21–22.

Diese Art bleibt constant klein, 2–3 cm.

Vorkommen: Im südöstlichen Palästina (Wadi Môdjib und 'Ain Djidy) tritt sie stets zusammen mit einer anderen kleinen Auster *Ostrea Mermeti v. minor* LARP. in einem weisslich grauen Kalk auf.

In Judäa beobachtete LARTET noch über diesem Horizont die cenomanen Austern *O. olisiponensis* und *flabellata* und dann erst graue compakte dolomitische Kalke, das Aequivalent der höheren Rudistenkalke. Im Libanon hält *Gr. capuloides* einen ähnlichen Horizont ein. Am Taunnât Niha sammelte DIENER diese Auster im unteren Libanonkalkstein. In dem Thal von Hakel unterteufen dicke Lumachellbänke, die fast nur aus dieser kleinen Muschel bestehen, die dortigen Fischlager, über denen noch mächtige Rudistenkalke folgen.

Exogyra sp.

Glatt.
Vorkommen: Senone Feuersteinkreide von Beirût (Coll. Bl.).

Anomia subobliqua CONR. sp.

Orbicula subobliqua CONR. l. c. p. 219. t. 10. f. 61½.

Eiförmig. Grösste Länge hinten, 6–7 mm., ebenso gross als die Höhe. Schale glatt, glänzend. Grössere Klappe gegen den Wirbel zu stark gewölbt. Wirbel zurückliegend, vom Schlossrand um $^2/_3$ der Schalendicke entfernt.

Vorkommen: 'Abeih, 'Ain Ainûb, Bhamdûn.

Anomia sp.

5½ mm. hoch, 4½ mm. lang, eiförmig. Grösste Wölbung in der Mitte. Wirbel dicht am Rande.
Vorkommen: Hasbeia in den Buchicerasschichten (DIENERS Sammlung).

Plicatula Reynesi COQ.

1852. *Ostrea curtirosa* CONRAD. l. c. Appendix p. 230. t. 1. f. 7.
1862. *Plicatula Reynesi* COQUAND: Géol. et Pal. de la prov. de Constantine. p. 222, t. 16, f. 5–6.
1874. *Plicatula Reynesi* LARTET: Expl. géol. de la Mer Morte p. 137, t. 11. f. 21–22.
1878. *Plicatula Flattersi* FRAAS II. p. 237.

Die Art unterscheidet sich von der nur aus Senonschichten bekannten *P. Flattersi* COQUAND durch geringere Grösse, schmalere und dornige Rippen.

Das Original zu *P. Flattersi* FRAAS vom Nebi Sâfi habe ich nicht in Händen gehabt, dagegen seine *P. Flattersi* vom Zerka Maïn am Todten Meere, und diese gehört ganz zweifellos zu *P. Reynesi*, die ja auch LARTET p. 65 von dort angibt. Die Vermuthung, dass auch die damit verglichene *Plicatula* vom Nebi Sâfi hierher gehört, liegt daher nahe.

Vorkommen: Wie in Algerien tritt *P. Reynesi* in Palästina häufig innerhalb der cenomanen Schichtenreihe auf und zwar ausschliesslich im weissen Kalke oder Mergeln in Gesellschaft der *Ostrea Delettrei* und *africana* rar. LART., so am Wadi Môdjib und Zerka Maïn östlich vom Todten Meere, bei 'Arâḳ el-Emir und am Djebel Oscha im Ostjordanland.

Von Mittelsyrien, wo diese Gesteinsfacies im Cenoman seltener erscheint, ist ausser am Nebi Sâfi kein Vorkommen bekannt.

Pecten elongatus LAM.

Pecten elongatus d'ORBIGNY Terr. crét. t. 436, f. 1—4 und GEINITZ, Elbthalgeb. p. 195. t. 44, f. 2—4. *Pecten* sp. NÖTLING, 1. c. p. 840.

Vorkommen: Wadi Dukâni bei 'Abeih in der unteren Abtheilung der Buchicerasstufe mit *Trigonia distans* (NÖTLINS Sammlung). — Sonst bekannt nur aus dem Cenoman Deutschlands, Frankreichs etc.

Pecten delumbis CONR.

CONRAD. 1. c. p. 225. t. 19. f. 110.
LARTET: La Mer Morte p. 136.

Glatte kleine Art, charakteristisch für die kreidigen Kalke des Senons in Syrien.

Vorkommen: In Judäa bei Mâr Sâba und Wadi en-Nâr am Todten Meer; in Galiläa bei Sâfed in feuersteinführenden Kalken; auf dem Dâhar el-Litâni bei Kalwet in der Kreide mit Inoceramen.

Vola quadricostata SOW. sp. non! GOLDF., BRONN, ORBIGNY, ZITTEL, GEINITZ, SCHLÜTER, CREDNER etc. *)

1814. *Pecten quadricostatus* SOWERBY: Miner. conch. t. 51. f. 1—2.
1862. *Janira tricostata* COQUAND: Géol. et Pal. de la prov. de Constantine. p. 219, t. 13. f. 3—4; non! BAYLE 1849.
1865. *Janira quadricostata* BRIART et COSNET, Meule de Braequeguis p. 48. t. 4. f. 21, 22.
1865. *Pecten quadricostatus* DUNCAN: Quat. journ. géol. Soc. London XXI. p. 340.
1871. *Vola quadricostata* STOLICZKA: Pelecypoda India. p. 430.
1874. *Janira tricostata* LARTET: La Mer Morte. p. 136, t. 11, f. 16.
1877. *Janira Coquandi* PERON: Bull. de la Soc. Géol. de France t. 7, f. 2.
1878. *Janira tricostata* FRAAS II. p. 337 (pars).
1879. *Vola Coquandi* COQUAND: Études supplémentaires sur la Pal. algér. p. 155.
1880. *Vola quadricostata* COQUAND: ibidem p. 300.
1883. *Janira Coquandi* PERON: Essai d'une descr. géol. de l'Algérie p. 88, 89, 91, 96.
1884. *Janira tricostata* HAMLIN: Syrian Moll. fossils p. 61.

Zwischen den 6 Rippen erster Ordnung je drei ungleiche Nebenrippen, deren mittelste an Stärke die seitlichen übertrifft.

Vorkommen: Leitfossil des Cenoman in England, Algerien, wo sie zusammen mit *Amm. rotomagensis*, *varians* etc. vorkommt, und Südindien; sehr verbreitet in Arabien und Palästina, seltener in Mittelsyrien. Nach FRAAS am Nebi Sâfi in den Buchicerasschichten, nach HAMLIN im Beirûter Distrikt.

Vola quinquecostata SOW. non! LAM.

1814. *Pecten quinquecostatus* SOWERBY: Miner. Conch. t. 54, f. 48.
1843. *Janira quinquecostata* ORBIGNY: Pal. franç., terr. crét. III. t. 444, f. 1—5. non Lamark.

---

*) Der bisher fortwährend mit der Sowerbyschen Leitform des Cenomans verwechselte *Pecten quadricostatus* GOLDF., GEIN., RÖM., ARCH. = *Neithea quadricostata* DROSS = *Janira quadricostata* ORB. ZITT. des Senons in Frankreich, Deutschland und Oesterreich mit drei gleichen Zwischenrippen ist besser mit einem andern Namen (nach STOLICZKAS Vorschlag *P. gryphaeata* SCHLOTH. 1820 sp., nach COQUAND *P. regularis* SCHLOTH. 1813 sp.) zu bezeichnen.

1852. *Janira syriaca* Conrad in Lynch: Off. Report. Appendix. p. 230. t. 1, f. 6.
1862. *Janira quinquecostata* Coquand: Géol. et. Pal. de Constantine, p. 292.
1871. *Vola quinquecostata* Stoliczka: Pelecypoda India p. 437.
1878. *Janira quinquecostata* Fraas: p. 337.
1880. *Vola quinquecostata* Coquand. Ét. suppl. sur la Pal. alg. p. 301.
1884. *Janira syriaca* Hamlin. Syrian Moll. foss., p. 61, t. 6, f. 4.
1887. *Janira quinquecostata* Dieser: Zeitschr. d. Deutsch. geol. Ges. p. 325.

Sechs Hauptrippen auf der grossen Schale, dazwischen jedesmal 4 Nebenrippen, unter denen die zwei mittleren deutlich grösser und breiter sind, die seitlichen nach dem Wirbel zu sich an die Hauptrippen anlehnen. Die Zwischenräume sind schmaler als die Rippen, auf der kleinen Schale z. Th. etwas breiter. Dichtgedrängte Anwachslamellen bei ausgewachsenen Exemplaren, auf der kleinen Schale schief über die Rippen laufend. Die Ohren scheinen (?) blos mit concentrischen Linien versehen zu sein.

Verwandtschaft: Diese von Hamlin als besondere Art *syriaca* beschriebene Form kann ich höchstens als Varietät *syriaca* von *V. quinquecostata* ansehen, von deren Typus sie sich nur durch unwesentliche Merkmale, deutliches Hervortreten der concentrischen Linien, Fehlen (?) der Radialstreifen auf den Ohren unterscheidet.

Vorkommen: Dies ist die häufigste Volenform im Libanon: In der Zone des *Buchiceras syriacum* bei Medjdel esch-Schems, Nebi Sâfi, Ruweiset Nâ'aman, zwischen Djisr el-Ḳadi und Dêr el-Ḳamr, 'Abeih, Bhamdûn, Azunije, Chân Mizhir.

Vola subatava n. sp. Taf. V, Fig. 2.

? *Janira tricostata* Fraas II. p. 337 (pars).

20 mm. hoch, 17 mm. lang. Grosse Schale mit 6 Hauptrippen; in den vertieften Zwischenräumen je 5 Nebenrippen, deren mittelste als Rippe zweiter Ordnung vor den umgebenden vier dritter Ordnung stark heraustritt. So würden im Ganzen 31 Rippen von dreierlei verschiedener Grösse vorhanden sein. An den Seiten der Schale gegen den Schlossrand zu lehnen sich zuweilen die niedrigen direkt an die Hauptrippen anstossenden Rippen dritter Ordnung so an jene an, dass sie damit verschmelzen, wodurch hier eine Annäherung an *V. quadricostata* entsteht.

Verwandtschaft: Als nächste Verwandte dürfte *V. atava* Römer*) bei d'Orbigny**) in Betracht kommen, deren Vorkommen sich auf das Neocom beschränkt. Diese hat dieselbe Anzahl Rippen, zwischen 6 Hauptrippen je 5, davon die randlichen sich auch an die Hauptrippen anlehnen. Aber von diesen fünf erhebt sich die mittelste, allerdings breiteste Rippe nicht heraus, sondern kommt sogar in der regelmässig ausgetieften Furche am allertiefsten zu liegen.

Vorkommen: In der Kalkbank mit *Patellina* cf. *lenticularis* („Orbitolitenbank" bei Fraas p. 338) in den oberen Buchicerasschichten am Nebi Sâfi bei Djebâ'a unter dem Libanonkalkstein.

Vola Dutrugei Coq. Taf. IV, Fig. 8—9.

1862. *Janira Dutrugei* Coquand: Géol. et Pal. de la prov. de Constantine t. 16. f. 1—2!
1871. *Janira Dutrugei* Laubet: l. c. p. 137, t. 11, f. 24.
1878. *Janira tricostata* Fraas II. p. 337 (pars).

Grösste *Vola* der syrischen Kreide, zeigt vollkommen die Eigenschaften der genannten algerischen Art.
Die Höhe mag nach dem grössten Bruchstück zu urtheilen 10 cm., die Länge 9 cm. betragen haben. Schlossrand 4 cm. lang.

---

*) F. A. Römer: Die Verst. d. nordd. Oolitengeb. Nachtrag. Hannover 1839. p. 29, t. 18, f. 21. — Verst. d. nordd. Kreideg. p. 54.
**) D'Orbigny: Terr. crét. III. p. 627, t. 442. f. 1—3.

Unterschale hoch gewölbt. Drei Ordnungen von Radialrippen. Die erste gebildet von 6 Bündeln von je drei dichter stehenden, gleichstarken Rippen, die zweite von einer etwas dickeren Rippe, welche aber, zwischen zwei tiefen Furchen gelegen, weniger vorragt. Diese beiden Furchen zu beiden Seiten der mittleren Rippe sind in der Regel ungleich breit, nämlich einerseits ebenso, andererseits doppelt so breit als die dicke Rippe. Nur in der breiteren Furche zeigt sich jedesmal eine kleinere Rippe dritter Ordnung*).

Oberschale concav, mit theils breiteren, theils schmaleren Rippen.

Dichte Anwachsstreifen sind namentlich in den Furchen der Unterschale sichtbar.

Verwandtschaft und Vorkommen: Die Identität der syrischen Form mit der algerischen *V. Dutrugei* unterliegt bei einem Vergleich mit Coquand's Beschreibung kaum einem Zweifel. Jene ist nach Coquand eine Leitform seines Rhotomagien von Ténoukla, Batna und Chéliah, wo sie in denselben Schichten zusammen mit *Ammonites Mantelli, rotomagensis, varians, Turrilites costatus, Protocardia hillana, Vola quadricostata* auftritt.

In Palästina kennen wir sie durch Lartet von 'Ain Mûsa und Sûf in Peräa, von 'Ain Jabrud in Judäa.

In Mittelsyrien kommt sie vor bei Muchtâra (nach der Fraas'schen Sammlung), im Rudistenkalk oder Libanonkalkstein am Cedernpass und am Harf Râm el Kubsch im Antilibanon (nach Diener's Sammlung).

Mit der vorliegenden grossen Unterschale dieser *Vola* hat äusserlich Aehnlichkeit die Abbildung der ebenfalls in Rudistenkalk und zwar zwischen Megara und Kalamaki in Griechenland gefundenen *J. productoides* Gaudry et Fischer t. 53, f. 6. Freilich stimmt damit nicht die Beschreibung derselben (p. 390), welche eher auf *Vola quadricostata* verweist.

B. Heteromyaria.

Gervillia cf. aviculoides Defr. nach Fraas p. 326.

Im Trigoniensandstein von 'Abeih.

Inoceramus aratus Conr. nach Lartet: La Mer Morte p. 135, t. 19, f. 113.

Bruchstücke von Inoceramen, verwandt mit *J. Cripsi* in der obersten Kreide von Kalwet am Dahar el-Litâni.

Inoceramus sp.

Länge 15 cm., Höhe? Leider ist die Kiste, welche ein gutes Exemplar dieses *Inoceramus* enthielt, verloren gegangen, so dass es nicht möglich ist, die Art festzustellen. Ich vermuthe aber, dass sie in die Verwandtschaft des *In. Cripsi* gehört, da solche in Kleinasien mehrfach gefunden worden sind, so *I. Lamarcki* Brongn. und *I. regularis* d'Orb. **)

Vorkommen: Auf weissen plänerartigen Kreidemergeln in Kasdar Bigdasch auf der Wasserscheide zwischen Lâdikije und Djisr esch-Schughr. Diese Schichten ruhen auf dicken Kalkbänken mit Feuersteinlagen und werden anscheinend concordant überlagert von typischem Nummulitenkalk mit *N.* cf. *currispira?*

Perna orientalis, Hamlin p. 59, t. 6, f. 1.

In der Form sehr variabel.

---

*) Coquand gibt l. c., im Text p. 219 bei *Janira Dutrugei* an. dass sich in jenen Furchen zuweilen („quelquefois") eine kleinere Rippe einstelle, während seine Abbildung (wohl irrthümlicherweise) regelmässig in jeder Furche eine solche zeigt.

**) Tchihatcheff. Bull. de la soc. géol. de France 2. sér. t. VIII. p. 257. — D'Archiac, Fischer et de Verneuil, Paléontologie de l'Asie mineure.

Vorkommen: Häufig im Trigoniensandstein von 'Abeih, wo sie unterhalb des Ortes eine ganze Bank zusammensetzt; weniger häufig im untersten Theil der Buchiceraszone.

var. tetragona Haml. p. 60, t. 6, f. 2.

Rechteckig.
Vorkommen: Tritt neben dem eiförmig rhomboidischen Typus in denselben Schichten auf.

Perna cirrata n. sp. Taf. V, Fig. 3.

Rechteckig, fast quadratisch. Schalen etwas weniger gewölbt als bei *P. orientalis*, Wirbel und grösste Wölbung glatt. In etwa ⅔ Entfernung vom Wirbel zu den Rändern sieht man rings um die Wölbung 30 bis 40 radiale Rippen ausgehen, die durch wellige Anwachsstreifen gekräuselt sind. Sie erscheinen wie Locken (cirri), die rings von einer kahlen Kopfplatte herunterhängen.

Vorkommen: In den untersten Rudistenbänken („Cardiumbänken" Fraas), Zone des *Buchiceras s.* bei Schumlân zwischen 'Abeih und Sûḳ el-Gharb.

Modiola reversa Sow.

Modiola semiradiata d'Orb. Terr. crét. t. 311. f. 1—2.
Modiola reversa Geinitz. Elbthalgebirge I. p. 216.

Vorkommen: Im oberen Trigoniensandstein von 'Abeih; in Europa bekannt aus dem Cenoman und Turon Böhmens, Sachsens, Frankreichs und Englands.

Pinna cretacea Schloth. sp.

Pinnites cretaceus Schloth. Leonhards Taschenb. für Min. VII. p. 113.
Pinna restituta Hoeninghaus. Goldf. Petr. Germ. II. p. 166, t. 138. f. 3.
Pinna cretacea Zittel, die Bivalv. d. Gosaug. p. 87. t. XIII. f. 1.

Breite zur Länge wie 1 : 2,5. Dicke nahe der Spitze, wo der Vorderrand weit eingezogen ist, gleich der Breite. Nach hinten wird der Querschnitt rhombisch elliptisch. So misst — 50 mm. von der Spitze entfernt — die Schalendicke 16, die Breite 20 mm. 11 Rippen, davon etwa 8 auf der oberen Seite, 3 weniger kräftige auf und unter dem abgerundeten Rücken. Der übrige grössere Theil der Unterhälfte ist rippenlos und zeigt schief vom Rand aufsteigende Anwachsfalten.

Vorkommen: Zone des *Buchiceras* von Bhamdûn, 'Abeih und Hasbeia; sonst im Turon (Pondicherry group) und Senon (Gosauschichten) bekannt.

Pinna decussata Goldf.

P. decussata Goldf., *pyramidalis* Münst. und *compressa* Goldf. in Goldf. P. G. II, t. 128. f. 1. 2. 4.
P. decussata Geinitz. D. Elbthalg. p. 211.
? *P. decussata* Fraas. p. 327.

Doppelt so breit als dick. Gegen die Spitze zu aber an Dicke zunehmend. 16 Rippen, davon 9 bis 10 scharfe auf der oberen, 6 bis 7 auf der unteren Hälfte der Schale. An diese Rippen schliessen sich dann auf der Unterhälfte zahlreiche feine Radiallinien, keine schiefen Anwachsstreifen.

Vorkommen: Im „Libanonkalkstein" des Taumât Niha (Diener's Sammlung); nach Fraas im Trigoniensandstein von 'Abeih.

Pinna sp.

20 cm. lang. (Belegstücke verloren gegangen.)
Vorkommen: Zusammen mit *Inoceramus sp* im weissen Mergel von Kasdar Bigdasch im Nusairiergebirge.

C. Homomyaria.

Arca Bhamdunensis Conr. l. c. Appendix. p. 232, t. 3, f. 19.
Vorkommen: Buchicerszone in Bhamdûn und Hasbeia.

Cucullaea ligeriensis d'Orb. sp.
Arca indurata Conr. p. 216, t. V, f. 33.
Cucullaea ligeriensis Hamlin l. c. p. 58.
Vorkommen: Bhamdûn.

Nucula Cornoueliana d'Orb. (?) t. 300, f. 6—10.
Nucula submucronata Conr. t. 2, f. 14.
Vorkommen: Bhamdûn; in Judaea am Kloster Mâr Sâba und Djebel Oscha (Gilead).

Nucula parallela Conr. p. 214, t. 2, f. 15.
Vorkommen: Bhamdûn und Hasbeia, Buchiceraszone.

Nucula? obtenta Conr. App. t. 3, f. 23.
Vorkommen: Bhamdûn.

Nucula ovata Math. nach Fraas p. 337.
Vorkommen: Buchiceraszone vom Nebi Sâñ.

Leda perdita Conr. Taf. VI, Fig. 1 e und 2 e.
Nucula perdita Conr, Off. Rep. t. 17, f. 96.
Leda scapha Fraas; Aus d. Orient, 1 p. 326.
Leda perdita Lartet. La Mer Morte p. 126, t. 12, f. 1—2.

9 mm. lang. Die Art gleicht etwas der *Nucula lineata* Sow. des Upper Greensand von Blackdown und der *Leda striatula* Forb. von Pondichery.

Vorkommen: In Judäa bei Nebi Mûsa und Mâr Sâba in der dortigen Senonkreide ganze Nester bildend. In Bhamdûn häufig auf rothen Kalkmergelplatten mit *Buchiceras syriacum* und zahllosen kleinen Gastropoden.

CONRAD (Off. Report etc.) hat noch eine Anzahl zweifelhafter Steinkerne als *Arca*- und *Nucula*-Arten beschrieben und abgebildet, sämmtlich von Bhamdûn:

Arca syriaca Conr. p. 215, t. 5, f. 30.   *Nucula syriaca* p. 214, t. 3, f. 16.
„ *brevifrons* p. 215, t. 5, f. 31.   „ *myiformis* p. 214, t. 3, f. 17.
„ *orientalis* p. 216, t. 5, f. 36.   „ *peroblique* p. 214, t. 3, f. 18.
„ *subrotunda* p. 216, t. 5, f. 34.   „ *abrupta* App. p. 232, t. 3, f. 20.
„ *aceticis* p. 216, t. 5, f. 35.

Trigonia syriaca Fraas non Conr.
Trigonia syriaca Fraas II, p. 43, t. 3, f. 2-5. - - Hamlin, l. c. p. 45. — Nötling, l. c. p. 856, t. 24, f. 1—4, t. 25, f. 1—3.

Gehört zur Gruppe der *T. undulatae*. Die mittleren und unteren concentrischen Rippen erleiden an der vor der Arealkante gelegenen flachen Radialfurche eine V förmige Knickung nach unten. Die Rippen werden gegen den Bauchrand undeutlicher. Dort und am Wirbel stehen sie übrigens dichter als in der Mitte der Vorderseite an der grössten Wölbung.

Vorkommen: Mit Sicherheit bekannt im unteren Trigoniensandstein von 'Abeih, 'Ain 'Ainûb, Djebâ'a. Bei Azuutje und am Taumât Nîha aber dürfte sie gerade die obersten mergelig-kalkigen Regionen des Trigoniensandsteins einnehmen.

Trigonia distans CONR. et NÖTL. non COQUAND nec FRAAS.

? 1852 *Trigonia syriaca* CONR. (pars) Off. Rep. p. 214, t. 3, f. 19. 20, 23 non cet.
1852 *Trigonia distans* CONR. p. 222, App. t. 4, f. 26. — NÖTL. l. c., p. 860, t. 25. f. 4, non COQUAND nec FRAAS.

Umrisse ähnlich denen von *T. syriaca* FRAAS. Länge nach NÖTLING constant ein wenig grösser als die Höhe. Vorderseite relativ kurz, Area breit. Rippen bis zum Bauchrande vorhanden, von dem Wirbel an bis zu diesem regelmässig durch immer grössere Zwischenräume getrennt, ein Hauptunterschied gegen *T. syriaca* FRAAS und *Trigonia* (?!) *distans* FRAAS, wo die Rippen am Bauchrand wieder dichter stehen. „Die 8—10 obersten Rippen laufen über die Arealkante bis zum Schlossrand. Die späteren Rippen erreichen die Arealkante nicht, sondern verschwinden in allmählich zunehmender Entfernung von derselben". Die Rippen treten alle scharf hervor, zwischen ihnen liegt eine regelmässige concave Vertiefung. Am Bauchrande zuerst scharfkantig, nehmen sie gegen die Arealkante an Dicke zu. Die obersten erhoben sich auf dieser in einem dreieckigen Knoten, die hintern endigen vor der Radialfurche in einer knotigen Verdickung. Nur selten biegt sich das Ende etwas ventralwärts ab.

Vorkommen: Die *T. distans* tritt bei 'Abeih und 'Ain 'Ainûb erst in Schichten über denen mit *T. syriaca* auf und wird von NÖTLING als Leitfossil für seine obere Stufe des Trigoniensandsteins aufgestellt. In Bhamdûn findet man aber auch in der Stufe des *Buchiceras syr.* häufig Steinkerne und weniger gut erhaltene Schalenreste, die nur zu *T. distans* gestellt werden können. Von Bhamdûn stammt auch das Originalexemplar zu *T. distans* CONR.

Bemerkungen: Der Name *Trigonia distans* ist leider mehrfach in ganz verschiedenem Sinne angewendet worden. COQUAND*) (1862) übertrug ihn auf eine Art des Rhotomagien Algeriens, die der Gruppe der *Trigoniae scabrae* angehört, also gar nicht mit der Form CONRADS und NÖTLINGS verwechselt werden kann. Da die CONRADsche Bezeichnung älter, also berechtigter ist, so hätte man für die COQUANDsche *T. distans* einen andern Namen zu wählen. —

Die Bivalve von Mâr Sâba in Judäa, welche FRAAS**) (1867) als *T. distans* abbildete und die auch am Djebel Oscha im alten Gilead vorkommt, ist sogar generisch von der libanesischen *Trigonia* verschieden. Das von mir untersuchte Original zu FRAAS' *Trigonia distans* zeigt ein deutliches Schloss, aber nicht das einer *Trigonia*, sondern von der Gattung *Rouilieria* MUN. CHALM. (Vergl. ZITTEL: Handb. d. Pal., 1. Abth. II, Bd. p. 105, f. 150.) Auch im ganzen Habitus und in der äusseren Beschaffenheit erinnert die Schale ganz entschieden an diese Gattung, speciell an *R. Drui* aus der obersten Kreide der libyschen Wüste, mit der ich sie direkt identifizieren möchte. Dahin gehört ebenfalls *Opis undatus* CONRAD, p. 222, t. 17, f. 87 vom Oelberg.

Trigonia regularicostata n. sp. Taf. V, Fig. 4.

Schief eiförmig, viel länger als hoch, wenig gewölbt. Länge des vorliegenden Exemplars 43 mm., Höhe 32 mm., Dicke 17 mm. Vorderseite sehr lang. Area bei dem vorliegenden Exemplar leider nicht zu sehen, wahrscheinlich sehr schmal. Zehn 1 mm. breite concentrische Rippen, fast gleichmässig 3—3½ mm. von einander entfernt, verlaufen vom Vorderrand parallel dem Bauchrand über die Vorderseite. An der

---

*) COQUAND: Géol. et Pal. de la rég. sud de la prov. de Constantine p. 202. t. 12, f. 9.
**) FRAAS: Aus dem Orient I. t. IV. t. 14. In der Stuttgarter Sammlung führt diese Trigonie übrigens den Namen *Trig. Sabae* FRAAS.

grössten Wölbung machen sie einen ganz leichten Bogen nach unten. Die flache schmale Depression vor der Arealkante? wird überschritten von den Rippen, welche dann auf letzterer, wo das Stück gerade abgebrochen ist, zu einem Knötchen anzuschwellen scheinen, ähnlich wie bei *T. distans*. Die Rippen nehmen nach der Area zu nicht an Dicke, wie bei *T. distans*, sondern nur an Deutlichkeit. Die Arealkante dürfte allem Anschein nach ziemlich abgestumpft gewesen sein.

Verwandtschaft: Diese Trigonie? unterscheidet sich von *T. syriaca* und *distans* durch die relativ grössere Länge, das Vorherrschen der Vorderseite, das Gleichbleiben der Entfernung der einzelnen Rippen. Nahe verwandt scheint *T. Coquandiana* d'ORB. l. c. t. 294 f. 1, wo aber die Rippen etwas dichter gedrängt stehen und schmalere Zwischenräume lassen, in denen noch eine kleinere Rippe sich erhebt.

Vorkommen: Bhamdûn, Zone des Buchiceras.

Trigonia undulatocostata n. sp. Taf. V, Fig. 5.

Trigonia syriaca COKR. (pars.) t. 3. f. 21. App. p. 232. t. 4. f. 26.
" *inornata* FRAAS II, p. 380.

Umriss ungefähr ein rechtwinkliger Kreisausschnitt von 56 mm. Radienlänge. Winkel am Wirbel zwischen Vorder- und Hinterrand ungefähr = 90°. Höhe 50 mm, Länge 50 mm. Vorderseite ziemlich gleichmässig hochgewölbt ohne eine Depression vor der Arealkante, letztere stumpf. Area steiler zum Hinterrand abfallend als bei den beschriebenen Arten.

31 breite concentrische Rippen, durch ebenso grosse Zwischenräume geschieden, laufen einander parallel vom Vorderrand in etwas welligen Linien bis zur Arealkante. Vor dieser biegen sie sich ein wenig aufwärts, so dass sie in stumpfem Winkel (nach oben gelegen) auf die Kante treffen. Hier hören sie plötzlich, ohne sich zu verdicken auf; nur die obersten Rippen ziehen sich über dieselbe noch ein wenig auf die Area, indem sie an der Kante nach unten umbiegen. Area sonst ganz glatt. Durch Präparieren gelang es mir ein Trigoniaschloss zu erkennen.

Verwandtschaft: *Trigonia inornata* d'ORB., auf welche FRAAS diese Muschel bezog, hat gar keine concentrischen Rippen, vielmehr laufen dieselben wie bei den *T. scabrae* divergierend schief von der Arealkante bis zum Vorder- und Bauchrand. Eher kann man an *T. simata* PARK.*) denken, welche in der Berippung sehr ähnlich, aber von eiförmigem Umriss ist.

Vorkommen: In den Mergelkalken der Buchicerasstufe ("Cardiumbäuke" FRAAS) zwischen Azuuije und Schârûn, bei Bhamdûn und bei Aleih.

Trigonia Lewisi n. sp. Taf. V, Fig. 6—7.

Quereiförmig oblong. Vorn verkürzt, nach hinten verlängert. Wirbel weit nach vorn gerückt, nicht überragend über den Rand. Schale wenig gewölbt. Vorderrand zuerst gerade, dann in schöner Rundung in den Bauchrand übergehend. Dieser wenig gebogen dem Schlossrand nahezu parallel. In stumpfem Winkel schliesst sich der Hinterrand an, ebenso an diesen der Schlossrand, welcher unter dem Wirbel ein wenig eingezogen ist. Hinterfeld ¼ der Schalenoberfläche einnehmend. Höhe 28 mm, Länge c. 44 mm., Dicke 13 mm.

19 concentrische Rippen laufen über die ganze Schale. Die obersten 11 beginnen am Vorderrand im rechten Winkel aufsteigend; die hinteren in etwas stumpfem Winkel, indem sie sich etwas längs des Randes hinaufziehen. Sie laufen in leichtem Bogen alle dem Bauchrand parallel zur stumpfen Arealkante, wo sie plötzlich nach vorn umbiegen, um in stumpfem Winkel am Hinterrand zu endigen. Die Rippen sind alle gleich scharf markiert, dachförmig, breit, mit schmaleren Zwischenräumen. Abfall der einzelnen Rippen

*) d'ORBIGNY: Terr. crét. vol. III, t. 293.

nach vorn steiler als nach hinten. Das vordere Dach ist in der mittleren Partie der Schale vor der Arealkante von schwachen Kerben eingeschnitten, das hintere weist zarte Radiallinien auf.
Arealkante nach hinten zu stumpfer werdend. Die Umbiegung der Rippen, welche am Wirbel plötzlich und fast rechtwinklig ist, geht nach hinten mehr in sanfte Rundung über.

Schloss der rechten Schale mit zwei scharfschneidigen Zähnen, die unter 75° am Wirbel aneinander treffen. Der vordere Zahn, beiderseits mit 24 tiefen gebogenen Querkerben, setzt sich nach unten direkt in eine Leiste fort, vor der der vordere Muskeleindruck in einer sehr tiefen länglichen Grube liegt. Der hintere Zahn, schwach gebogen, dem Hinterrande parallel ist doppelt so lang (17 mm.) als der vordere. Vorn ist er nur in der nach dem Wirbel zu gelegenen Hälfte mit 22 Kerben versehen, hinten in seiner ganzen Erstreckung mit etwa 36. In der Mitte zwischen beiden Zähnen geht vom Wirbel aus 2 mm. weit ein niedriges Leistchen, das in die Furche des grossen dicken Zahnes der linken Schale greift.

Verwandtschaft: Nahe verwandt scheint mir *T. sulcataria* LAM. aus dem Cenoman zu sein. Man bemerkt da dieselben Radialstreifen auf den concentrischen Rippen, allerdings auf der ganzen Schalenoberfläche und stärker als Kerben ausgebildet. Die Umrisse sind z. B. bei d'ORB. Pal. franç., terr. crét. III, t. 294. f. 8 die nämlichen. Indess zeigt die Area constant ganz andere Beschaffenheit.

Im Umriss stimmt auch *T. sinuata* PARK. des Cenomans ibidem t. 293, die aber eine schmalere und glatte Area besitzt.

Vorkommen: Im Trigoniensandstein des Libanon von Herrn Rev. LEWIS gesammelt. Originale in der FRAAS'schen Sammlung.

Trigonia pseudocrenulata Nörl.

Trigonia crenulata FRAAS II. p. 326.
    „   *pseudocrenulata* NÖTL. p. 862. t. 25. f. 5.

Aus der Gruppe der *T. scabrae*. Hat zum Unterschied von *T. crenulata* eine gedrungene, nicht rückwärts verlängerte Schale mit einem vorn convexen Schlossrand, etwas weniger zahlreiche und namentlich auch schmalere Rippen, vor Allem aber eine radial-gestreifte Area.

Vorkommen: Im Trigoniensandstein von 'Abeih. — In der FRAAS'schen Sammlung befindet sich ein wahrscheinlich abgeriebenes Schalen-Exemplar ohne Kerben auf den Rippen, von Bhamdûn, wohl aus höherem Horizont.

Trigonia cuneiformis CONR. p. 214, t. 3, f. 22.

hat in der äusseren Form Aehnlichkeit mit *T. caudata* AG. bei d'ORB. t. 287, f. 4, kann auch ein Steinkern von *T. pseudocrenulata* sein.

Vorkommen: Distrikt Aklim El-Djurd: Bhamdûn.

D. Integripalliata.

Cardita lacunar HAML., Taf. VI, Fig. 2 b.

Cardium (Cardita) erebricchinatum FRAAS II. p. 327.
Cardita lacunar HAMLIN l. c. p. 53. t. V. f. 1.

Vorkommen: Im Trigoniensandstein von 'Abeih, in den Buchicerasschichten von Hasbeia und Bhamdûn (auf rothen Mergelplatten mit *Leda perdita*) und im oberen Rudistenkalk von 'Abeih.

Astarte formosa d'ORB.? nach FRAAS p. 325.

Vorkommen: In 'Abeih, Gastropodenzone oder Trigoniensandstein; in Palästina im Kakûhle-Gestein, Ammonitenhorizont von Jernsalem.

Die von CONRAD als *Astarte syriaca, orientalis, perretus* und *cygonata* CONR. p. 215, t. 4, f. 25, 27, 28, 29 bezeichneten Steinkerne von Bhamdûn dürften wohl eher zu den Veneriden gehören.

Opis? sp.

Opis Querangeri d'ORB. nach FRAAS p. 337.
Steinkern vom Nebi Sâfi.

Diceras Nötlingi n. sp.

Chama sp. NÖTLING p. 843.

Aeussere Gestalt *chama*ähnlich, wenig ungleichklappig. Mit dem Wirbel der linken grösseren Schale angeheftet. Wirbel beider Schalen wie bei *Exogyra* und *Chama* einfach nach vorn eingekrümmt, weder verlängert noch mehrfach spiralig aufgerollt. Oberfläche glatt, ohne concentrische Anwachslamellen, Band in einer Furche, durch ein zahnartiges Fulcrum gestützt. Oberschale weniger hoch gewölbt.

Auf der linken oder Unterschale vorn unter dem Wirbel ein scharfer kräftiger aber kurzer Schlosszahn, auf der Wirbelseite senkrecht gefurcht. Dahinter und darüber breite Zahngrube, dem gekrümmten Schlossrand parallel, zur Aufnahme des breiten gekrümmten Schlosszahns der Oberschale. Der hintere Muskeleindruck ruht auf einem leistenartigen Vorsprung, welcher unter der Schlossplatte gegen den Wirbel zu verläuft. Diese innere Leiste ist aber auf der Oberfläche der Schale nicht wie bei *Requienia* durch eine Furche angedeutet.

Das grösste, zerbrochene Exemplar (Unterschale) mag ergänzt etwa 25 mm. Höhe gehabt haben bei 17 mm. Länge und 12 mm. Dicke. d. h. grösster Wölbung der einen Schale. Eine andere Unterschale misst 16 mm. Höhe, 14 mm. Länge, 8 mm. Dicke. Eine Oberschale hat 10 mm. Höhe, 11 mm. Länge, 4 mm. Dicke.

Verwandtschaft: Diese Muschel erinnert in ihrer äusseren Form an *Chama*, unterscheidet sich aber bei näherer Betrachtung davon wesentlich: durch die Glätte der Schale, die Ausbildung des Schlosses (z. B. ist der Schlosszahn der linken Schale mehr nach vorn gerückt), vor allem durch die vom Wirbel zum Hinterrand verlaufende innere Leiste für den hintern Muskeleindruck. Das Schloss passt nur zu dem der Gattung *Diceras*, deren Vorkommen in so hohen Kreideschichten übrigens nichts Auffallendes mehr hat, da es bereits von G. BÖHM*) betont worden ist. Ganz wie im Libanon findet man nämlich in Turonschichten bei Chateauneuf theils am Col dei Schiosi und Costa Cervera in den vicentinischen Alpen Diceratenschalen (*Diceras Pironae* BÖHM = *Apricardia* sp. DOUV.) auf *Sphaeruliten* aufsitzend wieder.

Vorkommen: NÖTLING sammelte die beschriebenen Formen im Rudistenkalk von 'Abeih zusammen mit *Sphaeruliten Sauragesi* (= *Radiolites syriacus* NÖTL.).

Hippurites plicatus CONR.

Hippurites plicatus CONR. App. p. 234. t. 7. f. 49.
H. Lewisi FRAAS. II. p. 380. t. V. f. 5 a b.
„ *plicatus* HAML., p. 54. f. III. f. 8.
„ *Lewisi* HAML. p. 54.

Unterschale kurz kegelförmig, seitlich etwas comprimiert, 6—7 cm. hoch, oben 3—5 cm. breit. Oberfläche z. Th. ganz glatt, z. Th. unregelmässig undeutlich längsgefurcht (auch an demselben Individuum). Zwei tiefere Falteneinschläge mit scharfen Faltungswinkeln sind vorhanden, aber bei den einzelnen Individuen ungleich tief und ungleich weit von einander entfernt. „Gefüge und Structur der Schale spricht für echten

---

*) Zeitschr. d. Deutsch. geol. Ges. 1885. p. 547 und 1887. p. 203.

Hippuritencharakter." Deshalb kann dieser Rudist nicht verwechselt werden mit *Sphaerulites plicatus* Lajard, Négrel et Toulouzon *).
Oberschale mit centraler erhobener Spitze etwa $1\frac{1}{2}$ so hoch als die Unterschale.
Vorkommen: nach Conrad bei 'Aithath, nach Fraas in seinen Cardiumbänken oder dem unteren Rudistenhorizont (Stufe des *Buchiceras syriacum*) bei 'Ain 'Ainûb, von mir im gleichen Horizont bei Schumlân unweit 'Ain 'Ainûb gesammelt.

Hippurites sp.

Eng an die vorige Art schliesst sich ein Steinkern aus zuckerkörnigem Dolomit (Libanon-Kalkstein) von Hakel, der im Querschnitt plattgedrückt erscheint und auf der einen Seite zwei breite, gerundete Längsrippen zwischen drei Furchen, den Abdrücken der Falten, trägt. Der Steinkern hat mehr parallele Ränder und ist nach unten weniger zugespitzt als *H. plicatus*.
Original in der Fraasschen Sammlung.

Hippurites cedrorum n. sp.

Unterschale von der abgestumpften Spitze aus gleich dick, massig anschwellend, stark gekrümmt. Durchmesser 5—6 cm. Der Umriss entspricht also im Allgemeinen dem von *H. cornu vaccinum*. Aber es sind zahlreiche (70—100) dichtstehende schmale Rippen vorhanden, scharf dachförmig, höher als breit. Nach oben schieben sich neue Rippen ein. An der eingekrümmten Seite der Schale zeigen sich hippuritenartige Einfaltungen, die bei der schlechten Erhaltung allerdings nur undeutlich hervortreten.
Vorkommen: Im Libanonkalkstein am Cedernpass zusammen mit *Vola Dulrugei* (von Diener gesammelt).

Radiolites? sp. Taf. VII, Fig. 1—2.

Radiolites acuta d'Orb., Fraas II. p. 340. t. 7. f. 1.

Unterschale niedrig kegelförmig, etwa 5 cm. hoch, unten in der Regel noch verengt, bevor sie in die abgestumpfte Spitze endet. Oberfläche ohne Falten nur mit feinen Längsstreifen. Querschnitt elliptisch bis kreisförmig.
Es erscheint mir zu gewagt, die wenig gut erhaltenen libanesischen Schalenexemplare mit den Steinkernen aus dem Senon Frankreichs, welche d'Orbigny als *Radiolites acuta* beschrieb, zu identifizieren.
Vorkommen: Rudistenkalk von Meifûk (Fraas); ich fand ähnliche etwas kleinere Individuen (Taf. VII, 1—2) vereinzelt schon im oberen Trigoniensandstein von 'Abeih.

Radiolites (cfr. Sphaerulites?) cf. lumbricalis d'Orb.

1847. *Radiolites lumbricalis* d'Orb. T. crétacée t. 555. f. 4 7.
1866. *R. lumbricalis* Picet et Humbert. Nouv. rech. sur les poiss. foss. du mont Liban. p. 10.
1878. *R. lumbricalis* Fraas, p. 341.

Im Kieselkalk von Tartûs und Bâniâs an der nordsyrischen Küste fand ich kleinere Rudisten mit aus senkrechten Prismen zusammengesetzter Schale von 10—20 mm. Breite. 12—20 dachförmige Rippen, getrennt durch ebene Zwischenräume. Wie bei *R. lumbricalis* schachteln sich gegen oben neue Schalenschichten in die älteren ein.
Humbert erwähnt *R. lumbricalis* zwischen Djebail und Hakel.

Sphaerulites Sauvagesi d'Hombr. F. sp., d'Orb. (pars), emend. Bayle.

1887. *Hippurites Sauvagesi* d'Hombres Firmas: Recueil de mémoire t. IV, p. 176 et 193, t. III, f. 1—8.

---
*) 1824. Statistique du départ. des bouches du Rhône.

1847. *Radiolites Sauvagesi* d'Orbigny: Pal. franç., terr. crét. t. IV. p. 211. t. 553. f. 5—6 (non f. 1—4, 7—8).
1847. *Radiolites radiosus* d'Orb. ibidem p. 212. t. 554. f. 4, non 1—3. 5—7.
1847. *Radiolites socialis* d'Orb. p. 213. t. 555, f. 1—3.
1852. *Hippurites liratus* Conr. Off. Rep. p. 234. App. t. 7. f. 47—48.
1857. *Sphaerulites Sauvagesi* Bayle : Bull. soc. géol. France. II sér., tome 14. p. 692.
1866. *Hippurites socialis* Humbert: Nouv. rech. sur les poiss. foss. du mont Liban. p 10.
1878. *Radiolites radiosus* Fraas: Orient II (pars) p. 262. Anmerk. (von Beirût) non p. 341.
1878. *Radiolites Sauvagesi* Fraas. p. 341.
1886. *Radiolites syriacus* Nötling, Zeitschr. d. Deutsch. geol. Ges. XXXVIII. p. 842 (non (?) Conrad).

Fast immer gesellig lebend, in Stöcken. Unterschale bis 15 cm. hoch, 4—6 cm. breit, an der Spitze leicht gekrümmt mit 15—25 entfernten, durch breitere Zwischenräume getrennten, scharfkantigen Rippen. Von unten nach oben sprossen in gewissen Absätzen von 1½—3 cm. Höhe immer von neuem dutenartig eingeschlossene breitere Glieder heraus. Zuwachs-Linien laufen wellenförmig über die Oberfläche.

Oberschale fast flach, in der Mitte wenig vertieft, nach unten mit zwei senkrechten längs gerieften Zähnen, welche von einer gemeinsamen hufeisenförmigen Basis entspringen. Hintere Muskelapophyse niedrig und lang, vordere tief aber weniger lang. Zwischen den Zähnen springt eine deutliche Falte vom Schlossrand aus vor, welche sich direkt an den hintern Zahn anlehnt. Auf der concentrisch gestreiften Oberfläche markiert sich die Falte durch eine randliche Einschnürung und von hier ausgehende Radiallinie.

Steinkerne 2—3 cm. breit von rundlich elliptischem bis abgestumpft viereckigem Querschnitt.

Verwandtschaft: Diese häufige und bestcharakterisierte Rudistenart des Libanon ist allem Anschein nach identisch mit dem in Frankreich und Algerien verbreiteten *Sph. Sauvagesi*, so wie diese Art von Bayle aufgefasst wird. Sie ist dort ein charakteristisches Leitfossil des Turon, speciell des Provencien, der Schichten mit *Hippurites cornu vaccinum* und *organisans*.

Nötling sammelte eine schöne Suite verkieselter Exemplare, auch wohl erhaltene Oberschalen bei 'Abeih, nannte sie aber irrthümlicherweise *Radiolites syriacus* Conr. sp. Der glatte *Hippurites syriacus* Conr. hat, wie ein Blick auf Conrads Abbildung und Beschreibung zeigt, gar nichts mit den Nötlingschen Exemplaren zu thun und stammt zudem aus Palästina; aus Mittelsyrien ist mir sein Vorkommen nicht bekannt. Es liegt hier eine Verwechslung mit *Hippurites liratus* Conr. vor, dessen Original auch aus dem Libanon herrührt.

Vorkommen: In weissen harten kieseligen Kalksteinen der oberen Rudistenzone, dem Libanonkalkstein Diener's bei 'Abeih, Bhamdûn, Hakel, Râs Beirût; wahrscheinlich aber auch schon in weissen massigen Kalkbänken der Buchiceraszone, unterem Rudistenhorizont, bei 'Abeih, Schumlân und Bhamdûn.

Radiolites cf. cornu pastoris Desm. sp. Taf. V, Fig. 8.

Radiolites radiosus (d'Orb.) Fraas (pars) p. 341 non 262.

Die zwei mir vorliegenden Fraasschen Exemplare von Meifûk gehören einem Rudisten mit deutlicher Radiolitenstruktur an, sind gerade, konisch, 80 mm. lang, 35 mm. breit, mit 30—46 scharfkantigen, dachförmigen, ungleich hohen Rippen. Von unten nach oben treten in ungleichen Absätzen neue Schalenkegel dutenartig aus den älteren heraus. Feine Anwachsstreifen scheinen im Gegensatz zur vorigen Art nicht vorhanden zu sein.

Verwandtschaft: Diese Formen sind weniger verwandt mit *R. radiosus* d'Orb., von dem sie sich besonders durch den Mangel der dichtgedrängten, scharf vorspringenden, wellenförmigen Anwachslamellen unterscheiden als mit *R. cornu pastoris* Desm. sp. aus dem Cenoman. Ob sie mit diesen oder anderen bekannten Rudisten identifiziert werden müssen, kann erst bei Vorhandensein noch mehrerer Exemplare entschieden werden.

Vorkommen: Kloster Meifûk.

Sphaerulites polyconilites d'ORB. sp.? nach FRAAS II, p. 311, t. V, f. 4.

Vorkommen: Im Rudistenkalk von Meifûk zusammen mit voriger und folgender; in Frankreich im Cenoman sehr verbreitet zusammen mit *Sphaerulites foliaceus* und *Caprina adversa*.

Sphaerulites cf. Mortoni MANT. sp.

Radiolites Mortoni FRAAS, Orient I, p. 230, Orient II p. 341.

Im Turonsandstein an den Küstenabhängen im N. von Bâniâs fand ich einen möglicherweise hierher zu rechnenden Rudisten mit grosszelliger Struktur der äusseren Schalenschicht, die vertikalen und horizontalen Lamellen in Absätzen von etwa $^3\!/_4$ mm. übereinander.

Gonodon hebes HAML.

? *Lucina syriaca* CONR. p. 219, t. 10, f. 57.
? *Lucina subtruncata* CONR. p. 219, t. 15, f. 76.
? *Lucina syriaca* FRAAS II. p. 337.
Gonodon hebes HAML. p. 53, t. IV, f. 1 a–d.

Rundlich elliptisch, gegen den Wirbel stark gewölbt, wenig ungleichseitig, nur Wirbel nach vorn etwas steiler abfallend. Nach HAMLIN wäre die Schale wenig höher als lang. Sein Original misst aber nach der Abbildung 37 mm. Länge, 34 mm. Höhe, 28½ mm. Dicke. Ein mir vorliegendes Exemplar der NÖTLINGschen Sammlung ist 24 mm. lang, 22 mm. hoch, 16 mm. dick; ein zweites, das sonst genau übereinstimmt, ist gleich lang und hoch (29 mm.) und 20 mm. dick und leitet über zu den CONRADschen Lucinen (?), welche 1 mm. höher als lang sind. Die Wirbel berühren sich. Vom Wirbel der linken Schale läuft eine Kante im Bogen zum hinteren Ende des Schlossrandes, darüber liegt eine seichte Furche, darunter das als Wulst deutlich hervortretende Ligament. Diese Kante, welche das Ligament schützt, findet sich nur auf der linken Klappe ausgebildet. Es ist das der einzige Unterschied zwischen den beiden Klappen. Hinten klaffen die Schalen ein wenig, wenn das auch bei den mir vorliegenden Exemplaren lange nicht so deutlich ist als bei der Zeichnung HAMLINS t. IV, f. 1 c. Vor dem Wirbel springt der Schlossrand aus der Lunula vor. Das Schloss ist nach HAMLIN in beiden Klappen mit einem starken dreieckigen breiten querverlängerten Schlosszahn versehen, der oben tief concav sein soll. Danach würde diese zweifellos zu der Familie der Luciniden gehörige Muschel nur zur Gattung *Gonodon* SCHAFH. passen, welche bis jetzt allerdings aus der Kreide noch nicht bekannt ist.

Vorkommen: Oberer Trigoniensandstein von 'Ain 'Ainub (Schalen), Buchiceras-zone in 'Alcih und Bhamdûn (Steinkerne).

Cardium syriacum, CONR.

Cardium crebriechinatum CONR. p. 217, t. 6, f. 42–43 non! 41; t. 15, f. 77. App. t. 2, f. 16.
? *Trigonia alta* CONR. p. 211, t. 4, f. 24
Cardium syriacum CONR. p. 217, t. 7, f. 45.
Cardium crebriechinatum LARTET, 1. c. p. 130. — FRAAS II. p. 338, non p. 327.
Cardium syriacum HAML. p. 48, t. 3, f. 7.

Höher als lang, 37 mm. hoch, 32 mm. lang, c. 28 mm. dick. Wirbel spitz, stark gekrümmt. Ungefähr 45–50 abgerundete, durch schmale Zwischenräume getrennte Radialrippen, auf denen ich höchstens wie bei *C. edule* Anwachslamellen, aber keine Tuberkeln erkennen konnte. Das Vorhandensein der letzteren wird von CONRAD nur vermuthet, während seine Abbildungen, deren gelungenste App. t. 2, t. 16 ist, nichts derartiges auf den Rippen zeigen.

Die Steinkerne lassen indess zuweilen noch die innere Struktur der Schale erkennen. Man sieht dann feinere Radialrippen mit breiteren Zwischenräumen. In diesen zeigt sich jedesmal eine Reihe von

Körnern oder auch von abwechselnden Querbalken und Vertiefungen und zwar auf denselben Individuen wechselnd bald dicht gedrängt, bald weit entfernt, so wie CONRAD, t. 15, f. 17 sie andeutet. Die jedesmalige Entfernung der Körner oder Querbalken scheint mit der wechselnden Breite der Zwischenstreifen im Verhältniss zu stehen. Je breiter dieselben, um so geringer die Anzahl der Körner, je schmaler um so zierlicher und dichter die Körnerreihe.

Da die Bezeichnung *crebricchinatum* nach dem Gesagten wenig passend mehr schien, habe ich den Namen *syriacum* CONR. beibehalten resp. erweitert, von der Ueberzeugung ausgehend, dass die so benannten ganz glatten gewölbten Steinkerne mit geradlinig abgestutzter Hinterseite mit *C. crebricchinatum* vereinigt werden müssen, mit dem sie auch zusammen vorkommen. *C. crebricchinatum* stellt demnach nur die etwas besser erhaltenen Individuen der Art dar.

Verwandtschaft: LARTET l. c. p. 130 will *C. crebricchinatum* CONR. mit *C. sulciferum* COQUAND aus dem Cenoman Algeriens vereinigt wissen, doch unterscheidet sich dieser durch beträchtlichere Grösse, relative bedeutendere Dicke, geringere Wölbung des Wirbels und breitere flachere Rippen.

Vorkommen: 'Aleih, 'Abeih, Bhamdûn, und Chân Mizhir in der Buchiceraszone (Cardiumbänke).
— In Palästina bei Sûf im Ostjordanland.

Protocardia judaica HAML.

Cardium biseriatum CONR. (pars). App. p. 234. t. V. f. 45. non cet.
Protocardium hillanum FRAAS II, p. 326. (pars).
Cardium judaicum HAML. p. 50. t. 5, f. 1.
Protocardia biseriata NÖTL. p. 864, t. 27, f. 1.

Dickschalig. Maximum der Grösse: 30 mm. lang, 25 mm. hoch, 18—19 mm. dick. Bauchig gewölbt, Wirbel stark übergebogen. Rundlich bis queroval nach hinten zugespitzt. Bauchrand schön kreisförmig gerundet. Derselbe geht mit abgestumpfter Ecke in den Hintergrund über.

Vorderseite mit breiten, scharf markierten, wenig zahlreichen concentrischen Rippen bedeckt, die durch schmale aber tiefe Zwischenräume getrennt werden. Hinteres Feld mit 13—14 scharfen gekörnelten Radialrippen. Der obere Winkel, in dem die concentrischen Rippen auf die erste radiale treffen, ist, wie ich mich an vielen Exemplaren überzeugte, stets geringer als 90°.

Vorkommen: Stets mit Schale erhalten, sehr charakteristisch für die Facies des eisenschüssigen Sandsteines; bis jetzt nur in echten Trigoniensandstein gefunden, mit *Trigonia syriaca* bei 'Abeih und 'Aleih gefunden.

Bemerkung: Da CONRAD unter dem Namen *Cardium biseriatum* ursprünglich nach t. 6, f. 38—40, Formen gemeint hat, welche von der hier beschriebenen wesentlich abweichen, vielmehr zu der folgenden Art gehören, so ist der jüngere Species-Name *judaica* jedenfalls vorzuziehen.

Protocardia hillana SOW.

Bei dieser häufigsten und wichtigsten unter den syrischen Cardiumformen können wir zwei oder gar drei Varietäten unterscheiden:

α. var. typica.

Cardium biseriatum CONR. p. 216, t. 6, f. 38 –39, non 40.
Protocardium hillanum FRAAS II. p. 326, (pars).
Protocardia hillana HAML. p. 50.

Vorzugsweise Steinkerne. Schale wahrscheinlich auch dünner als bei voriger Art. Etwas weniger gewölbt als *P. judaica*. Umriss ungefähr kreisförmig, ebenso lang als hoch. Die concentrischen Rippen der Vorderseite dichter gedrängt und viel weniger scharf ausgeprägt als bei *P. judaica*, auch nicht so parallel und gleichmässig in ihren Entfernungen von einander. Auf dem Hinterfelde 13—18 gekörnelte Rippen,

Der nach oben gelegene Winkel, in dem die concentrischen Rippen auf die erste radiale stossen, ist bei allen von mir geprüften Exemplaren, soweit sie Rippen sehen liessen, etwas grösser als 90°, wie auch bei *P. hillana* Sow.

Vorkommen: Vereinzelt im oberen Trigoniensandstein. Der Haupthorizont ist die Stufe des *Buchiceras syriacum*, in der ich sie in Bhamdûn und bei Chân Mizhir, DIENER und NÖTLING in Hasbeia sammelte.

β. var. grandis.

Protocardia hierrida COSM. t. 6, f. 40.
Protocardien FRAAS II, p. 330.

Nur Steinkerne. Grössenmasse von vier Exemplaren in mm.:

	Länge	Höhe	Dicke
von Schumlân	57	52	31
„ 'Abeih	58	54	37
„ Bhamdûn	67	60	?
„ Afķa	65	62	45

also etwas weniger hoch als lang. Spuren concentrischer Streifen sind auf den Steinkernen nie zu sehen, eher die der Radialrippen, welche den hintern Theil der Schale einnahmen in gleicher Anzahl wie bei *P. hillana* und zwar bis zum Hinterrand.

Verwandtschaft: Diese Form ist nur eine riesige Ausbildung von *Protocardia hillana*, wie sie übrigens auch in Europa in dieser Grösse vorkommt. In Grösse und Form erinnert sie auch an *P. impressa* DESH. bei d'ORBIGNY t. 240, stimmt aber in Bezug auf die Oberflächenskulptur des Hinterfeldes nicht mit letzterer, sondern mit *hillana* überein.

Vorkommen: Charakteristisch für die Facies bräunlicher Kalkmergel und Kalke, die sogenannten Cardiumbänke FRAAS' in 'Aleih, Schumlân, Bhamdûn, Afķa.

γ. Der Vollständigkeit und Wichtigkeit wegen erwähne ich hier noch
Protocardia moabitica LART., obwohl diese bis jetzt mit Sicherheit nur aus Palästina, nicht aus Mittel- und Nordsyrien bekannt ist.

syn. *Cardium hillana* COSM. p. 225. t. 1. f. 3.
Cardium hillanum FRAAS I. p. 235.
Cardium hillanum v. *moabiticum* LART. La Mer Morte, p. 339, t. 11. f. 5; t. 12. f. 9.
Protocardia moabitica NÖTL. p. 867. t. 27. f. 3. (f. 2 ?).

In der Regel viel flacher als die typische *P. hillana*, wie eine Vergleichung einer Anzahl Exemplare aus Palästina ergab. Nur die aus dem Senon von Bir Ruschmija im Karmel stammende von NÖTLING t. 27, f. 2 abgebildete querovale, nach vorn stark verlängerte Form stimmt nicht dazu, indem sie beträchtlich gewölbt ist. Ich kann sie wenn nicht als besondere Art höchstens als eine ganz abnorme Bildung ansehen, welche zugleich ein sprechender Beweis für die Veränderlichkeit dieser ganzen Formengruppe (*Prot. hillana*) ist.

Die concentrischen Rippen sind meist deutlich sichtbar, gegen den Wirbel hin sehr dicht und fein. Die einzelnen Rippen relativ schmaler, oft nur ebenso breit als die Zwischenräume; die Radialrippen in der Regel breiter als die concentrischen, an Zahl etwa 15.

Verwandtschaft: Diese ziemlich unbeständigen und individuell sehr verschiedenen Formen (man vergleiche nur die Fig. 2 und 3 auf Taf. 27 bei NÖTLING) sind schwierig als Art zusammenzufassen, zu definieren und von *P. hillana* zu trennen. Die Schmalheit der concentrischen Rippen, auf welche NÖTLING bei seiner Untersuchung das Hauptgewicht legt, ist nach meinen Untersuchungen gerade einer der unbeständigsten Faktoren und eine scharfe Trennung wenigstens von der typischen *P. hillana* (nicht *judaica*?) jedenfalls undurchführbar.

Vorkommen: Charakteristisch für die Facies weisser oder gelblichweisser kreideartiger Mergel, mögen dieselben nun dem Cenoman oder dem Senon angehören. In cenomanen Bildungen zusammen mit *Ostrea africana*, *ulisipanensis*, *flabellata*, und *Phalaedomya Viguesi*, *Hemiaster* cf. *Chauvaueti* im östlichen Palästina: Wadi Heidan, Kerak, Zerka-Main, zwischen Sûf und Djerasch und am Djebel Oscha bei Es-Salt (zusammen auf denselben Handstücken mit *Acanthoceras harpax* einem Leitfossil des indischen Cenoman). Im westlichen Palästina vom Nebi Mûsa und Mâr Saba in den dortigen Ledabänken des Senons, in Bethanien und am Oelberg im Kakûhle mit *Amm. colonugensis*. In senonen Bildungen von Bir Ruschmija am Karmel. —

Im Libanon ist mir kein sicherer Fundort bekannt, wenn ich nicht einen flachen Abdruck in grauen Kalkmergeln von Chân Muzhir (Buchicerasstufe) als hierher gehörig betrachte. Der Grund des Ausbleibens dieser Faciesvarietät im Labanon ist wohl darin zu suchen, dass dort die Facies der weissen weichen Kreidemergel speciell im Cenoman seltener ist.

Cyprina orientalis HAMLIN.

Cyprina orientalis HAMLIN, l. c. p. 45. t. 5. f. 3 a b c.

Vorkommen: Stufe des *Buchiceras syriacum* im mittleren Libanon.

Cyprina crenulata CONR. sp.

Isocardia crenulata CONR. p. 215. t. 4. f. 26.

Steinkerne von Bhamdûn.

Isocardia cf. carantonensis d'ORB.

Isocardia carantonensis FRAAS p. 387.

Steinkern: Stufe des *Buchiceras* am Nebi Sâfi.

Isocardia Merilli HAML.

Isocardia Merilli HAMLIN p. 43, t. 5. f. 2 a b c.

Steinkern.

Vorkommen: Stufe des *Buchiceras* (Cardiumbänke), Bhamdûn.

E. Sinupalliata.

Cytherea libanotica FRAAS sp.

Astarte syriaca CONR. p. 215. t. 4. f. 25.
Venus indurata CONR. p. 219. t. 9. f. 53.
? *Astarte lucinoides* CONR. II. p. 231. App. t. 2. f. 11.
Astarte libanotica FRAAS II. p. 45. t. III f. 1.
Cyprina Abrihensis HAML. p. 45. t. IV. f. 2 a—c.
Cytherea libanotica HAML. p. 42. t. IV. f. 3.
Cytherea libanotica NOTL. p. 864. t. 26. f. 1-4.

Diese charakteristische Muschel ist besonders von NÖTLING eingehend beschrieben und nach ihrem Schlossbau als *Cytherea* erkannt worden. Ich beschränke mich daher auf wenige Bemerkungen.

Winkel zwischen Vorder- und Schlossrand am Wirbel stets ungefähr ein rechter. Junge Individuen quadratisch rundlich; ausgewachsene dreieckig durch Verlängerung nach der hintern Ecke. Das Verhältniss von Länge zur Höhe wechselt zwischen 20 : 19 und 7 : 5. Vom Wirbel verlaufen nach hinten 2 fast parallele Kanten, eine scharfe zur Ecke zwischen Schloss- und Hinterrand, eine abgestumpfte zwischen Hinterrand und Bauchrand. Hinterseite im ganzen schmal, Schildchen breit. Auf der obersten Partie der Schale von der Wirbelspitze an bis etwa zu dem Punkte höchster Wölbung trägt die Oberfläche 11 scharf erhabene concentrische Lamellen, welche von dem durch eine Kante begrenzten Schildchen bis an die ovale Lunula verlaufen.

Vorkommen: Das Hauptlager dieser Muschel ist der Trigoniensandstein besonders unterhalb 'Abeih (Wadi Dakûnî), wo sie als Begleiter von *Trigonia syriaca* häufig ist. Aber sie ist nicht auf diesen Horizont beschränkt, wie NÖTLING meint, sondern „geht auch in höhere Horizonte hinauf, wo sie jedoch stets nur Steinkerne bildet." (FRAAS p. 301.) Ich selbst fand grosse Steinkerne in braunen Mergeln des untern Rudistenhorizontes (Austern- und Buchicerasstufe) bei Schumlân, ferner kleinere aus derselben Austern-Zone oberhalb 'Abeih und zwischen Betméri und Brumâna, welche alle ganz vortrefflich zu den beschalten Individuen der *C. libanotica* passen. — Die CONRAD'schen Steinkerne sind von Bhamdûn im Distrikt Aklîm el-Djurd und von 'Abeih.

Cytherea syriaca CONR.

Cytherea syriaca CONR. p. 219, t. 9, f. 54—56. FRAAS p. 318.

Quereiförmig. Der Schlosswinkel zwischen Vorder- und Schlossrand ist stets grösser als 90°, nämlich 110—130°. Wölbung gerundeter und relativ höher als bei *C. libanotica*, besonders vom Schlossrand langsamer und gleichmässiger aufsteigend bei flacherer Hinterseite. Vom Wirbel läuft eine Kante zur Grenze zwischen Schloss- und Hinterrand und blos eine Linie stärkerer Wölbung zu der zwischen Hinterrand und Unterrand. Diese beiden Linien liegen relativ weiter auseinander als bei *C. libanotica*. Die Hinterseite der Schale ist im Ganzen grösser und breiter, während das Schildchen selbst schmaler ist, in Folge dessen auch der Winkel zwischen Schlossrand und Hinterrand spitzer, zwischen Hinterrand und Bauchrand stumpfer ist als bei *C. libanotica*. Schloss mit drei divergierenden ungespaltenen Zähnen in jeder Klappe. Oberfläche fast glatt mit undeutlichen unregelmässigen concentrischen Wachsthumsstreifen.

Vorkommen: Im Trigoniensandstein von 'Abeih (mit Schale). Steinkerne in den Buchiceras-schichten von 'Abeih, Bhamdûn, Schumlân, im weissen Nerineensandstein von Bâniâs in Nordsyrien (mit verkieselter Schale), schliesslich in den Pholadomyenmergeln über den Rudistenkalken an der Grenze von Turon und Senon bei Lahfît im hohen Tannurîn.

In Palästina wahrscheinlich ebenfalls häufig in denselben Horizonten, speciell in der Facies weisser Mergel, so am Djebel Oscha und zwischen Sûf und Djerasch im Ostjordanland.

Cytherea obruta CONR. sp. Taf. V, Fig. 9—11.

Tellina obruta CONR. 210, t. 10, f. 58.
Tellina syriaca CONR. p. 219, f. 10, f. 59—61. App. t. 3, f. 25.

Querverlängert eiförmig, oft fast ungleichseitig, dreieckig, oder wenn Unterrand und Schlossrand mehr parallel laufen und die hintere Region sehr abgestumpft ist, fast viereckig. Höhe zur Länge durchschnittlich 7 : 10. Wölbung gering. Masse an Steinkernen in mm.:

Länge	Höhe	Dicke
35	24	12
30	21	11 1/2
23	16 1/2	8 1/2
24	16	7 1/2
16	12	5

Mantelbucht breit, tief zungenförmig aufsteigend.

Vorkommen: Dies ist der häufigste Steinkern, der in Bhamdûn in den Schichten mit *Buchiceras* vorkommt. Auch am Chân Mizhir an der Damaskusstrasse fand ich ihn (? Chan el Mezrâ'a bei CONRAD), NÖTLING bei Hasbeia.

Venus syriaca CONR.

Venus syriaca CONR. p. 218, t. 9, f 52.

Herzförmig rundlich, regelmässig von allen Rändern gegen den Wirbel zu gewölbt, während *Cytherea libanotica* vorn und hinten ganz plötzlich abfällt und in der Mitte fast flach erscheint. Oberfläche glatt. Schildchen sehr schmal, von einer scharfen vorspringenden Kante begrenzt; darüber folgt eine breite flache Furche, die vom Wirbel zum Hinterrande verläuft. Wirbel schmaler und schöner gerundet als bei *C. libanotica*. Vor dem Wirbel eine undeutlich begrenzte Lanula.

Vorkommen: Schalen im oberen Trigoniensandstein im Wadi Dakûni bei 'Abeih (NÖTLINGS Sammlung), Steinkerne in der Anstern-Buchiceras-zone zwischen Betméri und Brumâna (meine Sammlung).

Pholadomyidae:

A. Radialgerippte Formen:

Pholadomya depacta HAML. Taf. V, Fig. 12.

Pholadomya Esmarki FRAAS II, p. 330
„ *carantoniana* FRAAS p. 337, 352.
„ *depacta* HAML. l. c. p. 41, t. VI. f. 6 a b.

Steinkerne. Länglich oval, sehr ungleichseitig. Die äusserst verkürzte abgestutzte Vorderseite fällt steil ab, die Hinterseite ist verlängert, hinten klaffend. Wirbel nur wenig vortretend. Schlossrand schwach eingebogen. Area vertieft. Unterrand in der Mitte nach aussen gebogen, so dass die Schale in der Mitte am breitesten ist. Hinten verengt sich die Schale merklich. Länge 51 mm., Höhe 30 mm., Dicke 27 mm. 15—18 Radialrippen vertheilen sich auf die ganze Schale, sind aber sehr ungleich weit von einander entfernt, wie die Abbildungen der beiden Seiten eines und desselben Steinkerns (Taf. V, Fig. 12) zur Genüge zeigen. Concentrische Streifen sind sehr undeutlich, kaum bemerkbar.

Verwandtschaft: Diese Pholadomye nähert sich theils der Gosauart *P. Elisabethae* MÖSCH*) (= *P. rostrata* ZITTEL**) non MATH.), theils der *P. Esmarki* NILS. sp. ***) (= *carantoniana* d'ORB.†). Im Vergleich zur ersten hebt schon HAMLIN die relativ grössere Höhe und Dicke seiner *P. depacta* als unterscheidendes Kennzeichen hervor. Bei der typischen *P. Elisabethae* verläuft der nach aussen wenig gebogene Unterrand fast parallel dem einwärts gebogenen Schlossrand, so dass die Breite der Schale sich ziemlich gleich bleibt. Bei *P. depacta* ist der Bogen des Unterrandes geschweifter, wodurch auch die Höhe grösser wird und die Schale sich hinten zuspitzt. Diese Unterschiede zeigen uns am besten folgende Maasse, genommen von der *P. rostrata* bei ZITTEL t. 2, f. 2a (I), der *Elisabethae* bei MÖSCH, l. c. (II), der HAMLIN'schen Abbildung seiner *depacta* (III) und meinem Exemplar von Bhamdûn (IV) in mm.:

	Länge.	Breite am Wirbel.	Breite in der Mitte.	Dicke.
I	45	25	25¹⁄₄	23¹⁄₂
II	67	31	30	26
III	48¹⁄₂	25	30	26
IV	51	25	29	27

Ph. Esmarki andererseits zeichnet sich durch deutliche runzlige Anwachsstreifen aus, die bei der vorliegenden Art fast fehlen, und hat viel gerundeteren Umriss als die eckige *P. depacta*, indem sowohl Vorder- als Hinterrand in allmählicher Rundung in den Bauchrand übergeht, der auch tiefer gewölbt ist.

Vorkommen: Nicht selten in den mit Steinkernen erfüllten Kalkmergelbänken der Buchiceras-zone („braune Kreide oder Cardiumbänke" bei FRAAS) in Bhamdûn, Btétir, Ruweissât, Nebi Sâfi.

Pholadomya decisa CONR.

Pholadomya decisa CONR. p. 217, t. 7, f. 44.
? *Panopaea pelurosa* CONR. p. 217, t. 7, f. 46.
Pholadomya archiacana und *Marcoliana* FRAAS: p. 352.

---

*) MÖSCH, Monogr. d. Pholadomyen. Abh. d. Schweiz. pal. Ges. 1875. p. 106, t. 34, f. 1.
**) ZITTEL, Bivalven d. Gosaugeb. t. 2, f. 2a.
***) MÖSCH. l. c. p. 101, t. 33, f. 7, t. 34, f. 5.
†) d'ORBIGNY, Pal. franç., terr. crét. t. 365, f. 1 2.

Eiförmig oblong. Wirbel zwischen dem ersten und dem zweiten Drittel der Länge. Vorn gerundet. Unterrand ein regelmässiger Kreisbogen. 18 Radialrippen vorhanden, concentrische Streifen schwach. Länge 64, Höhe 46, Dicke 35 mm.

Verwandtschaft: Die nächstverwandte *Ph. Marcoliana* d'Orb. unterscheidet sich durch einen fast geraden Unterrand, und hinten sehr verschmälerte Schale.

Vorkommen: Steinkerne von Bhamdûn.

Pholadomya pedernalis Röm. Taf. V, Fig. 13.

1852. Römer: Kreidebild v. Texas p. 45, t. 6, f. 4.
1874. Mösch: Mon. d. Phol p. 93, t. 32, f. 7—9, t. 33, f. 2.
1878. Fraas H, p. 320.

Oblong. Wirbel im ersten Drittel der Länge. Schale nach hinten verlängert. Schlossrand und Bauchrand nahezu parallel. 8—9 zugeschärfte Rippen strahlen über die ganze Schale, gekreuzt von concentrischen Anwachslamellen.

Vorkommen: In den „Cardiumbänken" von Rueissât; sonst aus dem Aptien Frankreichs und der Schweiz und aus der Kreide von Texas bekannt.

Pholadomya Vignesi Lartet Taf. V, Fig. 14—17.

1852. *Pholadomya syriaca* Conr. Off. Rep. App. p. 231, t. 2, f. 17.
1874. *P. Vignesi* Lartet: Expl. géol. de la Mer Morte p. 126, t. 11, f. 9.
1875. *P. fabrina* Mösch; Mon. d. Phol. p. 94, t. 32, f. 1. non d'Orbigny.
1878. *P. fabrina* Fraas II, p. 351.

Kurz, oblong, aufgebläht. Länge 26—28, Höhe 20, Dicke 19—20 mm. Wirbel hervortretend. Die hohe Wölbung fällt vom mittleren Theil der Schale nach vorn und hinten schnell ab, so dass hinten an Stelle der Area eine tiefer gelegene flache Partie zu beobachten ist. Unter dem Wirbel liegt eine herzförmige vertiefte glatte Lunula, scharf begrenzt von einer Kante, die vom Wirbel zum Vorderrand verläuft. Vordere Seite gerundet, nicht klaffend. Bauchrand stark gebogen. Hinterrand ziemlich gerade, durchschnittlich in rechtem Winkel auf den ganz geraden Schlossrand stossend. Letzterer wird auf beiden Schalenhälften scharf markiert durch eine dicke vorragende Leiste, beiderseits begrenzt von einer sehr schmalen Rinne. Die hintere Klaffe erstreckt sich bis an die Wirbelgegend. Auf der ganzen Oberfläche ausser der Lunula sieht man in regelmässigen Abständen wohl ausgesprochene concentrische Furchen und dazwischen oft noch viele feinere. Vom Wirbel laufen 16—24 schmale radiale Rinnen aus, welche die Oberfläche in oben schmale unten breite radiale erhöhte Streifen oder Rippen zerlegen und ihr durch die Kreuzung mit den concentrischen Furchen ein netzartiges Aussehen verleihen, doch derart, dass die viereckigen Maschen des Netzes hervortreten, nicht die Radien. An der Ecke von Bauch und Hinterrand endigen die letzten Radiallinien, so dass unter dem Schlossrande ein breites Feld davon frei und nur concentrisch gerippt erscheint. Die Breite der Radialfurchen nimmt nach hinten etwas zu, so dass die letzten Radialrippen schon durch breite Zwischenräume getrennt sind. Nur selten, so bei den Exemplaren von Hasbeia, sind auf der ganzen Schale die Zwischenräume ebenso breit als die Rippen, wodurch sich die Exemplare in der Skulptur der *P. fabrina* d'Orb. nähern.

Verwandtschaft: *P. fabrina* d'Orb. von Mösch aus dem Aptien (mit der Fraas die syrischen Formen identificierte) unterscheidet sich wesentlich erstens durch die Schärfe ihrer Radialrippen mit ebenso breiten Zwischenräumen, dann durch grössere Länge und bedeutend geringere Dicke, schliesslich durch das geringe auf das hintere Ende des Schlossrandes und den Hinterrand beschränkte Klaffen und das Fehlen der charakteristischen Leisten am Schlossrand. — Die *P. fabrina* Mösch stimmt mit der d'Orbigny'schen Art keineswegs überein, dagegen kann sie sehr wohl auf die Lartet'sche bezogen werden, zumal der Fundort des Originals unbekannt und dasselbe, wie FRAAS meint, möglicherweise aus Palästina stammt. — Ob *P. syriaca* CONR. Off. Rep. mit der vorliegenden Art identisch, erscheint bei der mangelhaften Abbildung noch zweifelhaft. Ich ziehe daher den LARTET'schen Namen vor.

Vorkommen: Bei Hasbeia am Hermon (nach DIENER) und Bhamdûn in den Buchiceras-Schichten; im Tannurin bei Lahfît in grauen „Pholadomyenmergeln" bereits über Rudistenkalken (nach FRAAS). (In Palästina im Wadi Môdjib, Wadi Heïdan, Djebel Oscha, zwischen Sûf und Djerasch, Jerusalem theils in typisch cenomanen Schichten, theils in höheren, weissen Kreidemergeln über dem Rudistenkalk, so im Kukûhlegestein. In Algerien zusammen mit *Cardium hillanum* und *Hemiaster Batnensis* im Cenoman.

B. Formen ohne Radialrippen.

Pholadomya sp.

Länglich eiförmig. Wirbel ganz nach vorn gerückt. Vorderseite sehr kurz steil abfallend. Hinterseite weit verlängert. Höhe 20, Länge 41, Dicke 17 mm. Oberfläche von unregelmässigen concentrischen Anwachslamellen bedeckt. Zuweilen feine Radiallinien sichtbar.

Vorkommen: Hasbeia, Zone des Buchiceras (nach NÖTLINGS Sammlung).

Pholadomya sp. cf. ligeriensis d'ORB.

Inoceramus Lynchii CONR. p. 218, t. 8, f. 17.
Pholadomya ligeriensis FRAAS II, p. 352.

Masse dreier Exemplare: Länge: 38, 41, 48. Höhe: 31, 31, 40. Dicke unbestimmt, da die Exemplare alle verdrückt. Unter den Wirbeln ein durch zwei Kanten scharf begrenztes Feldchen. Wirbel etwa ⅓ der Schalenlänge vom Vorderrand entfernt.

Verwandtschaft: Unterscheidet sich von *P. ligeriensis* d'ORB. aus dem Cenoman durch noch etwas grössere Höhe und die wohl begrenzte Lunula, von der vorigen Art durch die mehr nach der Mitte gerückte Lage des Wirbels und die viel grössere Höhe.

Vorkommen: In der Zone des Buchiceras in 'Aleih (Sammlung von SCHWEINFURTH), Hasbeia (DIENER und NÖTLING); in den höheren Pholadomyenmergeln über den Rudistenkalken bei Ailâtha (FRAAS).

Pholadomya Luynesi LART. l. c. t. 11, f. 7—8.

Steinkern, entspricht vollständig der nur etwas kleineren Abbildung bei LARTET. Länge 55 mm., Höhe 38 mm., Dicke 36 mm.

Vorkommen: Hasbeia, Zone des Buchiceras (DIENERS Sammlung).

LARTETS Originale vom Wadi Môdjib und Wadi Zerka Maïn stammen aus einem höheren Horizont, weisslichen Mergeln an der Grenze von Cenoman und Senon, welche den Pholadomyenmergeln von FRAAS mit *Ph. Vignesi* (*P. fabrina* FR.) gleich kommen.

Ceromya sinuata HAMLIN.

Opis aequalis und *orientalis* CONR. App. p. 231, t. 2, f. 9 und 10.

Vorkommen: Buchiceraszone bei Bhamdûn und Chân Mizhir.

Als **Mactra**arten werden von CONRAD p. 218, t. 8, vier glatte unbestimmbare Steinkerne aufgeführt.

Mactra petraea f. 48 (zwischen Muchtârah und Djezzin)
„ *perrecta* f. 49, (Aklim el-Djurd)
„ *acciformis* f. 50 (Bhamdûn)
„ *syriaca* f. 51 (Bhamdûn)

Liopistha libanotica Haml.

Panopaea orientalis Cosm. App. p. 232, t. 4, f. 28.

Eine der grössten Bivalven der syrischen Kreide.

Vorkommen: Buchiceraszone von Schmulân und Bhamdûn.

Lutraria sinuata Fraas. II, p. 46, t. V, f. 3.

aus dem unteren Trigoniensandstein von Djebâ'a und 'Abeih

Corbula neaeroides n. sp. Taf. VII, Fig. 3.

Panopaea mandibula Fraas p. 327.
Neaera sp. Noetling. Entw. ein. Glied. d. Kreid. in Syrien u. Palastina p. 839.

Sehr dickschalig, besonders die rechte Klappe. Aeusserst ungleichklappig. Rechte grosse Klappe kuglig gewölbt. Wirbel nach hinten gekrümmt, überragend. Hinterseite stark verschmälert in einen schnabelartigen sehr dickschaligen Fortsatz, wie bei *Neaeren*. Dieser hinten bogenförmig abgerundete Schwanz wird von dem gewölbten Theil der Klappe durch eine vom Wirbel zur hintern Einbuchtung verlaufende Furche getrennt.

Kleine Klappe von der grossen rings umfasst, weniger hoch gewölbt, mit dem kaum überragenden Wirbel den der grossen Klappe berührend, gerundet dreieckig. Ecke zwischen Vorder- und Bauchrand gerundet. Bauchrand gebogen. Hintere Ecke abgestumpft rechtwinklig. Hinterrand gerade.

Grosse Klappe mit groben concentrischen Rippen, die sich bis in den Schwanz fortsetzen; kleine ganz fein concentrisch gestreift. Länge der Muschel 21, Höhe 13, Dicke 11½ mm.

Verwandtschaft: Diese Muschel weicht von den gewöhnlichsten *Corbula*formen durch das Fehlen einer steilen hinteren Kante und das Vorhandensein des wohl ausgebildeten Schwanzes der rechten Klappe ab. Sie schliesst sich aber eng an die indischen Formen aus der Trichonopoly group: *Corbula parsura* Stol. Cret. fauna of South. Ind. p. 44, t. 1, f. 23—24 und t. 16, f. 3—4 und *Corbula striatuloides* Forb. ibidem p. 13, t. 16, f. 13—14 an.

Erstere ist kleiner, hinten nur wenig verlängert, abgestutzt. Letztere hat zwar dieselbe Grösse, aber ist weniger ungleichklappig und der Wirbel der grossen Klappe weniger gewölbt.

Die rechte Klappe unserer Art könnte für sich allein, wenn man von ihrer Dickschaligkeit absicht, für die einer *Neaera* gehalten werden, z. B. speciell von *Neaera detecta* Stol. l. c. p. 46, von der Stoliczka leider nur eine linke Klappe abbildete, die einen nach hinten eingekrümmten Wirbel und einen, allerdings gerade abgestutzten Schwanz besitzt. Indessen die *Corbula*-artige Beschaffenheit der linken Klappe, die ganz auffallende Ungleichheit der Klappen, dann auch die Dicke der Schale sind Eigenschaften, die unsere Art absolut vom Genus *Neaera* ausschliessen.

Vorkommen: Im Trigoniensandstein von 'Abeih.

Corbula striatula Sow.? Taf. VI, Fig. 2 d.

1821. *Corbula striatula* Sowerby; Min. Conch. t. 572, f. 2—3.
1844. *Corbula striatula* d'Orbigny; Terr. cret. t. 358, f. 9—13.
1852. *Corbula congesta* Cosm. Off. Rep. p. 216, t. 5, f. 37, t. 22, t. 130.
1852. *Corbula sublineolata* Cosm. p. 222, t. 16, f. 83.
1852. *Corbula syriaca* Cosm. p. 222, t. 21, f. 125.
1867. *Corbula striatula* Fraas Orient I. p. 236.

Vorkommen: Sehr häufig auf rothen Mergelplatten (mit zahllosen Gastropoden) in Bhamdûn; in Palästina: bei Mâr Sâba und Sâfed. (In Europa in der Unteren Kreide: Lower Greensand und Aptien.)

Corbula aligera HAML. p. 38, t. 4, f. 6.

Trigoniensandstein von 'Abeih.

Corbula aleihensis CONR. App. p. 235, t. 8, f. 53.

'Abeih.

Glossophora.

A. Scaphopoda.

Dentalium sp.

Glatt, 26 mm. lang, etwas gebogen, vorn 2½ mm. breit. Auf rothen Leda-Gastropoden-Platten in Bhamdûn.

B. Gastropoda.

Pleurotomaria? sp.

Pleurotomaria simplex (d'Orb.) FRAAS II, p. 323.

Grosser glatter Steinkern. 'Abeih.

Phasianella abeihensis n. sp. Taf. VII. Fig. 4.

Phasianella gaultiana FRAAS II. p. 323.

Spiralwinkel ungefähr 60°. Höhe 30—32 mm. Höhe der letzten Windung an der Mündung 17 bis 19 mm., Breite 20—21 mm. 5—7 Windungen. Gewinde regelmässig, nicht zugespitzt. Mündung eiförmig, oben zugespitzt. Oberfläche glatt oder mit sehr feinen Anwachsstreifen.

Verwandtschaft: Diese *Ph.* ist nahe verwandt mit der *P. gosauica* ZEK., von der sie namentlich durch grösseren Gehäusewinkel sich unterscheidet. *P. gaultina* d'ORB. ist ebenfalls spitzer, die letzte Windung weniger breit, die Mündung mehr nach unten verlängert.

Vorkommen: Im Trigoniensandstein von 'Abeih („Gastropodenzone" FRAAS).

Phasianella sp.

Phasianella sp. LARTET: Expl. géol. Mer Morte, t. 12. f. 125—26.
? *Cerithium bilineatum* CONR. App. t. 5. f. 39.

Schlanker als vorige. Gehäusewinkel 20—30°. Höhe 20 mm.

Vorkommen: 'Abeih und 'Ain 'Ainûb im unteren Trigoniensandstein.

Turbo Moreli FRAAS II, p. 323, t. 8, f. 8.

Gastropodenzone von 'Abeih.

Eunema bicarinata HAML. l. c. p. 28, t. 2, f. 5.

Gelbe Mergel des oberen Trigoniensandsteins von 'Abeih.

Delphinula Porteri n. sp. Taf. VII, Fig. 5 a b.

Turbo Goupilianus (d'Orb.) FRAAS, p. 323.

Kreiselförmig, genabelt, 12 mm. hoch, ebenso breit. Umgänge rund, Mündung kreisrund von

6½ mm. Durchmesser, die Ränder zusammenhängend. 7 Spiralrippen auf den oberen, im Ganzen 19 auf dem letzten Umgang. Durch schräg verlaufende Anwachsstreifen entsteht rauhe scharfe Körnelung der Rippen.

Verwandtschaft: *Turbo Gumpilianus* gleicht unserer Art zwar in Form und Grösse, hat aber keine zusammenhängenden Mundränder, ferner verschieden gestaltete, abwechselnd grössere und feinere Rippen. Die Berippung unserer Art entspricht dagegen genau derjenigen des zugespitzten *Turbo elegans*, wie sie d'Orbigny t. 84, f. 2 vergrössert abgebildet hat.

Vorkommen: Verkieselt im unteren Rudistenkalk bei 'Abeih.

Bemerkung: Ich nenne diese zierliche Schnecke zu Ehren des Herrn Professor Porter am amerikanischen Colleg zu Beirût, der mich s. Z. beim Besuche dieser Anstalt freundlichst unterstützte.

Trochus (Turcica?) crispus n. sp. Taf. VII, Fig. 6 a b.

Pleurotomaria Mathcroniana Fraas p. 323.

Kegelförmig, 10 mm. hoch. Gehäusewinkel c. 65°. 7—8 niedrige Windungen. Basis flach, Mündung viereckig, breiter als hoch. Spindel mit einem faltenartigen Zahn, der bis in die Mitte der Mündung reicht. Umgänge flach mit vier scharfen, zierlich wellig krans hin und her gewundenen Spirallamellen versehen. Auf dem letzten Umgang kommt darunter noch ein fünfter einfacher scharfer Kiel zum Vorschein.

Verwandtschaft: Im äusseren Habitus kommt diese Art dem *Trochus culgatus* Reuss*) der Gosauschichten nahe, welcher vier gekörnte Reifen auf den etwas gewölbten Umgängen trägt.

Vorkommen: Mit voriger verkieselt im Rudistenkalk von 'Abeih.

Nerita sp.

Nerita ornidus (Gein.) Fraas, p. 323.

Schale kuglig, dick, glatt, ungenabelt. Gewinde kurz. Winkel an der Spitze 110—135°. Innenlippe gewölbt mit dickem Callus bedeckt, am Rande glatt. Mündung eiförmig, oben zugespitzt.

Vorkommen: Im Trigoniensandstein von 'Abeih klein, im kieseligen Rudistenkalk daselbst grösser, 10—18 mm.

Pileolus sphaerulitum n. sp.

P. plicatus (Gein.) Fraas p. 323.
P. sp. Nörl. (pars) Zeitschr. d. Deutsch. geol. Ges. 1886 p. 843.

10—12 mm. gross. 7—11 scharfe dachförmige mit Schuppen versehene Hauptrippen, die kürzeste und stärkste davon unpaarig, die übrigen paarig. Dazwischen noch schwächere Radialrippen zweiter und dritter Ordnung.

Mundöffnung halbmondförmig bis halb kreisförmig, einfach ganzrandig.

Diese Form ist sehr wenig verwandt mit dem blos 4 mm. grossen *P. plicatus* aus dem Pläner von Plauen, welcher oberflächlich viel weniger geziert ist und eine ganz andere Mundöffnung besitzt.

Vorkommen: Verkieselt im Rudistenkalk von 'Abeih, z. Th. auf Sphaeruliten aufsitzend.

Neritopsis ornata Fraas p. 322, t. 5, f. 6.

Häufig in der Gastropodenzone von 'Abeih, oberem Trigoniensandstein.

---
*) Denkschr. d. k. k. Ak. d. Wiss. Wien. 1852. t. 29, f. 1.

Scalaria sp.

Turritella sp. HAML. l. c. t. II. f. 3.

Hierher rechne ich diejenigen der häufigen grösseren, schraubenzieherförmigen Steinkerne, an denen man noch stellenweise Spuren von Querwülsten und Vertiefungen dazwischen wahrnimmt.

Vorkommen: Häufig in Bhamdûn, 'Ain 'Ainûb.

Turritella oder Glauconia sp.

Turritella syriaca CONR. p. 220, t. 15, f. 75, App. t. 5, f. 42.
Turritella sp. HAMLIN t. II, f. 2.

Andere ähnliche Steinkerne mit rundlichen Windungen, welche nur schmale Spuren von Spiralstreifen erkennen lassen, dürften zu einer dieser beiden Gattungen gehören.

Vorkommen: Häufig in den Buchicerasschichten von Bhamdûn, 'Ain 'Ainûb.

Turritella betmerensis n. sp. Taf. VII, Fig. 7 (zweimal vergrössert).

Spitz kegelförmig. 11 mm. hoch. Gehäusewinkel 17—20°. Zehn Umgänge mit je zwei Spiralreihen von Körnern. Auf dem letzten Umgang erscheint unten noch ein gekörnter Kiel, unter dem der Umgang einspringt. Tiefer nahe der Spindel noch ein Spiralreifen.

Vorkommen: Abdrücke im Nerineen-Marmor von Betmêri.

Turritella Damesi n. sp. Taf. VII, Fig. 8—10.

Cerithium margaretae (GEIN.) FRAAS p. 326.

30 mm. hoch. Gehäusewinkel 20—26°. Mündung rund. Innenlippe umgeschlagen. Eilf Umgänge reich verziert. Nahe der oberen Naht im obersten Drittel der Umgänge läuft eine sehr hervortretende Knotenreihe. Das unterste Drittel wird eingefasst von zwei weniger vorragenden, aber scharfen gekörnelten Spiralkielen, deren unterer der Naht bedeckt. Die drei zwischen Kielen und Knotenreihe liegenden Streifen des Umgangs sind mit feinen, nahe den Knoten wellenförmigen Spirallinien bedeckt. Auf dem letzten Umgang tritt noch ein scharfer Kiel in gleicher Entfernung vom Nahtkiel, wie dieser von dem höher gelegenen auf. Anwachsstreifen nicht zu beobachten.

Diese schöne Turritella erlaube ich mir zu Ehren des Herrn Professor DAMES in Berlin zu nennen, der mich bei meinen Studien über die syrische Kreide in liebenswürdiger Weise unterstützte.

Vorkommen: 'Abeih, Gastropodenzone des Trigoniensandsteins.

Turritella Kokeni n. sp. Taf. VII, Fig. 11—12.

Cerithium trimonile (d'ORB.) FRAAS p. 326.

Thurmförmig, oben zugespitzt. Gehäusewinkel 24—30°. Höhe 25 mm. 11 Umgänge, fast flach. Zwei Knotenreihen theilen die Windungen in drei gleichbreite Streifen. Ueber ihnen erscheint an den späteren Windungen an der oberen Naht noch eine schwache Körnerreihe, unter ihnen an der unteren Naht eine gekörnelte, schwache Spiralrippe. Auf der gewölbten Basis folgen 4 gekörnelte Spiralkiele.

Ich nenne diese Turritella Herrn Dr. KOKEN in Berlin zu Ehren.

Vorkommen: 'Abeih im oberen Trigoniensandstein.

Turritella ventricosa FORBES??

1846. *Turritella ventricosa* FORBES. Transact. of the Geol. Soc. London, vol. VII, p. 123, t. 13, f. 3.
1852. *Turritella peralveata* CONR. p. 221, t. 20, f. 120.
1868. *Turritella ventricosa* STOLICZKA. Cretaceous Fauna of South. India II. p. 227, t. 17, f. 15.

Spiralwinkel ungefähr 35°, 35 mm. hoch mit 9—10 gewölbten Umgängen, in der Mitte mit drei gleichen und gleichweit von einander entfernten scharfen glatten Spiralkielen. Die Erhebung in der Mitte des Umgangs mit den drei Hauptspiralkielen nimmt an Breite gerade die Hälfte eines Umgangs ein, so dass ihr an Breite die concave Partie entspricht, welche zu beiden Seiten der Naht zwischen dem untersten Kiel eines Umgangs und dem obersten des folgenden liegt. Der letzte Umgang zeigt noch mehr Kiele an der Basis.

Verwandtschaft: Ich habe hier die CONRAD'sche Schnecke vorläufig der indischen Art unterstellt, da ich in ihrer Beschaffenheit, soweit sie die mangelhafte Abbildung zu erkennen giebt, keinen wesentlichen Unterschied wahrnehme. *T. ventricosa* FORB. hat 3—6 scharfe Spiralkiele, die alle zusammen nur an den jüngsten Umgängen sich zeigen. Auf älteren sind in der Regel blos 3 vorhanden, indem die zwei obersten unter der Naht verschwinden. Diese beiden letzten schwächeren Kiele zwischen dem obersten Hauptkiel und der Naht scheinen sich nach einer der CONRAD'schen Abbildungen auch bei der syrischen Form auf den jüngsten Umgängen einzustellen.

Vorkommen: Bhamdûn. In Indien in der Arrialoorgroup (Senon.)

Turritella cf. Dupiniana d'ORBIGNY: Pal. fr., terr. crét. II, t. 151, f. 1—3. (Neocom).

Klein, 20 mm. hoch, schlank kegelförmig. Gehäusewinkel 13°, Breite an der Basis 4 mm. 11 Windungen, Umgänge flach. Etwa 6 Spiralreifen laufen über die Windungen, unter denen zwei in der Mitte mehr hervortreten.

Vorkommen: In der Zone der Austern und des *Buchiceras syriacum* und zwar bei Bötméri in einer Sandsteinbank, bei Bhamdûn in einer Kalkbank mit *Nerinea subpygaulon*.

Glauconia.

Von dieser lediglich cretaceischen, namentlich für Gosauschichten charakteristischen, aber auch schon tiefer im Aptien und Cenoman auftretenden Gattung gelang es mir in 'Abeih eine Anzahl unter sich verwandter Formen zu sammeln, welche zwei Entwicklungsreihen anzugehören scheinen. Sämmtliche Glauconien zeigen deutlich zurückgebogene Anwachsstreifen wie bei *Pleurotoma*, werden fast durchweg grösser als die mit ihnen zusammen vorkommenden *Turritellen* und zeichnen sich auch durch grössere Spiralwinkel, durchschnittlich 30—45°, aus.

I. Reihe.

a. **Glauconia Renauxiana** d'ORB. sp. non! STOL.

Turritella Renauxiana d'ORB. Terr. crét. t. 152. f. 1—4.

Vollkommen kegelförmig. Höhe 35 mm. Spiralwinkel 46°. Windungen ganz glatt und flach, nur die obersten zeigen 3—7 ganz schwache feine Spirallinien, die aber kaum oberflächlich hervortreten. Die Anwachsstreifen haben die Mitte ihres Bogens unter der Mitte der oberen Windungen.

Vorkommen: Unterhalb 'Abeih im oberen Trigoniensandstein. — Diese d'ORBIGNY'sche Art kommt sonst in typischer Form in den lignittführenden Sandsteinen von Mondragon im Becken von Uchaux in der Provence vor, welche auch *Ostrea columba* führen, direkt über Schichten mit *Amm. rotomagensis* folgen und dem Cenoman zugerechnet werden.

b. **Glauconia Giebeli** ZEK. sp. Taf. VII, Fig. 13.

Omphalia Giebeli ZEKELI: Gastrop. d. Gosaug. t. III. f. 1.
Omphalia Renauxiana STOLICZKA: Revision der Gastr. d. Gosausch. p. 18.

Höhe 40 mm, Spiralwinkel 31°. Umgänge fast flach. Es zeigen sich zwei breite, flache Spiralreifen auf den Windungen, gleichweit von den Nähten und von einander entfernt. Zwischen denselben ist der mittelste Theil der Windung schwach eingesenkt, ebenso die Umgebung der Nähte. Unterhalb der untern Erhebung sieht man auf der Basis der letzten Windung nur Andeutungen zweier Spiralrippen.

Vorkommen: Oberhalb 'Abeih, Mergel der untersten Buchicerasstufe.

γ. **Glauconia Seetzeni** Lart. sp. Taf. VII, Fig. 14—15.

Turritella Seetzeni Lartet: La Mer Morte p. 121. t. 12. f. 15—16.
Glauconia obvoluta c. cyriaca Fraas: Die Verst. d. untersenonen Thonlager zwischen Suderode und Quedlinburg.
Zeitschr. d. Deutsch. geol. Ges. 1887. p. 182. t. 16. f. 12.

In der Regel kleiner und schlanker als die übrigen *Glauconien*. Spiralwinkel 23—30°, Höhe 15 bis 30 mm. Umgänge 6—8, etwas gewölbt. An Stelle der flachen Spiralreifen der vorigen Art treten zwei Spiralkiele scharf hervor. Der zwischen ihnen befindliche concave Streifen der Windung liegt auch höher als die Umgebung der Naht. Die beiden Kiele lösen sich selten z. Th. in Knoten auf. Unterhalb des unteren Kiels tritt gerade auf der unteren Naht eine schwache Rippe hervor und auf der Basis des letzten Umgangs noch 1 bis 3. Die Mitte des Bogens der Anwachsstreifen liegt gerade in der Mitte der (oberen) Windungen zwischen den beiden Hauptkielen.

Vorkommen: Häufigste Glauconienform Syriens. Im untern wie im oberen Trigoniensandstein und in der Buchicerasstufe von 'Abeih und 'Ain 'Ainûb. — In Palästina im O. des Todten Meeres am Djebel Attarus und östlich vom Wadi 'Arabah in Kreidekalken mit eingeschalteten Feuersteinlagen (Senon?)

II. Reihe.

δ. **Glauconia obvoluta** Schloth. sp.

Glauconia obvoluta Fraas: Die Verst. d. unt. Thonl. zw. Sud. u. Quedl. t. 18. f. 1—2. non 3.

Spiralwinkel 30—35°, Höhe 35 mm, Breite an der Mündung 17 mm. Aehnlich der Form β *G. Giebeli*, aber flache Spiralerhebung nur im untern Theil der Windung, und zwar das ganze untere Drittel bis zur unteren Naht einnehmend.

Vorkommen: Unter- und oberhalb 'Abeih im Trigoniensandstein und in der unteren Buchicerasstufe.

ε. **Glauconia Frechi** n. sp. Taf. VII, Fig. 16.

Cerithium erygnum Fraas p. 326.

Aus der vorigen Glauconienform δ scheint sich eine mehr skulpturierte entwickelt zu haben mit zwei Spiralkielen, von denen der untere aber im Gegensatz zu der sonst ähnlichen *G. Seetzeni* viel höher und schärfer hervortritt. Der obere Kiel ist übrigens mehr hinaufgerückt als bei *G. Seetzeni*, nämlich direkt bis an die obere Naht, zu der er steil abfällt. Deshalb ist auch die von den Kielen eingefasste mittlere Rinne der Umgänge breiter als die an der Grenze zweier Umgänge, in deren unterem Drittel die Naht liegt. Ferner zeigt sich die Mitte des Bogens der Anwachsstreifen nicht in der Mitte der breiten Rinne, sondern am oberen Abfall des Hauptkieles. Diese Form ist stets grösser und vor allem stumpfer als *G. Seetzeni*, mit der sie immerhin verwechselt werden könnte.

Vorkommen: 'Abeih, oberer Trigoniensandstein.

Aus den Gosauschichten Siebenbürgens sah ich in der geologischen Sammlung der Universität zu Wien hierher zu rechnende noch unbeschriebene grosse Glauconien, ebenfalls mit zwei kräftigen Rippen auf jeder Windung, deren untere besonders hervortrat. Die Windungen nahmen sehr schnell zu. Der Gehäusewinkel erreichte etwa 40°, so dass bei einer Höhe von etwa 80 mm, die Breite der letzten Windung 40 mm. betrug.

ζ. **Glauconia abeihensis** Fraas sp. Taf. VII, Fig. 17 a b c.

Cerithium abeihense Fraas l. c. p. 326.

Spiralwinkel 34°, Höhe 33°, 8 Umgänge. Diese Form schliesst sich direkt an die vorige an.

Aus den zwei Rippen sind zwei Schnüre von rundlichen breiten Perlen geworden, welche in der Zahl 20 auf jedem Umgang das Gehäuse umziehen. Die einzelnen Perlen werden durch ebenso breite Zwischenräume getrennt. Die obere Reihe liegt dicht an der oberen Naht. Die untere, welche auf einer Erhebung im untern Theil der Umgänge ruht und deshalb mehr hervortritt, ist ein klein wenig mehr an die untere Naht gerückt als der Hauptkiel der vorigen Art. Dadurch ist der mittlere Theil zwischen den Knotenreihen noch breiter geworden. Auf der letzten Windung tritt in der Fortsetzung der Nahtlinie ein schärferer Kiel heraus. Anwachsstreifen deutlich glauconienmässig, Aussenlippe vorn am unteren Ende und in der Mitte tief ausgebuchtet.

Bemerkung: Der Habitus dieser *Glauconia* erinnert merkwürdigerweise lebhaft an eine Süsswasserschnecke des Wealdenthons: *Melania strombiformis*.

Vorkommen: 'Abeih, oberer Trigoniensandstein.

Xenophora (Phorus) syriacus Conr. sp. p. 220, t. 11, f. 67.

Steinkerne von Bhamdûn.

Vanikoro (= Narica) neritopsoides n. sp. Taf. VII, Fig. 18—19.

Turbo Renauxianus Fraas p. 323.

Kreisolförmig kuglig. Gewinde nicht hoch. Spiralwinkel 115—125°. 4—5 halbkreisförmig gewölbte Umgänge, deren obere mit zwei grob gekörnelten Spiralrippen versehen sind, unter denen auf der letzten Windung noch 7 zum Vorschein kommen. Die oberste Rippe tritt in der Höhe der Naht wie ein Kiel besonders scharf hervor und von ihr fällt der Umgang steil zur oberen Naht ein, so dass ein stufenförmiges Aufsteigen des Gewindes entsteht. Zwischen den Hauptspiralrippen sieht man noch feinere, erhabene Spirallinien. Zahlreiche Anwachsstreifen laufen schief über den Umgang und, rufen auf den Rippen die Körnelung hervor.

Mündung höher als breit, oval. Spindel mit umgeschlagenem Saum, hinter dem oft eine Art Canal erscheint, der sich zum Nabel hinaufzieht. Nabel weit und tief.

Vorkommen: 'Abeih. Oberer Trigoniensandstein.

Sigaretus? sp. Taf. VII, Fig. 20 a b.

Riesige Steinkerne einer Naticide, noch stärker niedergedrückt und mit flacheren Gewinde als *Natica Coquandiana* d'Orb. Pal. franç., terr. crét. II, t. 171, f. 1 des Neocom. 2 Umgänge, letzter sehr gross. Mündung schief, viel länger (7 cm.) als breit (3½ cm.). Höhe des Steinkerns 8 cm., Breite an der Mündung 13 cm.

Vorkommen: Zwischen 'Abeih und Djisr el-Ḳaḍi in den austernreichen Kalkmergeln. (Obere Hälfte der Buchicerasstufe.)

Natica patulaeformis Fraas p. 322, t. 6, f. 7.

von 'Abeih, Gastropodenzone im oberen Trigoniensandstein.

Amauropsis subcanaliculata Haml. sp.

1852. *Natica scalaris* Conrad: App. p. 234, t. 7, f. 50.
1868. *Ampullina bulbiformis* Stoliczka: Cretaceous Gastropoda of Southern India, p. 300, t. 21, f. 11—15.
1884. *Amauropsis subcanaliculata* Hamlin l. c. p. 15. t. 1, f. 5.
1884. *Amauropsis gradata* Haml. p. 16. t. 1. f. 3.
1886. *Natica bulbiformis* v. *orientalis* Nötling: Zeitschr. d. Deutsch. geol. Ges. 1886, p. 871, t. 27, f. 1.
1887. *Natica bulbiformis* v. *orientalis* Fraas: Zeitschr. d. Deutsch. geol. Ges. 1887, p. 189.

Unter obigem Namen fasse ich die beiden von HAMLIN blos nach dem mehr oder weniger vorragenden Gewinde unterschiedenen Arten zusammen, da dieser Umstand wohl nur als individuelles Merkmal gelten kann. Von der bekannten Turonform *N. bulbiformis* unterscheidet sich die vorliegende deutlich durch den Mangel der tiefen scharf eingeprägten Rinne in dem oberen Theil der Windung. Letzterer steigt von der Kante aus mit leicht convavem Bogen schräg zur Naht hinauf. Auf der letzten Windung verschwindet jene Concavität vollständig und der obere Theil der Windung, eben oder mitunter sogar etwas convex gewölbt, trifft in stumpfem Winkel auf die Kante. Da diese charakteristische Abweichung des oberen Theils der Windungen von der typischen *Natica bulbiformis* bei allen Individuen, die man aus Syrien und Indien kennt, übereinstimmend und constant auftritt, so muss ich dieselbe für mehr als eine Variation ansehen.

Als weiteres Kennzeichen dieser Art kann angesehen werden, dass bei grösseren ausgewachsenen Exemplaren, wie sie CONRAD abbildete und wie sie mir vorliegen (von 8 cm. Höhe), die letzte Windung von jener obern Kante nicht genau senkrecht abfällt, sondern sich etwas einschränkt oder einschnürt, dann wieder erhebt; letzteres in der Linie, wo sich bei weiterem Wachsen die Naht des folgenden Umgangs anlegen würde. So konnte CONRAD p. 234 von einem unteren abgestumpften Kiel in der Mitte der letzten Windung sprechen.

Diese bisher auf asiatische Kreide beschränkte Art ist also künftig von der europäischen getrennt zu halten. Wer allerdings solche für verschiedene Vorkommnisse constanten Unterschiede gering achtet und wie z. B. Herr Dr. FRECH sogar die oben besprochene *Glauconia Seetzeni* LARTET direkt mit *Glauconia obvoluta* als var. *syriaca* ohne Bedenken vereinigt, wird auch für die eben erwähnten Unterschiede hinwegsehen und dann leicht zu irrigen Schlüssen über das Alter der Schichten verleiten.

Vorkommen: In Syrien soweit bekannt als Schalenexemplare nur im Trigoniensandstein von 'Abeih. Es dürften aber höchst wahrscheinlich auch hierher gehören gewisse grosse Amauropsissteinkerne (bis zu 6 cm. Höhe) mit treppenförmig aufsteigendem Gewinde, auf dem die beiden Kiele, oben und in der Mitte wohl ausgeprägt sind, welche DIENER im „Libanonkalkstein" des Taumât Niha, von Djebâil und dem Harf Râm el Kabsch sammelte.

In Vorderindien tritt dieselbe Art nach STOLICZKA l. c. p. 300 sowohl in der Ootatoor als der Trichinopoly- und Arrialoorgroup, also der ganzen Oberen Kreide auf, besonders gemein aber ist sie in den beiden erstgenannten (= Cenoman! und Turon).

Amauropsis abeihensis HAML.

Natica Orientalis CONR. App. p. 233, t. 5, f. 41.
Natica lyrata (SOW.) FRAAS. p. 335.
Amauropsis Abeihensis HAML. p. 17, t. 1, f. 2.

Kleiner als vorige, kuglig, 25 mm. hoch. Letzter Umgang stark gewölbt, aufgeblasen, breiter (20 cm.) als hoch (18 mm.) Naht vertieft.

Verwandtschaft: Ist nahe verwandt mit *Euspira spissata* STOLICZKA aus der Ootatoor group Indiens, wo indessen die Umgänge mehr stufenförmig aufsteigen und weniger bauchig sind. Von *Natica lirata* SOW. aus dem Turon der Gosau und von Uchaux unterscheidet sich *A. abeihensis* durch Fehlen des dort tiefen deutlichen Nabels.

Vorkommen: 'Abeih, Bhamdûn, Damûrthal; in Palästina in schwarzem bituminösem Kalk am Westrand des todten Meeres.

Natica syriaca CONR.

1852. *Natica syriaca* CONRAD in LYNCH: Official Report of the United States exploration of the Dead Sea etc. p. 220, t. 12, f. 70.
1862. *Globiconcha ponderosa* COQUAND: Géol. et Pal. de la région sud de la prov. de Constantine t. 3, f. 8.
1878. *Natica syriaca* FRAAS: Württ. naturw. Jahresh. p. 322.

Kuglig, wenig höher als breit, bis 20 cm. gross, Schale dick, Gewinde sehr niedrig, nur wenig vorragend. Letzter Umgang sehr gross. Mündung eiförmig, oben spitz, ⁶⁄₇ der Gehäusehöhe erreichend. Vorkommen: Schalen und Steinkerne bei 'Abeih, Hamâda, Schumlân, Barûkthal, Muchtârah, Djezzîn, el-Djudeideh.

Tylostoma Birdanum Haml. p. 18, t. 1, f. 4.

mit erhaltener Schale von 'Abeih.

Die noch übrigen zu der Naticidenfamilie zu rechnenden Schnecken, welche ausschliesslich als Steinkerne erhalten sind, lassen eine genaue Bestimmung kaum zu, zumal fast sämmtliche Exemplare, die man sammelt, wie das auch die Abbildungen bei Conrad und Hamlin zeigen, schief gedrückt erscheinen. Nach dem verschiedenen Hervortreten des Gewindes, dem Verhältniss von Höhe zur Breite und der Beschaffenheit der Mündung lassen sich unter den Steinkernen, wenn wir von den schon behandelten *Sigaretus* sp. und *Natica syriaca* absehen, noch vier Formen unterscheiden, die ich sämmtlich als dem Genus *Natica* zugehörig erachte.

Natica cf. difficilis d'Orb. (t. 174, f. 4.)

1866. *Natica difficilis* Hymekmt. Nouv. Recherches sur les poiss. foss. du Mont Libanon.

Kuglig, aber breiter als hoch. Windungen schnell zunehmend. Letzte Windung kugelig aufgeblasen. Mündung rundlich eiförmig.

Vorkommen: In den Mergeln von Hakel.

Natica indurata Conr. p. 220, t. 11, f. 65, 68.

Kuglig, ebenso breit als hoch. 4—5 bauchige Umgänge. Basis weit genabelt (?). Mündung schief halbkreisförmig, selten länger als die Hälfte der Gehäusehöhe.

Vorkommen: Muchtârah, Bhamdûn.

Natica cf. bulimoides d'Orb. (t. 172, f. 2.)

1852. *Chemnpus indurata* Conr. p. 220, t. 11, f. 69.
?1874. *Natica Beugnei* Laetet: La Mer Morte p. 51.
1878. *Natica bulimoides* Fraas p. 334.
1884. *Tylostoma (?) induratum* Hamlin, l. c. p. 22, t. 1, f. 8.
1884. *Tylostoma? depressum* Hamlin, p. 21, t. 1, f. 7.

Höhe in der Regel etwa 60 mm. Breite zu der letzten Windung 40 mm., also grösste Breite zur Höhe des Gehäuses durchschnittlich wie 2:3 bis 5:7.

Mündung länglich, wenig höher als die Hälfte der Gehäusehöhe.

Es liegt kein Grund vor, mit Hamlin diese Steinkerne ebenso wie die folgende Art für Tylostomen zu halten, da Hamlin's Eindrücke der inneren Verdickungen, durch welche sich die Umgänge dieser Gattung auszeichnen, auf keinem der von mir gesehenen Steinkerne irgendwie zu erkennen waren.

Vorkommen: Häufig bei 'Aleih, oberhalb 'Abeih, in Bhamdûn, am Nebi Sâfi und Djezzîn, überall in der Buchieerasstufe.

Natica sp. cf. praelonga Desh.

1852. *Natica praelonga* d'Orbigny: Pal. franç. Terr. crét. II, t. 172, f. 1.
?1882. *Natica elatior* Coquand. Géol. et Pal. d. l. rég. sud de Constantine p. 170, t. 2, f. 5.
1878. *Phasianella supracretacea* Fraas l. c. p. 335.
1884. *Tylostoma? syriacum* Hamlin p. 19, t. 1, f. 6, t. 2, f. 10.

1852 *Chenopus syriacus* Coqu. p. 220. t. 12, f. 71.

Gewinde noch mehr auseinander gezogen. Höhe annähernd doppelt so hoch als die Breite.

Vorkommen: 'Abeih, Bhamdûn, Chân Djamhûr, Nebi-Sâfi in der Buchiceraszstufe.

Pyramidella amoena n. sp. Taf. VII, Fig. 21.

Eiförmig konisch. Höhe 20 mm. Breite an der Mündung 11 mm. Gehäusewinkel 45°. 7 Umgänge schwach gewölbt. Mündung oval bis halbkreisförmig, oben zugespitzt, 9 mm. hoch. Spindel hinten mit einer starken hohlen Falte, deren Hohlraum an der Mundöffnung als Canal oder Nabel hervortritt.

Vorkommen: Gastropodenzone von 'Abeih.

Pyramidella Larteti n. sp.

Pyramidella sp. LARTET. La Mer Morte p. 117. t. 12. f. 25—26.

Schlankere Formen von geringerem Gehäusewinkel, im Uebrigen sich der vorigen annähernd, deren Länge auch erreicht wird. Die Spindelfalte ist schwächer und nicht immer zu sehen.

Vorkommen: Im oberen Trigoniensandstein von 'Abeih (Gastropodenzone). — In Judaea am Tell Mill bei Kurnub.

Nerinea g. mit 15 Arten.

a. **Nerinea s. str.**

I. Genabelte Formen mit durchhöhlter Axe.

Nerinea subgigantea n. sp.

Nerinea gigantea FRAAS, p. 385.

Das mir vorliegende Stück der FRAAS'schen Sammlung ist 11 cm. lang und 3½ cm. breit, fast cylindrisch mit vertieften Umgängen. Es gleicht also äusserlich der neogenen *Nerinea gigantea* d'HOMBRE FIRMAS von Gard, Var und Vaucluse, nur scheinen die Spiralwülste längs der Naht ursprünglich noch Knoten getragen zu haben. Im inneren Bau sind grosse Abweichungen wahrzunehmen. Die Spindel war sehr breit und ausgehöhlt, daher die Umgangsräume schmäler. Die Spindel besitzt eine Falte, die Innenlippe eine stärkere, welche gegen die Einschnürung des Umgangs vorspringt. Die Aussenlippe erscheint faltenlos.

Vorkommen: Bhamdûn, Buchicerasstufe, zusammen mit *Turritella* cf. *Dupiniana*.

Nerinea nobilis MÜNST.

Nerinea nobilis GOLDF. Petr. Germ. III. p. 41. t. 17. G. f. 9. — ZEKELI: D. Gastrop. p. Gosaug. p. 33. t. IV, f. 1—2.

STOLICZKA: Eine Revision der Gastr. d. Gosausch. p. 26.

Fast cylindrisch. Oberfläche glatt. Nahthöhe wenigstens an den unteren Windungen meist vorhanden. (Vergl. STOLICZKA, a. a. O. p. 26.) Spindel auffallend weit genabelt. Durchschnitt der Mundöffnung langgezogen, schmal, fünflappig. Spindel mit 2 Falten, deren untere länger ist. Innenlippe und Aussenlippe mit je einer Falte in deren Mitte.

Vorkommen: Diese schöne Gosauart von der Neuen Welt bei Wiener Neustadt tritt in vollkommen typischer Weise in den Nerineenkalken der Gegend von Antiochien am Orontes auf, wo sie von Herrn Dr. v. LUSCHAN gesammelt wurde.

Nerinea cedrorum n. sp. Taf. VIII, Fig. 1.

Fast cylinderförmig, dünnschalig. Grösste Breite 45 mm., Basis abgeplattet. Windungen oberflächlich glatt, nicht oder nur äusserst wenig vertieft. Umgänge niedrig, breit viereckig. Spindel ganz ausgehöhlt. Umgangsraum dreilappig. Der untere Lappen tief bis zur Mitte des Gehäuses vortretend, der obere Lappen nur bis zum mittleren Drittel des Schalendurchmessers. Spindel in der Mitte mit einer schmalen dünnen Falte, die horizontal bis in die Mitte des Umgangsraums vorspringt. Die Innenlippe sendet von ihrer

Mitte aus eine lange Falte bogenförmig nach aussen. Die Aussenfalte ganz kurz, im Schnitt blos als einfaches Zähnchen auf der unteren Hälfte der Aussenlippe erscheinend.

Vorkommen: Im weissen Marmor mit Rudisten am Cedernpass (von Diener gesammelt) und am Djebel Sannin bei Zachle (von Fraas gesammelt.)

II. Ungenabelte Formen.

1) Mit 1—3 Falten.

Nerinea uniplicata n. sp. Taf. VIII, Fig. 2.

Nerinea Requieniana (d'Orb.) Fraas: Aus dem Orient II, p. 324, non idem: Aus d. Orient I, p. 241. (Wadi el-Djöz.)

Kegelförmig. 43 mm. hoch. Spiralwinkel 26°. c. 13 Umgänge. Oberfläche flach, nur 4 niedrige schwache Körnerreihen auf jedem Umgang, davon der unterste direkt über der Naht am deutlichsten. Nahtbinde und Anwachsstreifen der *N. Requieniana* d'Orbigny nicht vorhanden. Umgänge rhombisch. Spindel etwas verlängert, mit einer breiten niedrigen Falte, die mit rechtwinkliger Kante wenig in den unteren Theil des Umgangs vortritt. Darunter ein kanalartiger Ausguss. Sonst keine Falten vorhanden (auf den Lippen).

Vorkommen: Verkieselt im Rudistenkalk von 'Abeih.

Nerinea berytensis n. sp. Taf. VIII, Fig. 3.

Gehäusewinkel 10—15°. Schale 12 cm. hoch, an der Mündung 4 cm. breit. Nur 7—8 Umgänge. Dieselben sehr hoch, aussen vertieft. An der grössten Concavität ist die Aussenlippe innen verdickt, so dass sie mit einer stumpfen Kante von 120° in die Mitte des Umgangs einspringt. Innenlippe ohne Falten. Spindel unter- wie oberhalb der Mitte leicht gewellt.

Verwandtschaft: Man könnte diese Art mit *N. Archimedis* d'Orbigny t. 158, f. 3—4 vergleichen, aber es fehlt die Falte der Innenlippe.

Vorkommen: Zwischen Schteidi und Rumi am Wege von Beirût nach Brûmâna im Marmorkalk.

Nerinea Lüttickei n. sp. Taf. VIII, Fig. 4.

Fast cylindrisch, 15 cm. breit. Umgänge aussen unmerklich vertieft, viereckig gleich breit und hoch. Spindel unterhalb der Mitte mit dreieckiger Falte. Innenlippe in der Mitte mit starker nach aussen gebogener Falte. Aussenlippe oben verdickt mit wellenförmigem Vorsprung.

Ich nenne diese Schnecke zu Ehren des Herrn Viceconsul Lütticke zu Beirût, der durch seine dankenswerthe freundliche Unterstützung das Wesentlichste zum Gelingen meiner geologischen Studienreise in Syrien beitrug.

Vorkommen: Mit voriger Art zusammen im Nerineenmarmor am Wege von Schteidi nach Brûmâna.

Nerinea gemmifera Coquand.

1852. *Nerinea cretacea* Conrad p. 227. t. 16, f. 85.
1852. *Nerinea rachleaformis* Conrad l. c. App. p. 233. t. 4, f. 29.
1852. *Nerinea syriaca* Conr. App. t. 5, f. 34, non cet(?).
1862. *Nerinea gemmifera* Coquand. Géol. et Pal. de la prov. de Constantino t. 4, f. 4.
1867. *Nerinea Coquandiana* Fraas (d'Orb.). Aus d. Orient. I. p. 241.
1874. *Nerinea gemmifera* Lartet. La Mer Morte. p. 119, t. 4, f. 4.
1878. *Nerinea gemmifera* Fraas. Orient II. p. 97, t. 1, f. 6.
1884. *Nerinea paucilla* Hamlin l. c. p. 25, t. 2, f. 4.

Thurmförmig. Gehäusewinkel 22—26°. Höhe 7 cm. 20 Umgänge. Windungen in der Mitte halbkreisförmig eingesenkt. Rinne ebenso breit als die zu beiden Seiten der Naht liegende Wulst, welche durch die meist vertiefte Naht in zwei Rippen geschieden wird, die mit 10—30 Knoten besetzt sind. Ausserdem sind an wohl erhaltenen Exemplaren noch drei gekörnelte Spiralstreifen in der Rinne zu beobachten.

Umgangsraum nach aussen mit zwei, nach innen mit drei gleich breiten Lappen. Spindel mit einer Falte in der Mitte. An der Ecke zwischen Spindel und Innenlippe entspringt eine zweite Falte, welche aber kurz vor der Mündung verschwindet. Eine dritte kaum merkliche Falte in der Mitte der Aussenlippe.

Verwandtschaft: Die Art schliesst sich an *N. Coquandiana* d'Orb. aus dem Neocom an, welche aber nur eine Knotenreihe oberhalb der Naht aufweist.

Vorkommen: *N. gemmifera* ist eine der verbreitetsten Nerineen in ganz Syrien: In Palästina wird sie von CONRAD citiert zwischen Nebi Samwil und El-Djib, von LARTET vom Djebel Museikah bei Kurnub in Judäa; NÖTLING gibt sie aus den Kalken mit *Pterolus Oliphanti* am Karmel an. In Mittelsyrien kenne ich dieselbe von 'Ain 'Ainûb, von 'Abeih, wo sie stets verkieselt und mit Quarzkrystallen erfüllt, daher durchscheinend, im Rudistenkalk zusammen mit *Sphaerulites Sauvagesi* und *Rostellaria Rustemi* auftritt, sowie Steinkerne in zuckerkörnigem gypshaltigem Kalk von Palmyra. In Nordsyrien fand ich Steinkerne in porösem Rudisten-Nerineenkalk am Kloster Dêr Achmeri am Sabbatfluss westlich Kal'at el-Hösn.

In Algerien findet sie sich in COQUANDS Provencien (Turon) mit Rudisten.

Nerinea Mamillae FRAAS, Taf. VIII, Fig. 5—6.

Nerinea syriaca CONR. App. t. 5, f. 38, non cet.
Nerinea Mamillae FRAAS. Aus dem Orient I. p. 97, t. 1, f. 6.

Diese Nerinee steht der vorigen ausserordentlich nahe, und kann fast als blosse Varietät aufgefasst werden. In Höhe und Breite des Gehäuses herrscht Uebereinstimmung. Die Zahl der Umgänge aber ist meist relativ geringer, da dieselben höher sind. Nur über der Naht scheint auf den ersten Umgängen eine Knotenreihe sich befunden zu haben.

Umgänge vertieft, aber nicht regelmässig concav, sondern mit zwei unter abgestumpftem Winkel auf einander treffenden Theilen. Der untere Theil fällt von dem Wulst an der Naht ziemlich steil zur Axe, der obere, in der Regel breitere, steigt schief zur oberen Naht empor. Bei Steinkernen, welche der *N. constricta* RÖMER*) ähnlich aussehauen, erscheint das Gewinde vollständig treppenförmig mit einspringenden Winkeln von 100—120°. Letztere vertiefen sich noch in eine deutliche breite Rinne, welche die Aussenfalte hinterlassen. Dieselbe war stärker als bei der vorigen Art und lag unterhalb der Mitte der Höhe. Falte der Innenlippe in deren Mitte gelegen. Die einzige der Spindel ist hinuntergerückt unter die Mitte des Umgangsraums. Dieser wird so in drei innere Lappen getheilt, deren mittlerer bedeutend breiter als die anderen ist.

Vorkommen: Ein Exemplar (Längsschnitt) im Nerineenmarmor östlich von Beirût zwischen Schteidi und Brumâna von mir gefunden; zahlreiche Steinkerne bei Bscherreh in gelblichem Kalkmergel des „oberen Trigoniensandsteins" (nach DIENER) (= Buchicerastufe) in DIENERS Sammlung; in Palästina nach FRAAS Steinkerne am Mamillateich bei Jerusalem.

Nerinea syriaca CONR.

Nerinea syriaca CONRAD: Off. Rep. p. 221, t. 12, f. 72 (non t. 11, f. 67 nec p. 233, App. t. 5, f. 33—38.)

Diese vielleicht grösste der syrischen Nerineen dürfte im ausgewachsenen Zustande eine Länge von vielleicht 30 cm. erreicht haben. Mir lagen Steinkerne aus der Sammlung des Consuls ROSEN im Berliner Museum vor, vollkommen entsprechend der citierten CONRAD'schen Abbildung, an denen auch die inneren Theile der Umgänge zu erkennen waren.

*) RÖMER: Verst. d. nordd. Oolithgeb. 1836 p. 143. t. 11, f. 30.

Fast cylindrisch, bis 7 cm. breit. Die Aussenseite des Umgangsraums wie bei *N. Mamillae* winklig einspringend, am tiefsten aber genau in der Mitte, wo die beiden zur Axe gleich geneigten schiefen Flächen zusammenstossen. Hier in der Mitte läuft auf dem Umgangssteinkern eine breite Furche, hinterlassen von der kurzen wulstartigen Aussenfalte. Die Spindel ist etwas unterhalb der Mitte mit einer einfachen scharfen Falte versehen. Die Innenlippe trägt ebenfalls eine solche. Die drei nach innen vorspringenden Lappen des Umgangssteinkerns sind wohl abgerundet, im Längsschnitt halbkreisförmig.

Verwandtschaft: Ausserlich macht der Steinkern dieser Schnecke ganz den Eindruck von *Nerinea Gosae* A. Römer*) aus oberjurassischen Schichten. *N. Espaillieianum* d'Orb.**) des französischen Turons und einer *Nerinea* sp. Römer***) aus der Kreide von Texas und mag mit diesen auch auf das engste verwandt sein. Die cretaceische *N. Espaillieiana* ist nur schmaler als die syrische Form. Beim Vergleich mit *N. gigantea* des Neocom ist besonders die andere Beschaffenheit und tiefere Lage der Aussenfalte unter der Mitte des Umgangs bei letztgenannter hervorzuheben.

Bemerkung: Unter den verschiedenartigen von CONRAD mit dem Namen *N. syriaca* belegten Schnecken habe ich für diese grösste Form den Namen beibehalten, indem ich für die übrigen ausser der folgenden Zwergart schon passende Namen existieren.

Vorkommen: Bhamdûn.

Nerinea minima n. sp. Taf. VI, Fig. 1a und 2f.

Nerinea syriaca (young) CONRAD p. 221, t. 11, f. 67.
Nerinea Bhamdunensis CONR. p. 221, t. 22, f. 128.

Kleinste der syrischen Nerineen, vermuthlich selbstständige Art und nicht Jugendzustand einer andern grösseren. Thurmförmig, schlank zugespitzt. 10 mm. lang, Basis 2½ mm. breit. 9—12 Umgänge, gewölbt mit 5 zuweilen in Körner aufgelösten Spiralrippen, zwischen denen sich noch feinere Spirallinien einschieben.

Aussenlippe mit einer Falte in der Mitte. Spindel mit zwei Falten, davon die obere gerade mit der Aussenfalte correspondirt. Innenlippe ohne Falten. Die Lappen sind nach innen und aussen halbkreisförmig abgerundet. Die Falten reichen nicht bis zur rundlich ovalen bis viereckigen Mundöffnung, so dass man ein einzelnes unversehrtes Exemplar eher für eine *Turritella* (z. B. *T. difficilis* d'Orb. und *uchauxiana* d'Orb. Pal. franç., terr. crét. t. 151, f. 19—23) halten würde.

Bemerkung: Ob *N. Bhamdunensis* CONRAD auch hierher gehört, vermag ich bei der mangelhaften Beschreibung nicht zu sagen.

Vorkommen: Zu hunderten auf röthlichen Mergelplatten mit *Leda perdita*, *Cardita lacunar*, *Buchiceras syriacum* etc. in Bhamdûn.

2) Mit 4—6 Falten:

Nerinea abeihensis sp. Taf. VIII, Fig. 7—8.

Gehäusewinkel 13—15°. 6 cm. lang. Gleicht äusserlich sehr der *N. gemmifera*, die aber in der Regel etwas spitzer ist. Wie bei jener längs der Naht zwei Körnerreihen, die auch zu einer Spiralrippe verschmelzen. Umgänge concav ausgehöhlt aber stets weniger tief als bei *N. gemmifera*. Durchschnitt des Umgangsraums rhombisch.

Spindel mit zwei kurzen zahnartigen Falten, die untere stärker. Innenlippe nahe der Spindel mit

---

*) A. Römer: Verst. d. nordd. Oolithgeb. t. 11, f. 27.
**) d'Orbigny: Pal. franç., terr. crét. II, t. 164, f. 2.
***) F. Römer: Kreidebildungen von Texas, Bonn 1852, t. II, f. 8.

sehr niedriger kaum bemerkbarer Falte. Die der Aussenlippe in der Mitte gelegen springt von allen am weitesten in den Umgangsraum hinein.

Vorkommen: Im Trigoniensandstein von 'Abeih.

Nerinea Schicki FRAAS sp. Taf. VIII, Fig. 9—10.

Nerinea syriaca COSQ. App. t. 5, f. 33, 35, 37 non cet.
Nerinea Schirkii FRAAS. Aus dem Orient I, p. 98, t. 1, f. 11.
Nerinea longissima FRAAS. Orient II, p. 324, t. 5, f. 1 non idem, Orient I, t. 1, t. 10, nec RUSS.
Nerinea Schickii FRAAS, ibidem, t. 6, f. 3.

Schlank, sehr spitz, fast cylindrisch. Bei 100 mm. Länge 13 mm. Breite des letzten 25sten Umgangs. Zahlreiche Umgänge. Oberfläche flach, nur Nähte vortretend, namentlich gegen die Spitze des Gehänses. Hier, wo die Skulptur stets deutlicher ausgeprägt und besser erhalten ist, zeigt sich auf oder direkt unter der Naht ein schwach gekörnelter Spiralkiel und auf der Mitte des flach vertieften Umgangs bei guter Erhaltung eine zierliche Perlenreihe. (Vergl. Taf. VIII, Fig. 9.) Anwachsstreifen sind in der Regel vorhanden. Spindel relativ dick, ein Drittel des Gehäusedurchmessers einnehmend. Umgänge daher doppelt so hoch als breit. Falten ähnlich wie bei der vorigen Art, nur ist die Falte an der Aussenlippe schwächer und befindet sich auf der unteren Hälfte, d. h. nahe der abgestumpften untern Ecke. Die Falte der Innenlippe ist hier die relativ längste und schärfste von den vier Falten.

Verwandtschaft: In Bezug auf die Falten steht dieser Art unter europäischen Nerineen *N. regularis* d'ORBIGNY aus dem Cenoman des Dep. Charente Inférieur am nächsten.

Vorkommen: In den ersten gelben Kalkmergelbänken über dem eigentlichen Trigoniensandstein oft Bänke zusammensetzend, so bei 'Abeih und bei Etschmetsch im Fidarthal.

Nerinea cf. Fleuriausa d'ORB. Taf. VIII, Fig. 11—12.

Nerinea Fleuriausa (d'ORB.) FRAAS. Orient I. p. 241.

Spitz, fast cylindrisch. Gehäusewinkel 10—15°. Im Maximum 20 mm. breit. Aeusserlich der *N. abeihensis* sehr ähnlich, aber ohne Andeutung von Körnern. Umgänge schwach concav vertieft. Auf der Naht eine scharfe Spiralrippe.

Umgänge viereckig rhombisch. Umgangsraum sehr zerschlitzt durch 4—6 Falten, fünflappig. Spindel mit zwei Falten. Die unterste reicht sehr tief in das Innere des Umgangs und scheidet einen langen schmalen Lappen an der Basis ab. Am Ende ist diese Falte noch verdickt und etwas gegabelt. Darüber liegen zwei abgerundete Lappen, durch die kurze am Ende verdickte zweite Spindelfalte getrennt. Von der Innenlippe läuft in der Nähe der Spindelecke eine halbkreisförmig gekrümmte dreimal verdickte Falte gegen die Aussenecke. Eine ähnliche Gestalt hat oft die nach unten gebogene Falte der Aussenlippe. Ausser diesen regelmässig sichtbaren vier Falten erscheint oft noch auf der Innenlippe zwischen dem Hauptfalte und dem Aussenrand sowie vereinzelt auf dem unteren Theil der Aussenlippe je ein schwaches Zähnchen.

Verwandtschaft: Diese Nerinee stimmt abgesehen von dem Fehlen der Tuberkeln an der Naht im Uebrigen so auffallend mit *N. Fleuriausa* d'ORB., Pal. franç., terr. crét. II, t. 160, f. 6 überein, dass ich sie fast als blosse Varietät ansehen möchte. *N. Fleuriausa* ist ein bezeichnendes Fossil der Schichten mit *Caprina adversa* im Dép. Charente Inférieur (Cenoman).

Vorkommen: Aeusserst verbreitet in ganz Syrien. In Mittelsyrien habe ich sie aus bräunlich gelben Kalkschichten des unteren Rudistenhorizonts (Buchicerasstufe) von Schumlân und aus dem Marmor von Betmêri. DIENER sammelte sie in den Buchicerasmergeln von Afqa und Bscherreh.

In Nordsyrien fand ich sie im weissen Rudistensandstein nördlich von Bâniâs und erhielt sie von Herrn Professor LIVONIAN aus der nördlichen Umgegend von 'Aintab.

Nerinea abundans Fraas.

Nerinea abbreviata Fraas l. p. 241 non Conrad!
Nerinea abundans Fraas II. p. 357.

Kegelförmig, abgestumpft. Gehäusewinkel 15°, oben stumpfer werdend. Basis abgeplattet. Oberfläche flach, glatt. Fraas gibt nur schief auf die Naht gestellte Anwachsstreifen an. Das mir vorliegende als *N. abbreviata* Conr. bezeichnete Exemplar der Fraas'schen Sammlung vom Nahr el-Kelb ist 35 mm. hoch, 15 mm. an der Basis breit. Spindel mit zwei kurzen gleich grossen Falten. Eine schwache Falte auf der Innen- und eine auf der Aussenlippe.

Verwandtschaft: Mit der sogenannten *Nerinea abbreviata* Conrad App. b, 36, einer typischen *Actaeonelle*, hat diese echte Nerinee nichts zu thun. Dieser von Fraas gemachte Vergleich muss auf einer Verwechslung beruhen. Nahe verwandt ist sie der *N. uchauriana* d'Orb. t. 164, f. 1 aus der mittleren chloritischen Kreide von Uchaux, die aber oben regelmässig zugespitzt und an dem Basisrand stumpfkantiger ist.

Vorkommen: Nach Fraas in den obersten Kreidekalken, an die sich direkt die Nummulitenschichten anschliessen, in Menge am Nahr el-Kelb, beim Cǎhn Djamhûr, am Bardûniquell am Fuss des hohen Sannin und hinter Baalbek.

b. Cryptoplocus subg.

Cryptoplocus? libanensis Hamlin l. c. p. 26, t. 2, f. 8.

Aus sandigen Mergeln des Libanon.

Cerithium g., die artenreichste Gattung der syrischen Kreide (16 Arten).

Cerithium? glabrum n. sp.

Cerithium provinciale nudum Fraas II. p. 69, t. 6, f. 13.

Nur ein Exemplar liegt vor. Kegelförmig oben zugespitzt (Spitze abgebrochen). Länge des Bruchstücks 51 mm., ergänzt etwa 61 mm. Breite an der Basis 24 mm. Mindestens 12 Umgänge waren vorhanden. Oberfläche flach und ganz glatt. Nur sehr schwache und undeutliche Spiralstreifen, die sich leicht verwischen. Letzte vorhandene Windung nicht erweitert. Basis des letzten Umgangs glatt. Die Mündung erscheint auf der Abbildung bei Fraas einfach halbkreisförmig, vorn verkürzt, die Spindel nicht verlängert. Wie weit das Originalexemplar hier abgebrochen ist und wie die Mündung wirklich beschaffen war, bleibt zweifelhaft.

Verwandtschaft: Diese Form ist nicht allein länger, sondern auch spitzer als die folgende und hat mehr Windungen, kann also nicht als abgeriebenes Exemplar zu *C. orientale* gezogen werden.

Vorkommen: Im oberen Trigoniensandstein von 'Abeih.

Cerithium orientale Conr. sp.

1852. *Nerinea orientalis* Conr. App. p. 233, t. 5, f. 32.
1878. *Cerithium provinciale plicatum* Fraas II. p. 69, t. 6, f. 12.
1886. *Cerithium orientale* Noetling, a. a. O. p. 873, t. 27, f. 6—7.
1887. *Cerithium orientale* Dunker. Ein Beitr. z. Kenntn. d. syr. Kreideb. Zeitschr. d. Deutsch. geol. Ges. XXXIX, p. 321.

Vorkommen: 'Abeih, Gastropodenzone im Trigoniensandstein.

Cerithium magnicostatum Conr. sp.

1852. *Turritella magnicostata* Conr. p. 221, t. 10, f. 63, 64.
1878. *Cerithium Cornuelianum* (d'Orb.) Fraas II. p. 69.

1884. *Alaria monodactyla* HANLIS, p. 28, t. 2, f. 6.
1886. *Cerithium magnicostatum* NÖTL. p. 872, t. 27, f. 5 und DIENER, a. a. O. p. 321.

Vorkommen: Im oberen Trigoniensandstein von 'Abeih, 'Ain 'Ainûb, Bhamdûn, Djezzin und Afķa.

Cerithium libanoticum FRAAS.

Cerithium provinciale armatum FRAAS II. p. 325, 5. t. 8, f. 10.
Cerithium libanoticum FRAAS (Etiquette in der Stuttgarter Sammlung.)

Ein Exemplar. Spiralwinkel 22°. Höhe ergänzt mindestens 70 mm. Jeder Umgang mit einer Reihe von etwa 10 starken knotigen Dornen versehen.

Dies ist die längste der syrischen Cerithienarten.

Vorkommen: 'Abeih, Trigoniensandstein.

Cerithium acutecostatum n. sp. Taf. IX, Fig. 1.

Cerithium provinciale (d'ORB.) FRAAS p. 325, Nr. 1.

Thurmförmig, bis 35 mm. hoch. Breite an der Mündung 15 mm. Gewindewinkel 25—26°. Zehn Windungen gewölbt; jede mit 6—8 bogigen Querwülsten, die bald abwechseln, bald sich zu senkrecht stehenden Reihen ordnen. Die Wülste sind sehr schmal und scharf und lassen einen bedeutenden flacheren Zwischenraum zwischen sich. 4—5 scharfe ungekörnelte Spiralrippen laufen über die Windungen und erheben sich auf den Querwülsten zu spitzen dornigen Knoten. In den concaven Rinnen zwischen den Spiralrippen erkennt man 2 bis 4 feine Linien. Auf der letzten Windung erscheinen an der Basis noch 2 stärkere und etwa 4 schwächere Kiele. Letzte Windung stark erweitert. Mündung abgerundet quadratisch.

Verwandtschaft: Diese Art gehört in die nächste Nähe von dem französischen *C. provinciale* d'ORB., welches auch dieselbe Grösse erreicht. Aber bei diesen treten weder die Querwülste noch die Spiralrippen so scharf hervor, sind vielmehr breiter, so dass z. B. die Querwülste einander fast berühren ohne grosse Zwischenräume. Die Gosauform *C. provinciale* ZEK. zeichnet sich zudem durch zierlich gekörnte Spiralbänder aus. Von *C. Prosperianum* d'ORB. ist *C. acutecostatum* auch noch durch die Beschaffenheit der Mündung verschieden.

Vorkommen: In den unteren Mergeln der Buchicerasstufe von 'Abeih zusammen mit *Nerinea Schicki*.

Cerithium Fraasi n. sp. Taf. IX, Fig. 2.

Cerithium provinciale pustulosum FRAAS II. p. 325, 4. t. 8. f. 11.

Kegelförmig. Gewindewinkel 32°. Es liegt nur ein 34 mm. langes, 20 mm. breites Exemplar vor, dessen Spitze abgebrochen ist; ergänzt besass es c. 40 mm. Höhe. (Die Abbildung bei FRAAS gibt die Massverhältnisse nicht richtig.) Es sind 5 Umgänge erhalten, denen noch 3 an der Spitze zuzufügen wären. Sie sind flach, geziert mit 15—21 Querreihen von jedesmal drei dicken rundlichen Knoten, welche an der Kreuzung der Längsreifen mit 3 Spiralreifen entstehen. Erstere stehen senkrecht auf den Nähten oder sind schwach nach rückwärts gebogen. Am Rande der letzten Windung, die übrigens nicht wie *C. orientale* erweitert ist, zeigen sich 3 Spiralkiele. Die Basis ist abgeplattet und glatt. Mündung viereckig.

Verwandtschaft: Diese Art würde man mit FRAAS wohl zu *C. pustulosum* SOW. bei d'ORBIGNY[*]) stellen können, wenn statt drei Knotenreihen sich deren vier fänden. Uebrigens hat die genannte französische Form eine stark vertiefte Naht resp. flach gewölbte Umgänge, welche schneller ansteigen.

Vorkommen: Im oberen Trigoniensandstein von 'Abeih.

---

*) Paléont. franç., terr. crét. II. t. 233, f. 4.

Cerithium excavatum Bronsn. var. syriacum. Taf. IX, Fig. 3—4.

1822 *Cerithium excavatum* Brongniart: Environs de Paris, t. 9, f. 10.
1842 *Cerithium excavatum* d'Orbigny: Pal. franç., terr. crét., p. 371, t. 230, f. 12.
1878 *Cerithium excavatum* Fraas II. p. 325.

Kegelförmig. Gewindewinkel 14—22°. Höhe 28 mm., Basisbreite 11 mm., 15—17 Umgänge, concav ausgehöhlt; längst der Naht eine glatte Spiralrippe. Letzter Umgang am Basisrand scharf gekielt. Basis abgeplattet. Mündung quadratisch, zuweilen breiter als hoch.

Verwandtschaft: Diese Schnecken stimmen in ihrer Beschaffenheit sehr wohl mit *C. excavatum* aus dem französischen Gault überein. Die geringfügigen Abweichungen können höchstens als Variationen betrachtet werden. Das echte *C. excavatum* hat einen weniger scharfen Kiel an der letzten Windung, etwas gewölbtere Basis und eine Spur höhere, daher weniger gedrängte Windungen. Uebrigens fand ich auch Individuen in 'Abeih, die in letzterer Hinsicht genau der Abbildung d'Orbigny's entsprechen.

Vorkommen: In der Gastropodenzone, Trigoniensandstein von 'Abeih. — Sonst ist *C. excavatum* charakteristisch für den Gault von Perte du Rhone.

Cerithium Nötlingi n. sp.

Cerithium Matheroni (d'Orb.) Fraas II, p. 326.
Cerithium sociale (Zekeli) Nötling*), Entwurf einer Gliederung der Kreidef. in Syrien und Palästina. Zeitschr. d. Deutsch. geol. Ges. 1886 p. 874, t. 27, f. 8.

Thurmförmig. Gehäusewinkel 30°. (Bei *C. sociale* Zek. beträgt er nach Stoliczka **) 12—20°). Grösste Höhe 30 mm. 10—11 Umgänge mit vertikalen Seitenflächen, treppenförmig gegen einander abgesetzt. Deutlich markierte knotige Rippen setzen quer über die Windungen. Gegen die obere Naht schwellen sie in der Regel an und endigen hier in ihrem stärksten zur Naht steil abfallenden Knoten, daher das Gehäuse im Profil gesehen treppenartig erscheint. An Zahl nehmen die Querrippen der Umgänge von der Spitze zur Basis fortwährend zu, so dass z. B. das Original zu *C. sociale* Nötl., oben bei der ersten sichtbaren Windung 7, an der Basis, 6 Windungen darunter, 23 Längsrippen zählt.

Ausnahmslos viel schwächer als diese Querrippen sind drei Hauptspiralstreifen markiert, welche zur Bildung von drei Knoten auf ihrer Kreuzung mit den Querrippen Anlass geben. Gewöhnlich erscheint unten noch eine vierte schwächere Spiralreihe von Knoten gerade über der Naht. Diese tritt deutlich an der Basis der letzten Windung heraus, unter ihr noch ein gekörnelter Kiel und 1—2 schwächere Spirallinien.

Die Zwischenräume zwischen den scharfen Querrippen sind etwa doppelt so breit als diese selbst. Nahe der Spitze, wo die Spiralstreifen enger zusammenrücken, die Querrippen aber nicht, sind jene Zwischenräume grösser als die zwischen den Spiralreifen; an dem letzten Umgang hingegen in der Regel etwas kleiner. (Vergl. Nötling, a. a. O. Taf. 27, Fig. 8 b). Zwischen den Hauptspiralstreifen sieht man nun auf allen besseren Exemplaren noch zahlreiche feine Spirallinien, ähnlich wie bei *Cerithium reticosum* Sow. (= *pustulosum* Sow. non d'Orb.)

Verwandtschaft: Aus dieser Beschreibung geht der Unterschied gegenüber *C. sociale* Zek. deutlich hervor. Es ist besonders der grössere Gehäusewinkel, das stufenförmige Ansteigen des Gewindes, das Vorwiegen der Querrippen, die geringe Anzahl derselben an der Spitze und relativ schnelle Zunahme derselben,

---
*) In der citierten Arbeit Nötlings muss es auf p. 874 und der Erklärung zu Taf. 27 *Cerithium sociale* statt *provinciale*, wie irrthümlich dort steht, heissen, da sowohl die Citation von Zekeli, p. 95, t. 17, f. 1 und die Beschreibung nur auf *C. sociale* verweisen können, als auch die betreffenden Originale in der Berliner Sammlung vom Autor als *C. sociale* etiquettiert sind.
**) Stoliczka: Eine Revision der Gastropoden der Gosauschichten in den Ostalpen. Sitzungsber. Wiener Akademie LII. 1 1886. p. 198.

ferner das Vorhandensein von feinen Spiralstreifen auf der ganzen Windung, welche hier in Betracht kommen. *C. provinciale* d'ORB., wie unsere Art nur irrthümlich von NÖTLING und später von FRECH*) genannt worden ist, differiert sehr auffallend durch geringere Zahl von Querwülsten (6 bis höchstens 10) und die stärkeren deutlich fein gekörnelten Spiralreifen.

Viel näher als *C. sociale* und *subgradatum* ZEK., die STOLICZKA unter ersterem Namen vereinigte, scheint dem *C. Nöttingi* übrigens *C. pustolosum* ZEKELI**) (non d'ORB.) zu stehen, welches wenigstens grösseren Gehäusewinkel und Höhe erreicht. Aber auch hier wie bei den 8 damit verwandten ZEKELI'schen Cerithien, die STOLICZKA zusammen als *C. reticosum* aufführt, kommen Querrippen gegenüber den vier Hauptspiralstreifen nicht so zur Geltung als bei *C. Nöttingi*.

C. forcolatum MÜLL. sp.***) aus dem Grünsand von Aachen zeichnet sich vor allen anderen durch eine grössere Anzahl (16—17) flacher Windungen mit 3 Knötchenreihen aus.

Cerithium aequisulcatum n. sp. Taf. IX, Fig. 5—6.

Das thurmförmige, gleichmässig gewundene Gehäuse besteht aus etwa 9—10 Windungen, deren oberste leider bei allen vorhandenen Exemplaren abgebrochen sind. Höhe ergänzt c. 22 mm. Breite an der Mündung 8 mm. Winkel an der Spitze 16—23°. Umgänge wenig gewölbt. Letzter Umgang kanm erweitert (im Gegensatz zur vorigen Art). Naht vertieft von einem glatten, wellenförmigen Reifchen bedeckt.

Die Umgänge sind mit gradlinigen Querrippen versehen, die senkrecht auf der Naht stehen, zuweilen sich zu längeren Radiallinien unter einander gruppieren und nach vorn an Zahl sich mehren bis zu 16 auf dem letzten Umgang. Zwischen sich lassen diese Rippen eine Furche, deren Breite beträchtlicher ist als die der Rippen und sich auf den einzelnen Umgängen von der Spitze bis zum letzten Umgang gleich bleibt. Die Querrippen werden gekrenzt von 4 scharfen Spiralreifen, welche wellenförmig über die Wülste laufend sich hier zu rhombischen bis länglichen Knoten verdicken. Die senkrecht übereinander stehenden Knoten verschmelzen fast mit einander, die in Spiralreihen folgenden niemals. Die zwischen 4 Knoten liegenden Vertiefungen sind an Umfang mindestens doppelt so gross als die Knoten. In diesen Vertiefungen zeigen sich 3—8 feinere Spirallinien, welche zwischen die groben eingeschaltet sind.

Verwandtschaft: Diese neue Art verhält sich ebenso zu der Gosauart *C. Münsteri*, wie die vorige zu *C. sociale*. Ich konnte sie mit circa hundert von mir am Dreistettener Waldweg in der Neuen Welt südlich Wien gesammelten Individuen verschiedener Varietäten, sowie solchen der Wiener Universitätssammlung vergleichen, fand aber keine wirklich entsprechende Form darunter. *C. Münsteri* der Gosauschichten ist etwas kleiner (höchstens 20 mm.) und schlanker und wird oben meist stumpfer. Auf der Oberfläche fallen beim ersten Blick weniger die beiderlei Rippen, als die einzelnen dicht gedrängt stehenden Körner ins Auge, die sich hauptsächlich nach Spiralreihen gruppieren und in dieser Richtung auch mit einander verschmelzen können. Die sehr oft bogenförmigen Querreihen treten bei einzelnen Individuen nur an den oberen Windungen mehr als die Spiralreihen hervor, ragen niemals aber so hoch wulstartig über die Umgebung hinaus als wie bei *C. aequisulcatum* und die 4 Körner berühren sich auf denselben nicht. Die Querreihen stehen ausserdem im Ganzen relativ dichter, und besonders sind sie gegen die Spitze hin ausnahmslos viel gedrängter und feiner als gegen die Mündung. Die Körner sind vorherrschend mehr rechteckig. Die Felder zwischen 4 Körnern sind nur ebenso gross als diese. Feinere Spirallinien zwischen den Körnerreihen sind höchstens 4 vorhanden.

Unter den mannigfachen Varietäten von *C. Münsteri* aus den Gosauschichten würde die von REUSS†) unterschiedene typische breite Form mit deutlicher Nahtbinde und wenigen grossen Körnern unserer Art

*) FRECH: Die Versteinerungen der untersenonen Thonlager zwischen Suderode und Quedlinburg. Berlin 1887, p. 192.
**) ZEKELI: Gastropoden der Gosaugebilde. t. 19, f. 5.
***) Jos. MÜLLER: Monogr. Aach. Kreidef. II. p. 48. t. 6. f. 3.
†) REUSS: Krit. Bem. über die von H. ZEKELI beschr. Gastropoden der Gosaugeb. in den Ostalpen. (Sitzungsber. Wiener Akad. Wissensch. XI. 1854 p. 920).

wohl am nächsten kommen, noch mehr aber eine norddeutsche Cerithie des untersenonen Thons zwischen Quedlinburg und Suderode, welche Frech *) als *C. Münsteri* aufgeführt hat. Diese erinnert in Bezug auf ihre Höhe (2½ z cm.), Dicke (Winkel 26—27°) und das Hervortreten der Querrippen fast ebenso sehr an *C. acquisulcatum*, als sie von den Gosauformen abweicht. Aber auch von dieser grössten Varietät unterscheidet sich unsere Art durch ihre Hauptmerkmale, die Schärfe und Höhe der Wülste und deren weite und vor allem sich oben und unten gleichbleibende Entfernung.

Vorkommen: Gastropodenzone im Trigonieusandstein von 'Abeih.

Cerithium? cf. formosum Zek. Taf. VI, Fig. 2 c.

Spiralwinkel durchschnittlich 25°. Die ersten Umgänge nehmen mit grösserem Winkel zu als die unteren. 7 mm. hoch, unten 2½ s mm. breit. 7—8 Windungen, ziemlich gewölbt, jede geziert mit etwa 9 bogigen Querwülsten, welche zu geraden Längsreihen sich unter einander verbinden. 4 bis 5 grössere, dazwischen je ein sehr feiner Spiralreifen laufen über die Windung. 4 bis 5 grössere, dazwischen je ein sehr feiner Spiralreifen laufen über die Windung. Mündung rundlich.

Verwandtschaft: Als Unterschiede gegen *C. formosum* der Gosauschichten sind hervorzuheben, dass die Umgänge stärker gewölbt und die Querwülste von der Spitze bis zur Mündung gleichmässig entwickelt sind und nicht schief zur Naht stehen.

Vorkommen: Auf rothen Mergelplatten in Bhamdûn zusammen mit *Nerinea minima*, *Fusus bhamdunensis*, *Leda perdita* etc.

Cerithium sp. cf. peregrinorsum d'Orb.

4 mm. lang. Gehäusewinkel 20 -30°. 7 Windungen. Umgänge rundlich gewölbt, geziert mit einem scharfen Netzwerk von 10—20 Querrippen auf jedem Umgang, die gegen die Spitze hin gedrängter und sogar zahlreicher stehen, und 4 Spiralrippchen.

Verwandtschaft: Hiermit dürfte vielleicht die *Scalaria Goryi* Lartet (Expl. géol. de la Mer Morte p. 128, t. 10, f. 20 a, b) aus Palästina identisch sein.

Unter bekannten Cerithienarten scheint *C. peregyrinorsum* d'Orb. (Pal. franç., terr. crét. II. t. 231, f. 3—4 aus dem Sandstein von Uchaux am nächsten zu stehen.

Vorkommen: Im rauhen porösen Nerineenkalk der Grotte des Nebir el-Fuar (Sabbaticus fluvius) westlich Kal'at el-Hösn als Abdrücke.

Cerithium cf. sexangulum Zek.

Bruchstück eines Abdrucks 5 mm. lang. Pyramidenförmig, sechskantig. Umgänge flach. 6 radiale Längsrippen. 5—6 Spiralreifen auf jedem Umgang.

Verwandtschaft: Diese kleine Cerithie stammt aus der Verwandtschaft von *C. Hochnighausi* Kefenst. und *sexangulum* Zek., zwei der häufigsten Fossilien der Gosauablagerungen.

Vorkommen: Im turonen Nerincenkalk bei Kal 'at el-Hösn im Nusairiergebirge.

Cerithium Münsteri Kefenst., var. syriaca.

1829 *Cerithium Münsteri* Keyst., Deutschland VIII, p. 99.
1842 *Cerithium Münsteri* Goldf., Petr. Germ. III. p. 36, t. 174, f. 14.
1852 *Cerithium frequens, solidum, (?) interjectum, Münsteri, breve* et *rotundatum* Zekeli: Gastropoden der Gosaugebilde, t. 20, f. 1, 3, 4. t. 21. f. 1, 2. 3, 7.
1858 *Cerithium Münsteri* Reuss: Kritische Bemerk. etc. p. 919—1866. Stoliczka: Revision der Gastropoden. — 1887. Frech: Untersenon. Thonlager von Suderode p. 192, t. 16, f. 16—17.

---

*) Frech, Die Versteinerungen der untersenonen Thonlager zwischen Suderode und Quedlinburg (Zeitschr. der Deutsch. geol. Gesellsch. 1887, p. 192, t. 16. f. 16—17.

10 mm. hoch. Umgänge flach gewölbt, durch tiefe Nähte gesondert. Jeder Umgang mit 4 Spiralreifen, die nur selten im untern Theil des Umgangs nahezu glatt erscheinen, vielmehr gewöhnlich in rechteckige bis rundliche Körner aufgelöst sind. Die Körner ordnen sich bald in senkrechten, bald in gebogenen Querreihen über einander, oder es fehlt jegliche Anordnung in radialer Richtung. Auf der verticiten Naht tritt eine fünfte Körnerreihe auf, anstatt deren zuweilen auch zwei feinere Körnerreihen erscheinen. Zwischen den 4 Hauptspiralreifen sieht man noch je eine feinere. Niedrige Querwülste erscheinen unregelmässig in grösseren Abständen auf den Windungen, etwa wie bei *C. furcatum*. Letzteres ist der einzige bemerkenswerthe Unterschied der syrischen Form von *C. Münsteri* der Gosauschichten. Ich stehe daher auch nicht an, die vorliegenden Exemplare bloss als Varietät von *C. Münsteri* aufzufassen.

Vorkommen: Häufig als Abdrücke im cavernösen Turonsandstein oder Kieselbreccie von Tartûs.

Cerithium hispidum Zek. var.

1852 *C. hispidum* Zekeli: Gastrop. der Gosaugeb. Abhandl. der k. k. geol. Reichsanst. Wien. I, t. 21, f. 2.
1865 *C. hispidum* Stoliczka: Eine Revision der Gastropoden der Gosausch.. p. 213.

Ein verkieseltes Exemplar, hat dieselbe Grösse (5—6 cm.), Breite an der Basis (2 cm.), den Gehäusewinkel (25°) und ähnliche Skulptur wie die Abbildung Zekelis t. 24, f. 2. Eine Spiralreihe von 20 stärkeren Knoten läuft unter der Naht, eine von 30 schwächeren Körnern in der unteren Hälfte der Windung.

Verwandtschaft: Ein Unterschied von *C. hispidum* Zek., beruht darin, dass die Körner an Zahl nur das Anderthalbfache der oberen Knoten erreichen, bei *C. hispidum* das Doppelte, indem hier nur 12—13 Knoten und unten 24—27 Körner auf einen Umgang fallen.

Vorkommen: Im Libanonkalkstein des Taumât Niha. (Collection Diener.) — *C. hispidum* ist sonst nur aus Gosauschichten vom Tiefengraben bei Gosau bekannt.

Cerithium gracilens Haml.

Cerithium gracilens Hamlin. I, a. p. 36.

Gehäusewinkel 14—16°. 3 Knotenreihen, davon eine schwache in der Mitte und zwei stärkere an der unteren und oberen Naht.

Vorkommen: Verkieselt im Rudistenkalk von 'Abeih.

Cerithium (subg. Triforis?) aciforme n. sp. Taf. IX, Fig. 7.

Thurmförmig nadelförmig, äusserst schlank. Gehäusewinkel 6°. Länge 15 mm., grösste Breite 2 mm. 15 gewölbte Windungen. Naht stark vertieft. Umgänge mit 3 Spiralreifen und je 8—12 Querrippchen, welche ein Netz mit Knoten an den Kreuzungen bilden. Mündung scheint rundlich gewesen zu sein.

Verwandtschaft: Die Art schliesst sich direkt an *Triphoris Voynei* Lartet: La Mer Morte p. 118, t. 12, f. 23—24, Abdrücken aus dem gastropodenreichen Kalk von Tell Mill bei Kurnub in Judäa, an, bei denen indess die beiden untersten Körnerreihen von der dritten oberen durch eine tiefe Furche gesondert werden. — Als nahe verwandt ist auch *C. Rudolphi* Geix. *) zu nennen.

Vorkommen: Abdruck im Nerineenkalk bei Kal'at el-Hösn.

Aporrhais pleurotomoides n. sp. Taf. IX, Fig. 8—10.

Rostellaria Requieniana (d'Orb.) Fraas II. p. 324.

Spindelförmig gethürmt, 19 mm. hoch. 9 gewölbte Umgänge mit 6—7 starken bogigen Querwülsten (auf den beiden letzten Windungen 7—8), die sich möglichst zu Längsreihen entsprechen. 7—9 erhabene

---
*) Glinitz: Elbthalgebirge I. Der untere Quader, p. 273 t. 60, f. 25.

Spirallinien laufen über die [oberen] Umgänge. In ihren Zwischenräumen lassen sich mit der Lupe noch eine Anzahl feinerer Linien unterscheiden.

Letzter Umgang oben gekielt, gegen die Mündung mit deutlichen Anwachsstreifen. Mündung meist schlecht erhalten), halb so hoch als die Höhe des Gehäuses vorn in einen Canal verlängert, flügelförmig ausgebreitet.

Vorkommen: Schalen im Trigoniensandstein von 'Abeih.

Aporrhais? sp. Taf. IX, Fig. 11.

Chenopus turriculoides CONRAD (ex parte) p. 220. t. 10. f. 62 (links unten).
Rostellaria inornata (d'ORB.) FRAAS, II, p. 325.

Ganz glatte Steinkerne, im allgemeinen von derselben Form wie die vorige Art, aber etwas länger bis 30 mm., Gewinde hervorragend. Umgänge stufenförmig aufsteigend. Mündung nach hinten erweitert.

Vorkommen: Häufige Steinkerne in der Buchicerasstufe von Bhamdûn und Ruweissât, ebenso bei Mâr Sâba in Palästina.

Aporrhais? Rustemi FRAAS sp.

Rostellaria Rustemi FRAAS II. p. 323. t. 8, f. 4.

Vorkommen: Verkieselt im Rudistenkalk von 'Abeih.

Alaria? sp. Taf. VI, Fig. 1 b.

Unvollkommenes Exemplar. 5 Umgänge, obere gerundet mit 10—12 schiefen gebogenen Querrippen. Letzter Umgang in der Mitte scharf gekielt, darunter noch zwei schwächere Kiele. Vorderer Kanal und Flügel leider nicht erhalten. Das Bruchstück ist 8 mm. gross.

Vorkommen: Bhamdûn auf rothen Mergelplatten vereinzelt neben *Leda perdita*, *Nerinea minima*, *Fusus bhamdunensis*, *Buchiceras syriacum*.

Pterocera div. sp.

Vertreter dieser Gattung sind, oft in riesiger Grösse (30 cm.), nicht selten in der an Steinkernen reichen Mergelstufe des *Buchiceras syriacum*. Leider kommen sie meistens nur in sehr schlechter Erhaltung vor, welche eine genauere Bestimmung kaum zulässt.

Zu dieser Gruppe von Steinkernen gehören:

Chenopus sp. CONRAD in LYNCH, Official Report etc. Appendix t. 7, f. 51, 52, von 'Abeih.
Pterocera cf. Beaumontiana d'ORB. nach FRAAS II p. 334 von der 'Auuliquelle hinter Djezzin.
Pterocera incerta d.ORB.? nach FRAAS, ibidem.
Pterocera supracretacea d'ORB. nach FRAAS; beide letztere Arten sind vom Fusse des Nebi Sâfe.
Schliesslich **Pterocera (Harpagodes) sp.** HAMLIN l. c. p. 29, t. 2, f. 7. Steinkerne mit z. Th. erhaltener Schale von Bhamdûn und Harf Râm el-Kabsch (Antilibanon).

Pterodonta ovata d'ORB. l. c. t. 218, f. 3.

Pterodonta ovata FRAAS II. p. 334.

Vorkommen: Steinkerne in den Buchicerasschichten vom Nebi Sâfe, Hasbeia und vielen anderen Orten, im Libanonkalkstein vom Taumât Nîha, Harf Râm el-Kabsch. In Frankreich in der chloritischen Kreide von Marseille.

Fusus bhamdunensis n. sp. Taf. VI, Fig. 1c und 2g.

Chenopus turriculoides CONRAD t. 10, f. 62 (ex parte, nur die höhere Figur rechts.)

Spindelförmig, 21 mm. hoch. 6—7 rundlich gewölbte Windungen. Mündung etwas höher als das Gewinde (bis 11 mm. hoch), länglich, vorn in einen Kanal verlängert. Spindel faltenlos. Etwa 12 Querrippen laufen bogig über die Umgänge. Ausserdem sind feine Spirallinien, etwa 7 auf den oberen Umgängen vorhanden.

Vorkommen: In grosser Menge auf rothen Kalkmergelplatten zusammen mit vielen Gastropoden. (*Alaria* sp., *Nerinea minima* etc.), *Buchiceras syriacum*, *Leda perdita* etc. in Bhamdûn.

Melo pervetus CONR. sp.

1852. *Strombus pervetus* CONRAD, p. 221, t. 12, f. 73.
1884. *Melo pervetus* HAML. p. 35, t. 3, f. 6.

Vorkommen: Steinkerne in gelblichen Mergeln (Buchicerastufe) im Distrikt Aklim esch-Schûf bei El-Djedeideh und Muchtârah.

Cancellaria? petrosa CONR. App. p. 234, t. 5, f. 43.

Schlecht erhaltene Steinkerne mit treppenförmig aufsteigendem Gewinde und Querrippen.
Vorkommen: Hasbeia, Buchicerastufe.

Actaeonina olivae FRAAS sp. Taf. IX. Fig. 12 a b.

1878. *Natica olivae* FRAAS: Aus dem Orient II, p. 322.
1884. *Actaeonina eufra* HAMLIN: Syrian Moll. foss. p. 30, t. III, f. 1.

Vorkommen: Unterer Trigoniensandstein von 'Abeih.

Actaeonina oviformis n. sp. Taf. IX, Fig. 13.

? *Nerinea* sp. CONRAD. App. p. 233, t. 4, f. 30—31.

Eiförmig. 70 mm. hoch, 28 mm. breit. 6 Umgänge; letzter an Höhe zwei Drittel des Gehäuses erreichend. Mündung langgezogen. Aussenlippe in der Mitte etwas verdickt.
Vorkommen: Nerineen-Marmor westlich unterhalb Brumâna. Nach CONRAD bei „Hadith."

Colostracon sinuatum HAML. p. 33, t. 3, f. 3.

Vorkommen: 'Abeih. Im Trigoniensandstein.

Colostracon Lewisi FRAAS sp.

1878. *Globiconcha Lewisii* FRAAS. Orient II, p. 65, t. 6, f. 5.
1884. *Colostracon Lewisi* HAMLIN. p. 32, t. 3, f. 4.
?1884. *Colostracon curtum* HAMLIN. p. 34, t. 3, f. 4.

Die letztgenannte von HAMLIN unterschiedene Art *C. curtum* scheint mir nur ein mehr ausgewachsenes Individuum von *C. Lewisi*.
Vorkommen: Gastropodenzone im Trigoniensandstein von 'Abeih.

Actaeonella Absalonis FRAAS. Taf. IX, Fig. 14.

Nerinea abbreviata CONRAD. App. p. 233, t. 5, f. 36, non(?) FRAAS I. p. 241; II. p. 348, 357.
Phasianella Absalonis FRAAS I, p. 240, t. 4, f. 3.
Actaeonella Absalonis FRAAS II. p. 221, t. 6, f. 9.

Cylindrisch, eiförmig. Spindel mit drei Falten. CONRAD gibt die Spindel als vierfach gefaltet an, allein seine Abbildung lässt nur drei Falten erkennen. FRAAS sah auf seiner *A. Absalonis* im Gegentheil blos zwei Falten. Die unterste scheint mit der Spindel abgebrochen zu sein. Sonst ist kein Unterschied in Form und Grösse zwischen den beiden verschieden benannten *Actaeonellen*.

In Betreff der Bezeichnung habe ich mich an FRAAS angeschlossen, da der ältere CONRAD'sche Speciesname zu Verwechslung Anlass geben könnte mit *A. abbreviata* PHIL., aus dem Turon von Siebenbürgen, die heute allerdings unter dem Namen *Itieria* (subg. von *Nerinea*) *abbreviata* PHIL. sp. aufgeführt wird.

Vorkommen: Im Trigoniensandstein und der Buchiceasstufe von 'Abeih und 'Ain 'Ainûb und im unteren Nerineenmarmor von Betméri.

Actaeonella parva n. sp.

Kleine Steinkerne, nur 10 mm. hoch, 4 mm. breit, umgekehrt eiförmig, nach unten zugespitzt. Die Mündung erreicht ²⁄₃ der Gehäusehöhe. Umgänge oben am breitesten, senken sich in der Mitte deutlich in breiter Rinne ein, da wo sich die folgende Naht auflegt. Spindel mit 3 Falten.

Vorkommen: In porösem Rudisten-Nerineen-Kalkstein westlich von Kal'at el-Hösn.

Actaeonella prisca DESH.

DESHAYES: Exploration scientifique de la Morée t. 26. f. 13.

Eiförmig, meist bauchiger als *A. Absalonis* 45—50 mm. hoch, 21 mm. dick. Letzter Umgang ⁵⁄₆ der Gehäusehöhe einnehmend. Spindel mit drei Falten.

Vorkommen: Schawar am Amanusgebirge bei Antiochia (nach der Sammlung des H. Dr. v. LUSCHAN im Berliner Mus. f. Naturkunde). — Nach DESHAYES im Rudistenkalk des Peloponnes.

Volvulina laevis SOW. sp.

Actaeonella syriaca CONRAD. p. 233. Appendix t. 5. f. 40. non FRAAS l. p. 239. t. 4. f. 2.

Eiförmig spindelförmig, nach oben verschmälert. Gewinde eingesunken und vom letzten Umgang ganz umschlossen. 3 Falten an der Spindel.

Die Abbildung bei CONRAD stimmt ziemlich überein mit *Volvulina laevis*, einer durch alle Gosauablagerungen Europas verbreiteten Schnecke, mit der von STOLICZKA auch *Actaeonella caucasica* ZEK., welche bis in den Kaukasus bekannt ist, vereinigt worden ist.

Vorkommen: Am Sabbatfluss im Libanon (? *Sabbaticus fluvius* des JOSEPHUS bei Kal'at el-Hösn).

C. Pteropoda.

Balantium flabelliforme n. sp. Taf. IX, Fig. 15 a. b.

Gehäuse abgeplattet, aus zwei gleichen fächerförmigen oder Pecten-artigen Hälften bestehend, die an den Rändern verwachsen sind; gleichschenklig dreieckig; hinterer Winkel 75°. Beide Hinterränder ein wenig gebogen verlaufend. Vorderseite halbkreisförmig abgerundet. Höhe 12 mm. Breite 10 mm. Drei flache Rippen gehen radial von dem spitzen Winkel aus, die seitlichen an den Hinterseiten sind von schmalen Flügeln begrenzt. Zwischen diese drei schieben sich schon nahe der Spitze noch zwei Rippen ein. In den Zwischenräumen zeigen sich zarte concentrische Anwachsstreifen.

Verwandtschaft: Diese Art erinnert an *Balantium pulcherrimum* MAY.-EYM. aus dem Langhien (Unterpliocän) von Serravalle, welche auch 5 Rippen, aber grössere Flügel hat.

Vorkommen: Weiche gelblich weisse Mergel (Senon) von Bâb el-Limûn und westlich Nisib, an letzterem Orte im selben Handstück zusammen mit *Terebratula Nicaisei* COQ.

Balantium amphoroides n. sp. Taf. IX, Fig. 16.

Schale lanzettlich scheidenförmig, zugespitzt, glatt. Ziemlich flach, gegen die Spitze hin gewölbter als im oberen Theil, der platt gedrückt ist. Mündung sehr schmal. Seitenränder scharfkantig. Länge 10 mm. Grösste Breite (3 mm.) an der Mündung; bis dahin nimmt die Breite von der Spitze an erst schneller, dann langsamer zu. Vor der Mündung plötzlich wie bei gewissen Glasgefässen und Steintöpfen halsartig durch eine geradlinige markante 0,4 mm. breite Rinne ein wenig eingeschnürt. An der Mündung geradlinig abgeschnitten.

Vorkommen: Bâb el-Limûn am Wege von Aleppo nach Biredjik.

Vaginella labiata n. sp. Taf. IX, Fig. 17 a, b.

11–13 mm. lang, 3 mm. breit. Gerade, lanzettlich, unten scharf zugespitzt. Seiten kantig. Durchschnitt spindelförmig. Schale dünn, ganz glatt, ohne Anwachsstreifen.

Obere Hälfte mit fast parallelen Seitenrändern, nur unterhalb der Mündung ganz unmerklich enger. Grösste Breite einerseits ungefähr etwas oberhalb der Mitte, andererseits an der Mündung. Schale vor der Mündung abgeplattet, d. h. von vorn und hinten zusammengedrückt, dann wieder etwas erweitert bis zu einer bogenförmig verlaufenden Querlinie. Diese erhöhte Querlinie bildet aber noch nicht wie bei den bekannten *Vaginellen* den Mundrand, sondern es schliesst sich, auf der vordern Seite mittelst einer deutlichen Kante, auf der hintern in allmählicher Wölbung, ein schmaler lippenartiger Streifen an, welcher nach innen strebend die Mündung verengt.

Auf der vordern Schalenseite sieht man wie bei *Vaginella lanceolata* aus dem Oligocän von Mecklenburg) nahe und parallel den Rändern je eine Furche verlaufen, welche aber im Gegensatz zu genannter Art mindestens bis unterhalb der Mitte reicht, andererseits gerade vor der Mündungsschwelle und Lippe wieder verschwindet und so nicht die Mündung in Lappen theilt. Auf der Hinterseite sah ich nur an einem Steinkern ganz dicht am Rande schwache Furchen. Der zwischen den Furchen der Vorderseite gelegene Theil ist gewölbt, die Randstreifen flach, so dass sie auf diese Weise fast wie die Flügel von *Balantium*-arten erscheinen und die Seitenkante zugeschärft wird. (Vergl. den Querschnitt Fig. 17 b.)

Vaginella depressa Davd. aus dem Miocän zeigt auch oft Furchen auf einer Seite unterhalb der Mündung, nur schwach angedeutet. Ausserdem gibt es genug unterscheidende Momente zwischen dieser und *V. labiata*. So ist bei *V. depressa* die Schale höher gewölbt, namentlich in der unteren Partie, in der oberen aber beträchtlich verengt, die grösste Breite liegt in der Mitte der Höhe; an der Mündung fehlen die Lippen.

Vorkommen: 1) In gelblich weissen Mergelplatten an dem Steilabstieg westlich Chân Achmed Hamâde am Nahr el-Kebir am Wege von Lâdikije nach Djisr esch-Schughr, 2) in weissem schieferigen Mergel in Bâb el-Limûn zwischen Aleppo und Biredjik.

Vaginella rotundata n. sp. Taf. IX, Fig. 18.

Neben den Exemplaren der vorigen Art kommen ähnliche vor, aber etwas schmaler, ohne Längsfurche und abgegrenzte Seitentheile, mit abgerundeten Seiten, ohne Kante vor der Mündung, aber mit derselben bogenförmigen gewölbten Lippe.

Vorkommen: Ebenso wie vorige.

Creseis*) Taf. IX, Fig. 19.

Spitz kegelförmig, drehrund. 5 mm. lang, 0,9–1,0 mm. an der Mündung breit. Mündung einfach, vermuthlich (?) schief zur Längsaxe.

---

*) Die Gattungen sind nach Kittl, Ueb. d. miocenen Pterop. v. Oestr.-Ungarn (Annal. d. naturhist. Hofmuseums I, 1886, p. 47) aufgefasst.

Verwandtschaft: Die vorliegenden mit braungewordener Schale erhaltenen Pfriemen lassen sich vorläufig kaum von der im Mittelmeer lebenden *Creseis spinifera* Rang*) oder *subulata* d'Orb. unterscheiden.
Vorkommen: Weisser Kreidemergel von muscheligem Bruch in El-Hammâm am Ak Deniz an der Strasse Alexandrette-Aleppo.

Styliola**) sp. Taf. IX, Fig. 20—21.

Schale bräunlich (geworden?), kegelförmig unten nicht zugespitzt, einfach, glatt, 5 mm. hoch. Querschnitt an den vorliegenden Exemplaren in Wirklichkeit elliptisch, aber nur in Folge nachträglichen Druckes, ursprünglich wohl kreisförmig. Durchmesser an der Mündung 3 beziehungsweise $1^{1}/_{2}$ mm. Mündung wie es scheint wenig verengt.
Vorkommen: Bâb el-Limûn, Nisib?

Tentaculites cretaceus n. sp. Taf. IX, Fig. 22—23.

Bruchstücke von Steinkernen und Abdrücken. Verlängert kegelförmig, fast cylindrisch, bis 3 mm breit, erhaben quergeringelt.
Vorkommen: Westlich Nisib zusammen mit *Terebratula Niraisei*. Ausser diesen genauer bestimmbaren Pteropoden kommen noch unbestimmbare Reste anderer Pteropodenarten, darunter auch anscheinend von den Gattungen *Ginnoplenra* und *Spirialis* in den Kreidemergeln von Bâb el-Limûn und Nisib vor.

Cephalopoda.

Nautilus sp. Nörl.

Ammonites Troskii Fraas II. p. 358. t. 6. f. 4.
Nautilus sp. Nötl., Zeitschr. d. Deutsch. geol. Ges. 1886, p. 846.

Aus den Fischmergeln von Sâhel 'Alma (Senon).

Baculites sp. Lartet l. c. p. 57.

Bituminöse Kreidemergel mit *Inoceramen* und Fischen von Kalwet am Hermon (Senon).

Buchiceras syriacum v. Buch sp.

Ceratites syriacum v. Buch. Ueber Ceratiten, Berlin 1849, p. 29, t. VI. f. 1—3.
Ammonites syriacus Coqu. Off. Rep. 1852, p. 221. t. 14. f. 71.
Amm. syriacus Fraas II. p. 332 mit Holzschnitt und p. 334.
A. Vibrayeanus Fraas, p. 334.
A. syriacus u. *Vibrayeanus* Hamlin: Results of an exam. of Syr. Moll. foss. 1884, p. 11—12.

Dieser Ammonit, dessen Typus L. v. Buch vortrefflich beschrieben hat, wird, wie auch schon Conrads Abbildung Off. Rep. t. 14, f. 74 zeigt, im Alter meist flacher, verliert seine Rippen und Knoten, und die Höhe des Umgangs wächst ungleichmässig zu der Dicke. So nehmen die jüngsten Kammern die verlängerte Form des *B. Vibrayeanum* d'Orb. sp. an, aber nur die äussere Form, denn die Loben bleiben die des *B. syriacum*.
Die kleineren Individuen, die man in Bhamdûn aufliest, sind alle zierlich gerippt und meist gut erhalten. Die grösseren sind, wie das leicht verständlich, zertrümmert. Daher findet man die jüngsten Umgänge ausgewachsener Exemplare fast nur in Bruchstücken, die, wenn keine Lobenzeichnung zu sehen ist,

---
*) Rang, Annales des sciences nat. 1828, XIII p. 313, t. 17, f. 1.
**) Siehe Note auf Seite 119.

allerdings auch zu *B. Vibrayeanus* gezogen werden können. In Wirklichkeit sind auch hier die sechs Loben der Seiten gezackt, die viel breiteren Sättel in der Mitte noch durch Sekundärloben getheilt. Bei sehr breitem Aussensattel zeigen auch die beiden Theilsättel noch Einbuchtungen. Der erste Seitenlobus ist weniger tief als alle folgenden.

Ausser den Altersveränderungen in der angedeuteten Richtung scheinen auch von Jugend auf ganze Individuen in die abgeflachte Form zu variiren; aber jedenfalls hat man es höchstens mit einer Varietät zu thun. Im Ganzen herrscht hier ein ähnliches Verhältniss wie zwischen *Ceratites nodosus* und *semipartitus* des Muschelkalks. Auch HAMLIN gibt p. 12 zu, dass die Lobenzeichnung seines sogenannten *A. Vibrayeanus* besser mit *A. syriacus* übereinstimme.

Vorkommen: In der mergelreichen soz. Buchiceras- und Austern-Zone zwischen Trigoniensandstein und Libanonkalkstein bei Bhandûn, 'Aleih, 'Abeih?, Nebi Sâfi, Muchtâra, Btétir und Medjdel esch-Schems.

Schloenbachia aff. Blanfordiana STOL. Taf. X. Fig. 1 2.

(STOLICZKA: Cretac. Cephal. of South. India p. 46, t. 26, f. 1—2.)
Ammonites cultratus (d'ORB.) FRAAS, p. 353.

Scheibenförmig flachgedrückt, an der Mündung 11 cm. im Durchmesser. Letzter Umgang an der Mündung 5 cm. hoch, etwa 1 cm. dick. Ziemlich involut; mehr als $^1/_2$ der Umgänge von dem folgenden umhüllt. Umgänge un der Naht sich schief erhebend. Hier eine Reihe von 15 Knoten. Sonst flach, nur im ersten Drittel ausserhalb der Knoten sich etwas einsenkend. Siphonalseite gewölbt, sich zuschärfend zu einem schneidigen Kiel. Von der Knotenreihe laufen sichelförmig Rippen aus. In der Mitte des Umgangs, wo sie ganz undeutlich werden, gabeln sie sich oder neue Rippen schieben sich ein. Am Abfall zur Externseite treten sie wieder hervor mit scharfer Biegung nach vorn. Einem Knoten an der Naht entsprechen 2—3 Rippen am Anfang der Externwölbung. Ausserdem sieht man besonders an der Mündung noch feine sichelförmige Anwachsstreifen. Lobenlinie leider kaum zu sehen.

Bemerkung: Was FRAAS (l. c. p. 353) auf dem von ihm selbst gesammelten Exemplar (Taf. X, Fig. 2) für „einen Aptychus in der Wohnkammer des Ammoniten" hielt, sind offenbar Fischreste von „brauner welliger Oberfläche" (vergl. Fig. 2 bei α), wovon man fast alle in Sammlungen befindlichen Handstücken von Sâhel 'Alma und so auch die Steinkerne von Ammoniten mehr oder weniger durchzogen findet.

Verwandtschaft: *Schloenbachia cultrata* d'ORB. aus dem Neocom, womit ihn FRAAS vergleicht, hat wohl einen ähnlichen Durchschnitt der Umgänge, ist aber weniger involut und ohne die charakteristischen Knoten an der Naht. Viel näher steht unzweifelhaft *Amm. Blanfordianus* STOL. l. c. aus der *Arrialoor-Group* (Senon) Indiens. Freilich sind hier die Rippen meist auch in der Mitte und vor der Externseite geknotet. Soweit Spuren der Lobenlinie an den vorliegenden Exemplaren zu sehen sind, widersprechen sie derjenigen von *A. Blanf.* mit 4 Loben auf den Seiten nicht.

Vorkommen: In den Fischmergeln von Sâhel 'Alma (Senon).

Stoliczkaia cf. dispar STOL. *non* d'ORB. nach DIENER, Libanon p. 38.

Vorkommen: Zwischen Kal'at esch-Schekîf und Djisr el-Chardeli im südlichen Libanon aus der unteren Abtheilung des „Libanonkalksteins". (*St. dispar* STOL. charakterisiert in Indien die Cenomanschichten.)

Ammonites Libanensis CONR. App. p. 234, t. 6, f. 46.

Flachgedrückt. Durchmesser 8 c. Zoll (= 203 mm). Grösste Dicke $2^1/_2$ c. Zoll (= 63 mm). Ziemlich eng genabelt. Umgänge schnell zunehmend. Rippen anfangs etwas nach rückwärts gebogen, dann gerade gegen die Externseite verlaufend, gegen die Mündung hin aber nach CONRADS Abbildung, wie es scheint, nach vorn gekrümmt. In der Nähe der Naht vor der Mitte der Umgänge war wahrscheinlich eine Knotenreihe, die aber nur auf den inneren Windungen noch erhalten ist, da auf dem letzten Umgang dieser ganze mittlere Theil verwischt und undeutlich ist. Am Rand sieht man etwa doppelt so viele Rippen, als an der Naht waren, über die Externseite verlaufen. Die Zeichnung der Lobenlinie lässt auf der Seite einen breiten und tiefen Laterallobus erkennen mit drei gezackten Lappen, deren mittlerer am tiefsten, einen zweigetheilten Lateralsattel, einen zweiten kleinen Laterallobus und einen Auxiliarlobus.

Verwandtschaft: Dieser Ammonit ist nach den wenigen von CONRAD gegebenen Daten und der mangelhaften Abbildung leider nicht näher bestimmbar. Jedenfalls zu den Stephanoceratiden gehörig, kann es eben so gut ein *Olcostephanus* wie ein *Perisphinctes* sein. Zum Vergleich könnte man z. B. heranziehen *Olcostephanus Madrasinus* STOL. (Cret. Ceph. of South. India p. 139, t. 70, f. 1—3), der auch fast dieselbe Lobenlinie zeigt. Die Rippen gehen dort aber von den knotigen Verdickungen der Naht gleich in geschwungener Linie stark nach vorn. CONRADS Ammonit nimmt auch viel schneller an Höhe des Umgangs zu.

Vorkommen: Die kurze Angabe bei CONRAD „5 c. Meilen östlich Beirût" kann sowohl auf die Jurakalke des Salimathals als auf Kreideschichten als Muttergestein schliessen lassen.

Acanthoceras rotomagensis BRONGN., MANTELL, SOWERBY, d'ORBIGNY, QUENSTEDT, BRONN, PICTET SCHLÜTER, non(?) STOLICZKA.

1867. *Ammonites Rhotomagensis* FRAAS: Geologisches aus dem Orient I, p. 246.
1887. *Acanthoceras rotomagense* DIENER. Ueb, einige Cephal. aus der Kreide von Jerusalem. Verh. d. geol. Reichsanstalt, p. 258. — Idem Ein Beitrag z. Kenntn. der syr. Kreideb. Zeitschr. d. Deutsch. geol. Ges. XXXIX, p. 334 non(?) p. 326.

Dieser wichtigsten Leitart des Cenomans gehören sicher zwei Exemplare an: 1) Das erste wurde von ROTH in dem Kuküblehgestein am Kreuzkloster bei Jerusalem gesammelt und befindet sich in der Münchener palaeontologischen Sammlung. 2) Das zweite trägt die Fundortsbezeichnung „Toula, Libanon", wohl Abduleh Tula südöstlich von Batrûn und nördlich von Hakel, und gehört der Sammlung des Herrn Professor FRAAS in Stuttgart an, der es in Beirût erhielt.

An beiden Exemplaren ist der Querschnitt der Windungen höher als breit, die Mundöffnung oblong. In der Ornamentik nähert sich Nr. 2 dem Typus von Rouen, wie ihn d'ORBIGNY und SCHLÜTER abbilden, mit relativ wenigen einfachen Rippen, die ohne sich zu gabeln von der Naht in gerader Richtung nur bis zur dritten Knotenreihe auf der Externseite verlaufen.

Nr. 1 entspricht nach FRAAS mehr südfranzösischen Formen, indem einige Rippen, aber nicht alle, von dem rundlichen Nahtknoten aus sich einfach gabeln, respektive zwischen zwei Hauptrippen in der Mitte der Seiten zuweilen Zwischenrippen einschieben. Die Rippen schwellen in drei Knotenreihen an, laufen aber nicht über die Externseite, in deren Mitte eine siebente unpaarige Knotenreihe liegt.

Dem Gestein und der Erhaltung nach stammt das libanesische Exemplar aus ähnlichen Schichten wie der folgende *A. harpax* (*A. rotomagense* DIENER) von Jamûnch, nämlich aus DIENERS Libanonkalkstein, der auch nach DIENERS geologischer Karte von Mittelsyrien zwischen Batrûn und Lahfît, also bei Abduleh Tûla allein vorherrscht.

Acanthoceras harpax STOL. Taf. X, Fig. 3. Taf. XI.

? 1856 *Ammonites rotomagensis* SHARPE: Fossil Mollusca of the Chalk of England. Palaeontograph. Soc. London 1856 I. t. 16, f. 2.
1865 *Ammonites Rotomagensis* STOLICZKA: The fossil Cephalopoda of the cret. rocks. of Southern India (Palaeontologia Indica) p. 66, t. 34, f. 3–5; t. 35. f. 1—3; t. 36. f. 1. var. *typica, inflata, compressa* et *subcompressa*. (Aus der Ootatoor group.)
1865 *Ammonites harpax* STOLICZKA: Ibidem. p. 72, t. 38, f. 2; t. 39, f. 1. (Ootatoor group.)
1887 *Acanthoceras* aus dem Formenkreise des *A. rotomagense* DIENER: Libanon p. 37. — Idem. Zeitschr. d. Deutsch. geol. Ges 1887. p. 326.

Die Zutheilung gewisser indischer *Acanthoceras* zu *Amm. rotomagensis* erregte schon Herrn Professor Schlüter*) Bedenken. Da ich andererseits eine Abtrennung derselben von *A. harpax* Stol. für undurchführbar halte, möchte ich den *Amm. rotomagense* Stoliczka mit letzterem vereinigt wissen. Der typische *Amm. rotomagensis* von Rouen hat 18—22, der englische 20 -26 Rippen und zwar sind es fast immer einfache, die, ohne sich zu gabeln, von der Naht in gerader Richtung nur bis zur dritten Knotenreihe auf der Externseite verlaufen, bisweilen auch deutlich über die letztere hinweg. Der südfranzösische Typus zeigt oft einige Rippen einfach gespalten oder auch es erheben sich etwas entfernt von der Naht in den Zwischenräumen zwischen den Hauptrippen einzelne Nebenrippen. Nie aber überschreitet die Summe sämmtlicher Rippen die Zahl 26.

Die Formen von *Ammonites rotomagensis* Stol. zählen auf der Externseite 30—45 Rippen, also doppelt so viel, von denen nur 14—20 bis zur inneren Naht reichen, indem stets an den Nahtknoten eine Gabelung stattfindet oder sich später noch Rippen zwischenschieben. Die Rippen selbst haben wenigstens auf dem letzten Umgang keinen geraden radialen Verlauf, sondern biegen sich in der Regel in der Mitte der Seiten etwas nach hinten, dann auf der Externseite stark nach vorn. Alle laufen wie bei *A. Mantelli* ausnahmslos über die Aussenseite. —

Eine Trennung dieser Formen von dem Ammoniten von Rouen scheint mir demnach gerechtfertigt Um so näher rücken sie an *A. Mantelli* heran, doch ist hier ein ganz bestimmtes Trennungsmerkmal vorhanden. Die in Rede stehenden syrisch-indischen Formen haben auf der Siphonallinie eine, wenn auch zuweilen schwache Knotenreihe, *A. Mantelli* niemals.

Stoliczka stellte neben seinem *A. rotomagensis* eine neue Art *A. harpax* auf. Als einzigen bemerkenswerthen Unterschied zwischen diesen beiden führt Stoliczka an, dass bei *A. rotomagensis* die Rippen gerade oder etwas vorwärts gebogen, bei *A. harpax* dagegen stark rückwärts gebogen seien. Vergleicht man aber die verschiedenen Abbildungen bei Stoliczka, so findet man in Wirklichkeit in dieser Beziehung gar keinen besonderen Unterschied. Ja bei dem grössten Exemplar seiner typischen Varietät des *A. rotomagensis* t. 36, f. 1 sind die Rippen sämmtlich etwas geschwungen und viel stärker nach rückwärts gebogen als bei den abgebildeten *A. harpax*. Von letzterem zeigt t. 38, f. 2 entschieden nach vorwärts gekrümmte, t. 39 f. 1 hingegen Sförmig geschwungene, im allgemeinen radial stehende Rippen.

Es könnte nur noch in Frage kommen, ob man nicht die aufgeblähten Formen des *A. rotomagensis* Stol. von *A. harpax* trennen und mit *A. naviculariis* Mant. vereinigen soll, der ebenfalls Rippen ähnlich *Mantelli*, dazu eine Knotenreihe auf dem Sipho besitzt. Aber nach Stoliczka und Sharpe hat *A. navicularis* im ganzen bloss fünf Knotenreihen auf den Rippen: je eine an den Nähten, je eine auf der Mitte der Seiten noch in der Nähe der Naht und die unpaare und alle diese nur in jugendlichem Zustande. *A. rotomagensis* Stol. aber hat 3 Knotenreihen auf jeder Seite, deren zweite schon am Beginn der Wölbung zur Externseite liegt, also dem Sipho näher als der Naht.

Es liegen mir aus Syrien vier Exemplare vor, die zu dieser Art gehören dürften. Nr. 1—3 wurden von Herrn Missionar Zeller aus Jerusalem um Djebel Oseha nördlich von Es-Salt im Osten des unteren Jordan gesammelt und zwar in grauen weichen Kalkmergeln zusammen mit *Protocardia moabitica, Pholadomya Viquesi* etc. Nr. 4 ist das Original zu Diener *A. aff. rotomagensis* vom Libanon, das er im Wadi en-Nusûr oberhalb Jamfueh im Libanonkalkstein fand.

1. (Taf. XI, Fig. 2 a, b, c.) Ein schönes Exemplar, das besterhaltene von allen palästinensischen Ammoniten, die ich gesehen. Durchmesser 116 mm. Letzter Umgang an der Mündung 40 mm. hoch, 35 mm.

---

*) Schlüter, Cephalopoden der oberen deutschen Kreide. Palaeont. XXI.

breit. Mündung hufeisenförmig bis quadratisch rechteckig. Grösste Breite der Umgänge dicht an der Naht, zu der sie steil abfallen. Umgänge ⅓ involut.

Die Rippen und Knoten mehren sich auf den einzelnen Umgängen mit zunehmendem Alter. Der letzte Umgang trägt 15 längliche Knoten an der Naht, der vorletzte deren 10. Hinter diesen Knoten gabeln sich die Rippen fast regelmässig. Ausserdem schieben sich zwischen diese von Knoten ausgehenden Rippenpaare noch stets 1 oder 2 Rippen ein. Ausser den Nahtknoten sind noch 5 Knotenreihen vorhanden, zwei am Beginn der Externwölbung, zwei begrenzen die Externfläche und eine liegt auf dem Sipho. Letztere trägt die niedrigsten Knoten von allen sieben Reihen. Die Rippen laufen über die Externseite. Ihr Verlauf ist zuerst gerade radial; gegen die Mündung zu, wo sie am dichtesten liegen, biegen sie sich stark nach vorwärts.

In der gut erkennbaren Lobenlinie (Taf. XI, Fig. 2c) ist der Externlobus nur ebenso tief als der erste Laterallobus, der Sekundärlobus des Lateralsattels nicht ganz halb so tief, der zweite Laterallobus mehr als halb so tief wie der erste. An der Spitze ist der erste Laterallobus stets deutlich zweigelappt, jeder Lappen zweigetheilt. Die beiden kleineren eben genannten Loben endigen mit drei Spitzen, einer tieferen und zwei seitlichen, wobei der Sekundärlobus des Externsattels zweiseitig symmetrisch, der zweite Laterallobus unsymmetrisch erscheint. — Die Sättel sind breit. Die beiden Hälften des Externsattels sowie die beiden Lateralsättel sind breiter als die Loben, rundlich, nicht tief gelappt.

Verwandtschaft: In der äusseren Skulptur wird man von europäischen Formen die grösste Ähnlichkeit finden mit *A. Mantelli* SCHLÜTER, Palaeont. XXI, t. 6, f. 1 und 2. Indess fehlt dort die leichte Höckerreihe auf der Siphonallinie und SCHLÜTER erklärt das Fehlen oder Vorhandensein derselben als den gewichtigsten Umstand in der Unterscheidung des *A. Mantelli* und *auricularis*. Letzterer aber ist andererseits viel gebähter als unsere Form. — Zu den Abbildungen des flacheren *A. harpax* STOLICZKA: The foss. Ceph. of the Cret. Rocks of South. Ind. t. 38, f. 2 und t. 39, f. 1 stimmt unser Exemplar äusserlich in jeder Beziehung. Ein wenig abweichend ist nur die t. 39, f. 1b gezeichnete Lobenlinie des *A. harpax* STOL., indem dort der erste Laterallobus nicht ganz die Tiefe des Externlobus erreicht, die Lateralsättel und die Hälften des Externsattels relativ schmaler sind. Näher stehen die Lobenlinien von *A. Rhotomagensis* und *Mantelli* bei SCHLÜTER, l. c. t. 6, f. 9 und 11. Erstere unterscheidet sich durch viel tieferen Externlobus, letztere durch die Dreitheilung des ersten Laterallobus. Mit dem Alter dürfte an der syrischen Form der erste Laterallobus mit seinen Zacken wohl ebenso breit werden wie der erste Lateralsattel und die ganze Lobenlinie sich der von *A. Mantelli* SCHLÜTER t. 5, f. 6 aus der Tourtia von Essen nähern.

Indem ich auf die äussere Skulptur der Ammoniten mehr Gewicht lege als auf die oft individuell sehr verschiedene Lobenlinie, nenne ich die vorliegende Form nicht *A. Mantelli*, sondern *A. harpax*.

2. Bruchstück eines Ammoniten von demselben Umgangsquerschnitt mit dicht gedrängten vorwärts gebogenen Rippen, dem Mündungstheile von 1) entsprechend.

3. Bruchstück eines eben aufgeblähten Exemplars, sehr wenig involut. Durchschnitt des Umgangs halbkreisförmig, Breite 32 mm., Höhe des Umgangs 19 mm., Höhe der Mündung 17 mm. Im Gegensatz zu *A. auricularis* erkennt man sieben Knotenreihen.

4. (Taf. X, Fig. 3, Taf. XI, Fig. 1.) Durchmesser 140 mm., Höhe des letzten Umgangs 60 mm., Breite 50 mm. Zwei Systeme von Rippen: Die 18 Hauptrippen laufen von der Naht aus ohne sich zu gabeln. In den Furchen zwischen diesen erheben sich im zweiten Drittel der Seiten ebenso viele Nebenrippen, so dass im Ganzen 36 Rippen gleich hoch über die Externseite hinweglaufen. Deutlich ausgesprochene Knotenreihen bemerkt man nur vier, ein Paar an der Naht und ein Paar, das die Externseite begrenzt. Die unpaarige auf dem Sipho ist wohl vorhanden, aber nur schwach; von den paarigen im äussern Drittel der Seiten, ist bei den Exemplaren leider nichts Bestimmtes auszusagen, da die betreffenden Stellen grossentheils mit Gesteinmasse bedeckt oder abgerieben sind. Jedenfalls waren diese Knoten, wenn überhaupt,

nur sehr schwach entwickelt. Der Verlauf der Rippen ist radial, in den zwei letzten Dritteln des letzten Umgangs nach vorwärts gekrümmt mit nach hinten concavem Bogen.

Vorkommen: In Vorder-Indien ist die Art sehr gemein in der Ootatoorgroup (Cenoman) in der Nachbarschaft von Odium westlich Coonum und östlich Ootatoor. Doch wurden auch einige Exemplare (des *A. rotomagensis* Sтоц. südwestlich Vylapandy in der Trichinopolygroup (Turon) gefunden*). — Die genannten Vorkommnisse in Syrien scheinen beide dem Turon anzugehören.

? Acanthoceras sp. aus der Verwandtschaft des *A. Woolgari* MANT.

Nach NÖTLING l. c. Zeitschr. d. Deutsch. geol. Ges. 1886 p. 831, 847, 848 in der feuersteinführenden Kreide Syriens (ohne Beschreibung und Angabe des Fundorts). Die betreffenden Schichten bezeichnet NÖTLING als oberes Senon, obwohl *A. Woolgari* gerade ein höchst charakteristisches Leitfossil des Turon ist.

Mammites nodosoides SCHLOTH.

DIESEN: Libanon. p. 38.

Vorkommen: Bei Jahfûfeh zwischen Zebdâni und Baalbek im Antilibanon in der obersten Abtheilung von DIENERS Libanonkalkstein. (In Europa ist der genannte einer der bezeichnendsten Ammoniten des Turon.)

In Bhamdûn fand ich neben *Buchiceras syriacum* einen schlecht erhaltenen sehr eng genabelten flachen *Ammoniten* von 160 mm. Durchmesser, stark involut, der auf seinen inneren Windungen etwa 20 flache, an der Externseite geknotete Rippen getragen zu haben scheint, dessen letzte Windung aber glatt mit abgerundetem Rücken ist.

Unbestimmbare Abdrücke von *Ammoniten* in den Fischschiefern von Hakel nach HUMBERT, ebenso von Kalwet am Hermon nach LARTET. — RUSSEGGER **) erwälnt einen Ammonitensteinkern „von mehreren Zollen im Durchmesser" aus der Feuersteinkreide des Râs Beirût.

Aptychen von Hakel im Fischschiefer.

PICTET et HUMBERT: Nouv. rech. sur les poiss. foss. p. 12. — FRAAS l. c. p. 346.

Geothentis libanotica FRAAS.

FRAAS. p. 345, t. 6, f. 3.

Aus den Fischschiefern von Hakel.

Sepialites sp. FRAAS, p. 346 von Hakel.

Calais Newboldi Sow. nach FRAAS p. 346, von Hakel.

Crustacea.

A. Cirripedia.

Loricula syriaca DAM.

1878. DAMES: Sitzungsb. d. Ges. naturf. Freunde. Berlin p. 70.
1884. ZITTEL: Bemerk. üb. einige foss. Lepaditen a. d. lith. Schief. u. d. ob. Kreide. Sitz. d. math. phys. Classe d. k. bayer. Akad. d. Wiss.

Vorkommen: Bhamdûn, auf *Buchiceras syriacum* aufsitzend.

---

*) STOLICZKA: Cret. Ceph. of S. India p. 70.
**) RUSSEGGER: Reisen in Europa, Asien und Afrika. 1841. I, 1. p. 427.

Loriculina Nötlingi Dam.

1885. Dames: Sitzb. d. Ges. nat. Freunde, Berlin p. 154.
Vorkommen: Sâhel 'Alma (Senon).

B. Ostracoda.

Bairdia sp.

1 mm. gross, rhomboidisch eiförmig, stark gewölbt, in der Mitte am breitesten und dicksten, glatt, vorn schnabelartig zugespitzt, hinten mehr gerundet.
Vorkommen: Zusammen mit Pteropoden in gelbweissem kreideartigem Mergel am Dorfe Batûz zwischen Aleppo und Biredjik, in Nisib und El-Hammâm östlich vom Ak Deniz.

C. Xiphosura.

Limulus syriacus Woodw.

1879. Woodward: Contrib. to the knowledge of foss. Crust. (Quat. journ. geol. soc. London. vol. 35, p. 549. t. 26.
Vorkommen: Hakel, Fischschiefer.

D. Stomatopoda.

Sculda syriaca Dam.

1886. Dames: Ueb. einige Crust. a. d. Kreideabl. d. Libanon. (Zeitschr. d. Deutsch. geol. Ges. XXXVIII p. 558, t. 15. f. 1—2.)
Vorkommen: Hakel, Fischschiefer.

Pseudosculda laevis Schlüt. sp.

1874. *Sculda laevis* Schlüter: Ueb. einige jurass. Crustaceentypen in d. ob. Kreide. (Verh. d. naturh. Ver. d. pr. Rheinl. u. Westf. 31. Jahrg. p. 41. t. 3.)
1879. *Squilla Lewisii* Woodward: Contributions to the knowledge of foss. Crustacea (Quart. Journ. geol. soc. London vol. 35. p. 549. t. 26).
1886. *Pseudosculda laevis* Dames: Zeitschr. d. Deutsch. geol. Ges. Bd. 38, p. 565.
Vorkommen: Hakel, Fischschiefer.

Pseuderichthus cretaceus Dam.

1885. Hilgendorf: Sitz. d. Ges. nat. Fr. Berlin p. 184.
1886. Dames: Zeitschr. d. Deutsch. geol. Ges. p. 568.
Larven von Crustaceen aus der Familie der Squilliden.
Vorkommen: Sâhel 'Alma.

Protozoëa Hilgendorfi Dam.

Hilgendorf, l. c. — Dames, l. c. p. 571, t. 15, f. 5—7.
Ebenfalls Larven von Sâhel 'Alma.

E. Macrura.

Penaeus septemspinatus Dam.

Dames: Ueb. ein. Crust. aus den Kreideabl. d. Libanon. p. 554. t. 13, f. 1.
Vorkommen: Hakel.

Penaeus libanensis Brocchi.

1875. Brocchi. Note sur une nouv. espèce de Crustacé fossile. (Bull. de la soc. géol. de France. 3, sér. t. 3, p. 609 t. 26. — Dames. l. c. p. 554.

Vorkommen: Sâhel 'Alma.

Ibacus praecursor Dam.

Dames. l. c. p. 555, t. 13, f. 2.

Vorkommen: Hakel.

Pseudastacus hakelensis Fraas.

1878. Fraas. Geologisches aus dem Libanon. p. 90, t. 4. f. 1. — 1886. Dames. l. c. p. 557, t. 13, f. 3, t. 14, f. 1.

Vorkommen: Hakel.

Pseudastacus?? minor Fraas.

1878. Fraas. l. c. p. 90, t. 4. f. 2. 1886. Dames. p. 558.

Vorkommen: Hakel.

F. Brachyura.

Ranina cretacea Dam.

Dames. l. c. p. 553.

Vorkommen: Hakel.

Pisces*).

(123 Arten in 56 verschiedenen Gattungen).

A. Selachii.

Lamna sp.

Zahn, gefunden im Trigoniensandstein bei 'Abeih (von Diener).

Notidanus gracilis Dav.

1887. Davis. The fossil fishes of the Chalk of Mount Lebanon in Syria (The scientific transactions of the R. Dublin Society, vol. 3. ser. II. Dublin.)

Sâhel 'Alma.

Scyllium Sahel Almae Pict. et Humb.

1866. Pictet et Humbert, Nouv. rech. sur les poissons fossils du mont Liban, p. 111. —

Sâhel 'Alma.

Thyellina elongata Dav. l. c. } Sâhel 'Alma.
„ *curtirostris* Dav.

Otodus lanceolatus Ag.

Fraas. Aus d. Orient II, p. 354 u. 356.

Sâhel 'Alma und Abû Tôr bei Jerusalem.

Spinax primaevus Pict.

1850. Pictet. Descr. de quelques Poissons Foss. du Mont Liban. Genève.

Vorkommen: Sâhel 'Alma.

Centrophoroides latidens Dav. — Sâhel 'Alma.

Rhinognathus Lewisi Dav. — Sâhel 'Alma.

Rhinobatus maronita Pict. et Humb. (p. 113.)
„ *grandis* Dav. } Hakel.
„ *expansus* Dav.
„ *latus* Dav.
„ *tenuirostris* Dav. } Sâhel 'Alma.
„ *intermedius* Dav.

Cyclobatis oligodactylus Eg.

1845. Egerton in Quat. Journ. geol. soc. London I. p. 225.

1878. Lewis in Geol. Mag. London. New ser., Dec. II, Vol. 5, p. 217.

Vorkommen: Hakel und Hazbûla südlich von Hakel.

Cyclobatis major Dav. — Hakel.

Raja major Dav. — Sâhel 'Alma.

---

*) Man vergleiche als neueste Publikationen über dieses so viel bearbeitete Gebiet : Woodward in Geological-Magazin 1887. p. 416. — Referat von Dames über Davis' Abhandlung im Neuen Jahrb. f. Min. 1888. p. 322. - v. d. Marck: Ueb. d. Verwandtsch. d. syrischen Fischsch. mit denen d. ob. Kreide Westfalens. Bonn. 1889. Verh. d. naturh. Ver.

B. Ganoidei.

Coccodus (*Gyrodus*) *syriacus* FRAAS sp. p. 348, t. 6, f. 5—6. Hakel.
Coccodus acunatus PICT. — Hakel.
Pycnodus sp. FRAAS, p. 348. — Hakel.
Palaeobalistum Goedelii HECKEL.} Hakel.
   „   *ventralis* DAV. }

Chondrostens? sp. DAV.
Bruchstücke von Schwanzflossenlappen. — Sâhel 'Alma.
Spathiurus dorsalis DAV. — Hakel.
Microdon pulchellus DAV. — Sâhel Alma.

C. Teleostei.

Pagellus leptosteus AG. — Fundort fraglich.
  „ *libanicus* PICT. — Sâhel 'Alma.
Beryx vexillifer PICT. - - Hakel und Hazhûla (Djoula) südlich von Hakel.
Beryx ovalis DAV. — Hakel.
Pseudoberyx syriacus PICT. et HUMB. p. 33,
  „ *Bottae* PICT. et HUMB. p. 34,
  „ *grandis* DAV.   } Hakel.
  „ *longispina* DAV.
Holopteryx antiquus AG. nach FRAAS. — Sâhel 'Alma. — Sonst bekannt aus oberem Senon in Westfalen bei Sendenhorst.
Holopteryx spinosus DAV. - Sâhel 'Alma.
  „ (*Beryx*) *syriacus* PICT. et HUMB. sp. — Sâhel 'Alma.
Holopteryx oblongus DAV. — Hakel.
Homonotus pulcher DAV. — Sâhel 'Alma.
Pycnosterinx Lewisi DAV.} Hakel.
  „ *dubius* DAV.}
  „ *discoides* HECKEL. 1849
  „ *Heckeli* PICT.
  „ *dorsalis* PICT.
  „ *Russeggeri* HECK.
  „ *elongatus* PICT. et HUMB.} Sâhel 'Alma.
  = *Beryx niger* COSTA: Descrizione di alcuni pesci fossili del Libano, 1855.
Pycnosterinx latus DAV.
  „ *Daviesi* DAV.
  „ *gracilis* DAV.
Enchodus (*Isodus*) *sulcatus* HECKEL. sp. — Sâhel 'Alma.
Enchodus recurvus DAV. — Sâhel 'Alma.
Imogaster aveatus COSTA. — Sâhel 'Alma.
Omosoma Sachi et Mauro COSTA. — Sâhel 'Alma.

Platax minor PICT. } Hakel.
  „ *loevis* DAV. }
  „ *pulchellus* DAV. sp. — Sâhel 'Alma.
Tomer parvulus AG. — Sâhel 'Alma?
Sphyraena Amici AG. — Hakel.
Cheirothrix libanicus PICT. et HUMB. = *Megapus guestfalicus* SCHLÜTER von Westfalen. — Sâhel 'Alma.
Cheirothrix Lewisi DAV. — Sâhel 'Alma.
Petalopteryx syriacus PICT. — Hakel.
Solenognathus lineolatus PICT. et HUMB. — Sâhel 'Alma.
Xenopholis cavinatus DAV. — Hakel.
Exocoetoides minor DAV. - - Hakel.
Isticus lebanonensis DAV. — Sâhel 'Alma.
Clupea brevissima BLAINVILLE 1818
  „ *Beurardi* BLAINV. 1818
  „ *lata* AG. von PICTET 1818 -43 AGASSIZ: Recherches sur les poiss. foss. Neuchâtel
Clupea minima AG. 1843
  „ *gigantea* HECKEL 1849
  „ *sardinoides* PICTET 1850   } Hakel.
  „ *laticauda* PICT. 1850
  „ *Gaudryi* PICT. et HUMB. 1866
  „ *Bottae* PICT. et HUMB. 1866
  „ *Larteti* SAUVAGE 1874
     LARTET: La Mer Morte, p. 100
  „ *Lewisi* DAV. 1887
  „ *curta* DAV. 1887
  „ *pulchra* DAV.   }
  „ *attenuata* „   } Sâhel 'Alma.
  „ *elongata* „   }
Scombroclupea macrophthalma HECKEL sp. — Hakel.

Leptosomus macrurus PICT. et HUMB. ⎫ Sâhel
„ *crassicostatus* PICT. et HUMB. ⎭ 'Alma.
Osmeroides megapterus PICT. ⎫
„ *gracilis* DAVIS ⎪
„ *brevis* „ ⎪
„ *latus* „ ⎬ Sâhel 'Alma.
„ *minor* „ ⎪
„ *dubius* „ ⎪
„ *maximus* „ ⎭
Sardinius crassipinna DAV. ⎫
Engraulis tenuis DAV. ⎪
Opistopteryx (Mesogaster) *gracilis* ⎬ Sâhel 'Alma.
    (PICT. et HUMB.) PICTET. ⎪
Opistopteryx curtus DAV. ⎭
Rhinellus curtirostris DAV. ⎫
„ *longirostris* „ ⎪
„ *laniatus* „ ⎬ Hakel.
„ *ferox* „ ⎭
„ *furcatus* AG. ⎫
    (auch im westfälischen Senon.) ⎪
„ *robustus* DAV. ⎬ Sâhel 'Alma.
„ *Damoni* „ ⎭
Spaniodon hakelensis DAV. — Hakel.
„ *Blondeli* PICT. ⎫ Sâhel 'Alma.
„ *elongatus* „ ⎭

Spaniodon brevis PICT. et HUMB. ⎫
    (= *Clupea lata* PICT.) ⎬ Sâhel 'Alma.
„ *electus* DAV. ⎭
Chirocentrites libanicus PICT. et HUMB. — Hakel.
Leivisia apicalis DAV. — Sâhel 'Alma.
Pantopholis dorsalis DAV. — Sâhel 'Alma.
Eurygnathus ferox DAV. — Sâhel 'Alma.
Phylactocephalus microlepis DAV. — Hakel.
Derectis linguifer PICT. — Sâhel 'Alma.
Leptotrachelus hakelensis PICT. et HUMB. — Hakel.
„ *triqueter* „ „ ⎫ Sâhel
„ *gracilis* DAV. ⎭ 'Alma.
Aspidopleurus cataphractus PICT. et HUMB.
    1878. LEWIS: Localities for Foss. Fish. in the Lebanon.
    Geol. Mag. New Ser., Dec. 2, Vol. 5, p. 217.

Vorkommen: Hazhûla, Hakel?
Euryphobis Boissieri PICT. — Hakel und Hazbûla.
„ *longidens* „ *Isodus sulcatus* HECK. —
        Sâhel 'Alma.
„ *major* DAV. — Sâhel 'Alma.
„ sp. LARTET, l. c. p. 111, — Kalwet am
        Djebel ed-Dahr.
Anguilla hakelensis DAV. — Hakel.
„ *Sahel Almae* DAV. — Sâhel 'Alma.
Pelatopteryx syriacus PICT. ⎫ Hakel.
„ *dorsalis* DAV. ⎭

Erklärung der Tafeln.

Was die Herstellung der 11 folgenden Tafeln betrifft, so wurden zunächst die Vorlagen zu den Abbildungen grossentheils von mir selbst nach der Natur gezeichnet oder mit Unterstützung des Herrn Hofphotographen E. F. ROTHE auf photographischem Wege geschaffen; einen gewissen Theil der schwierigeren Zeichnungen auf Taf. I—V hat Herr Lithograph JONAS (Artist. Anstalt von Th. Fischer, Cassel) nach meinen Anweisungen geliefert. Die Vervielfältigung der von mir zusammengestellten Vorlagetafeln übernahm die Grossherzoglich Badische Kunstanstalt für Lichtdruck von J. SCHOBER in Karlsruhe, welche mit wirklich anerkennenswerthem Geschick diese in ihrer Art z. Th. ganz neue Arbeit ausgeführt hat, obwohl dieselbe mit zum Schwierigsten gehörte, was im Lichtdruck vorkommt. Der ganze Grund zwischen den einzelnen Zeichnungen musste auf dem photographischen Negativ sorgfältig mit Aussparung derselben heraus gedeckt werden. Die Schwierigkeit wurde u. a. dadurch wesentlich erhöht, dass auf einigen Tafeln Photographien, Bleistift- und Tuschzeichnungen durcheinander arrangiert waren und so die einzelnen Abbildungen in den Vorlagetafeln in ganz verschiedener Helligkeit erschienen. Die Zahlen und Schrift auf den Tafeln wurde auf lithographischem Wege übergedruckt.

Die Originale zu den Abbildungen gehören, wo nichts Anderweitiges besonders bemerkt ist, meiner Privatsammlung an.

Tafel I.

Fig. 1. *Corynella ficoides* n. sp. Längsschnitt in natürl. Grösse. Brücke unter Brumâna im Salimathal, Glandarienkalk.

„ 2. 3. *Crispispongia?* sp. (= *Elasmostoma consobrinum* FRAAS), 2a von unten, 2b und 3 von der Seite. 'Ain Hamâda, Glandarienkalk (Collection FRAAS Stuttgart).

„ 4 — 6. *Porites spongioides* n. sp. (= *Siphonia pyriformis* FRAAS). 'Ain Hamâda, Glandarienkalk. (Collection FRAAS).

Fig. 4a. Knollen in nat. Gr. Oberseite bei *a* mit den vertieften Kelchen. An der Seite bei *β* netzförmige Fasern, Längsansicht parallel den Septen. Bei *γ* runde Bohrlöcher, durch andere Thiere hervorgebracht. Unten bei *δ* Haut von *Frausia libanotica* n. sp.

4b. Achtmalige Vergrösserung der Oberfläche von 4a bei der Stelle *β*.

4c. Fünfzehnmalige Vergrösserung der Haut von *Frausia libanotica* bei 4a *δ*.

4d. Haut von *Frausia l.* von derselben Stelle, angeschliffen, parallel der Oberfläche, fünfzehn Mal vergr.

„ 5a. Knollen in nat. Gr. Dessen Oberseite bei 5b dreimal vergrössert.

„ 6a. Radialschnitt einer Zelle von *Porites spongioides*, eine netzförmig durchbrochene Septe zeigend, vergrössert siebenmal.

„ 6b. Tangentialschnitt durch drei Septen, siebenmal vergr.

Fig. 7. *Monticaultia?* sp. Saltuabrücke, Glandarienkalk.
„ 8. *Hydnophora contorta* n. sp. 8b. Dünnschliff parallel der Oberfläche, Querschnitt dreimal vergröss. Sehteidi, Glandarienkalk?!
„ 9. *Stylina punica* n. sp. a. nat. Gr., b. siebenmal vergröss. 'Ain Hamâda, Glandarienkalk (Coll. FRAAS).
„ 10—13. *Frausia libanotica* n. sp. (= *Sparsispongia rarians* FRAAS). 10—12 von 'Ain Hamâde (Coll. FR.). 13 von der Saltumbrücke.
Fig. 10a und 11a. Kugeln in nat. Gr. mit unregelmässig eingedrückter Oberfläche.
„ 10b. Oberfläche von 10a, fünfzehnmal vergr., mit Körnern, rechts oben statt dessen mit vertieften Punkten.
„ 11b. Querschnitt der Kugel 11a, dreimal vergr. In der Mitte Fragment von *Porites spongioides*, ringsherum Zonen von *Frausia l.*
„ 12a. Pilzförmiger Knollen mit dicker Kruste von *Frausia l.*, deren körnige Oberfläche bei 12b fünfzehnmal vergr. Im Innern vermuthlich ein Korallenstöckchen *(Porites)* von ähnlichem Umriss wie Taf. I, Fig. 4a.
„ 13. Oberseite einer verkieselten Halbkugel. 13b. Radialschnitt neunmal vergr.

Tafel II.

Fig. 1 — 5. *Stylina bullosa* n. sp. (= *Stephanocoenia formosa* FRAAS) aus dem Glandarienkalk von 'Ain Hamâde (Coll. FR.). Fig. 3 ein Kelch sechsmal vergr.
„ 6. *Stephanocoenia? pentagonalis* GOLDF. sp. (= *Phorocoenia Orbignyana* FRAAS). Ebendaher. (Coll. FR.) Fig. 6b Oberfläche fünfmal vergr.
„ 7. *Rhynchonella* sp., Glandarienkalk an der Saltmabrücke.
„ 8 —11. *Terebratula bisuffarcinata* SCHLOTH. sp. ?, meist junge Exemplare von 'Ain Hamâde. (Coll. FR.)
„ 12. *Patellina* cf. *lenticularis* BLUMB. (= *Orbitolites concava* FRAAS), aus der oberen Buchicerasstufe am Nebi Sâfi. (Coll. FR.) 12a Oberseite, convex, 12b Unterseite, vertieft.
„ 13—15. *Cellulastraea crenata* n. sp. (Original zu *Colamophyllia fenestrata* FRAAS) aus dem Rudistenkalk? von 'Abeih. (Coll. FR.)
Fig. 13. Partie mit Längsdurchschnitten der Zellen.
„ 14. Partie mit einigen aus dem Exothek herausgewitterten Zellröhren.
„ 15. Eine solche Zellröhre fünfmal vergr.
„ 16. *Phyllocoenia* sp. (= *Astraea corollaris* FR.). Rudistenkalk von 'Abeih. (Coll. FR.)
„ 17—18. *Diplopodia hermonensis* DE LOR.
Fig. 17. von Salima. (= „*Phymosoma Delaunayi* DES. oder *renomanense* COTT." der Stuttgarter Sammlung) (Coll. FR.). a. Oberseite, b. Unterseite, c. Seitenansicht.
„ 18. Aus der Buchiceraszone von Bhamdûn. a, b, c wie bei 17.

Tafel III.

Fig. 1. *Cellulastraea aedificium* n. sp. von Marasch. a. Oberflächenansicht, b. Seitenausicht. c—d. Dünnschliffe in nat. Gr. c. Querschnitt, d. Längsschnitt, tangential 4 Zellen schneidend.

17 *

Fig. 2 — 3. *Diploporla hermonensis* DE LOR. (= *Cyphosoma cenomanense* FRAAS) vom Nebi Sâfi (Coll. FR.)
    Fig. 2. Oberseite.
    „ 3. Unterseite.
„ 4 — 6. *Rhynchonella* cf. *Martini* MANT. von Schneifät aus der Buchicerasstufe? (Collection DIENER, Wien).
„ 7 — 11. *Terebratula biplicata* SOW. von Schneifät. (Coll. DIENER.) Fig. 7—8 grosse Klappen, 9 11 kleine Klappen.
„ 12 — 13. *Terebratula Dutempleana* d'ORB. aus der senonen Schreibkreide von Biredjik am Euphrat.
„ 14. *Terebratula carnea* SOW. vom Râs eseh-Schakka, Senon. (Coll. DIENER.) Fig. 14a mit aufsitzender Bryozoe.
„ 15. *Terebratulina subarchiacharis* n. sp. von Bâniâs an der nordsyrischen Küste.
„ 16. *Ostrea alicula* HAML. Typus. Trigoniensandstein von 'Abeih. a. Unterseite, b. Oberseite.
„ 17. *Ostrea alicula* HAML. Uebergang zu *O. Dieneri*. Unterste Lagen der Buchicerasstufe von 'Abeih.
„ 18. *Ostrea Dieneri* n. sp. Typus. Unterschale. Buchicerasstufe von Bhamdûn.

Tafel IV.

Fig. 1—4. *Ostrea Dieneri* n. sp.
    Fig. 1 a, b. Unterschale. Brumâna, Buchicerasstufe.
    „ 2 Oberseite. Chân el-Korêje. Buchicerasstufe.
    „ 3 Oberseite. Brumâna, Buchicerasstufe.
    „ 4a. Unterseite, 4b Oberseite. 'Abeih, untere Lagen der Buchicerasstufe.
„ 5. Uebergang von *Ostrea Dieneri* zu *O. olisiponensis* SHARPE mit exogyrenförmig aufwärts gedrehtem Wirbel. 5a Unterseite, 5b Oberseite. 'Abeih.
„ 6. Uebergang von *Ostrea Dieneri* zu *O. directa* n. sp. Unterschale. Chân el-Korêje.
„ 7. *Ostrea directa* n. sp. a. Unterseite, b. Oberseite mit theilweise abgeblätterter Oberschale. Marasch.
„ 8 9. *Vola Dutrugei* COQ. Cedernpass, Rudistenkalk. (Collection DIENER).
    Fig. 8. Rechte Schale. 9 Fragment einer linken Schale, an deren Schloss noch ein Stück der rechten Schale ansitzt.

Tafel V.

Fig. 1. *Ostrea Dieneri* n. sp. Oberseite. Brumâna, Buchicerasstufe.
„ 2. *Vola subalaeva* n. sp. Nebi Sâfi. Buchicerasstufe. (Collection FR.)
„ 3. *Perna rivulata* n. sp. Schmulân, Buchicerasstufe.
„ 4. *Trigonia regularicostata* n. sp. Bhamdûn, Buchicerasstufe.
„ 5. *Trigonia undulatocostata* n. sp. Azuntje, Buchicerasstufe. (Coll. FR.)
„ 6 — 7. *Trigonia Lewisi* n. sp. Libanon, 'Abeih?, im Trigoniensandstein. (Coll. FR.)
„ 8. *Radiolites* cf. *cornupastoris* DESM. sp. Meifûk, Rudistenkalk. (Coll. FR.)
„ 9 — 11. *Cythera olorata* CONR. sp. Steinkerne von Bhamdûn, Buchicerasstufe.
„ 12. *Pholadomya depicta* HAML. a. rechte, b. linke Seite desselben Steinkerns. Bhamdûn, Buchicerasstufe.

Fig. 13. *Pholadomya pedernalis* Röm. Rueissât, Buchicerasstufe. (Coll. FRAAS).
„ 14 —17. *Pholadomya Vignesi* LART.
  Fig. 14 – 16 vom Djebel Oscha bei es-Sâlt im Ostjordanland. (Coll. ZELLER-FRAAS).
  „ 17 aus der Buchicerasstufe von Hasbeia. (Coll. DIESER).

Tafel VI.

Fig. 1 und 2. Röthliche Mergelplatten aus der Buchicerasstufe von Bhamdûn.
„ 1 in natürlicher Grösse mit
 a. *Nerinea minima* n. sp.
 b. *Alaria?* sp. (1 Ex.)
 c. *Fusus bhamdunensis* n. sp.
 d. *Buchiceras syriacum* BUCH sp., Fragment einer Externseite.
 e. *Leda perdita* CONR. (1 Ex.)
„ 2 in doppelter Grösse mit
 a. *Anomia* sp.
 b. *Cardita lacunae* HAMU.
 c. *Leda perdita* CONR. sp.
 d. *Cardula striatula* SOW.?
 e. *Cerithium* cf. *formosum* ZEK. (1 Ex.)
 f. *Nerinea minima* n. sp.
 g. *Fusus bhamdunensis* n. sp.

Tafel VII.

Fig. 1 — 2. *Rudiolites* sp. Oberer Trigoniensandstein von 'Abeih, Gastropodenzone.
„ 3. *Cardula neocrundes* n. sp. Unterer Trigoniensandstein von 'Abeih. a. von rechts b. von links, c. von vorn.
„ 4. *Phasianella abeihensis* n. sp. 'Abeih, Trigoniensandstein. (Coll. FRAAS).
„ 5. *Delphinula Porteri* n. sp. von 'Abeih im Rudistenkalk. (Coll. FR.) a. Von der Seite, b. von unten.
„ 6. *Trochus (Turcica) crispus* n. sp. von 'Abeih, Rudistenkalk, a. von der Seite, b. von unten. (Coll. FR.)
„ 7. *Turritella betmeriensis* n. sp. von Bêtmêri im Nerineenmarmor. Abguss eines Abdrucks zweimal vergrössert.
„ 8 —10. *Turritella Damesi* n. sp. von 'Abeih, Trigoniensandstein, Gastropodenzone. Fig. 8 und 10 in natürl. Grösse (Fig. 10 Coll. FR.). Fig. 9 zweimal vergröss.
„ 11 – 12. *Turritella Kokeni* n. sp. 'Abeih, Gastropodenzone.
„ 13. *Glauconia Giebeli* ZEK. sp. 'Abeih, Mergel der unteren Buchicerasstufe.
„ 14 —15. *Glauconia Seeléeni* LART. sp. 'Abeih, Trigoniensandstein. (Coll. FR.)
„ 16. *Glauconia Frechi* n. sp. 'Abeih, Trigoniensandstein, Gastropodenzone. (Coll. FR.)
„ 17 a,b,c. *Glauconia abeihensis* FRAAS sp. Original zu *Cerithium abeihense* FRAAS. 'Abeih, Gastropodenzone. (Coll. FR.)
„ 18 —19. *Vanikoro neritopsoides* n. sp. (= *Turbo Renauxianus* FRAAS.) in natürl. Grösse. 'Abeih, Trigoniensandstein. (Coll. FR.)

— 134 —

Fig. 20. *Sigaretus?* sp. Steinkern in ? ? der natürl. Grösse, a. von der Seite, b. von oben. 'Abeih. Buchicerasstufe.
„ 21. *Pyramidella amoena* n. sp. 'Abeih, Trigoniensandstein, Gastropodenzone.

Tafel VIII.

Fig. 1. *Nerinea cedrorum* n. sp. Stück eines Längsschnittes, vom Cedernpass im Rudistenkalk. (Coll. Diener.)
„ 2. *Nerinea uniplicata* n. sp. (= *N. Requieniana* Fraas). Verkieselt im Rudistenkalk von 'Abeih. (Coll. Fr.)
„ 3. *Nerinea bergensis* n. sp. Längsschnitt, natürlich herausgewittert. Oberhalb Sehteidi westlich Beirût im Nerineenmarmor.
„ 4. *Nerinea Lüttickei* n. sp. Stück eines Längsschnittes. Nerineenmarmor bei Sehteidi.
„ 5 — 6. *Nerinea Mamillae* Fraas. Steinkerne von Bscherreh, Buchiceraszone? (Coll. Diener.) Fig. 5 b. Längsdurchschnitt des Steinkerns 5 a.
„ 7 — 8. *Nerinea abeihensis* n. sp. 'Abeih im Trigoniensandstein. Fig. 8 ein Längsschnitt.
„ 9 —10. *Nerinea Schicki* Fraas. 'Abeih, unterste Bänke der Buchicerasstufe. (Fig. 9. Coll. Fr.) Fig. 10 schematische Zeichnung, die oberen Umgänge von der Oberfläche, die letzten Umgänge im Längsdurchschnitt gesehen.
„ 11 — 12. *Nerinea* cf. *Fleuriausa* d'Orb. Längsschnitte. Fig. 11 aus der Umgegend von 'Aintâb in Nordsyrien, Fig. 12 von 'Afka, Buchicerasstufe? (Coll. Diener.)
„ 13. *Nerinea abundans* Fraas. Vom Nahr el-Kelb. (Coll. Fr., von Lewis gesammelt.)

Tafel IX.

Fig. 1. *Cerithium acutecostatum* n. sp. Untere Mergel der Buchicerasstufe von 'Abeih. (Coll. Fr.)
„ 2. *Cerithium Fraasi* n. sp. Oberer Trigoniensandstein von 'Abeih. (Coll. Fr.)
„ 3 — 4. *Cerithium excavatum* Bronn. v. *syriacum*. (Fig. 3. Coll. Fr.) Gastropodenzone von 'Abeih.
„ 5 — 6. *Cerithium aequisulcatum* n. sp. Gastropodenzone von 'Abeih. (Coll. Fr.)
„ 7. *Cerithium (Triforis) uriforme* n. sp. Abguss eines Abdrucks aus dem Rudisteen-Nerineen-Dolomit am Nahr el-Sabteh — Nebir el Fuwar bei Kal'at el-Hôsn.
„ 8 —10. *Aporrhais pleurotomoides* n. sp. Trigoniensandstein von 'Abeih. (Coll. Fr.) Fig. 8a. Ein Exemplar mit z. Th. abgebrochener Mündung, zweimal vergrössert.
„ 8b. Dasselbe von hinten gesehen, in nat. Gr.
„ 9 — 10. Zwei Exemplare in dopp. Vergrösserung.
„ 11. *Aporrhais?* sp. (*Rostellaria inarmata* Fraas). Steinkern aus der Buchicerasstufe von Ruweissât. (Coll. Fr.)
„ 12. *Actaeonina olivae* Fraas sp. Trigoniensandstein von 'Abeih. (Coll. Fr.)
„ 13. *Actaeonina oriformis* n. sp. Nerineenmarmor zwischen Brumâna und Sehteidi. Durch Verwitterung natürlich entstandener Längsschnitte.
„ 14. *Actaeonella Alsatonis* Fraas. Längsschnitt aus dem Nerineenmarmor von Betméri.
„ 15. *Balantium flabelliforme* n. sp. aus weissen Kreidemergeln von Nisib. 15 a. Exemplar in doppelter Vergr., durch Querriss *a—b* gebrochen, rechts unten vordere Seite (des Steinkerns), links oben Abdruck der hinteren Schalenhälfte. 15 b. natürl. Grösse.

— 135 —

Fig. 16. *Balantium amphoroides* n. sp. in doppelter Vergr. Gelbweisse Kreidemergel von Bâb el-Limûn. Steinkern.
„ 17. *Vaginella labiata* n. sp. 17 a. Vorderseite des Steinkerns doppelt vergr. 17 b. Querschnitt viermal vergröss.
„ 18. *Vaginella rotundata* n. sp. a. Ein Abdruck zweimal vergröss. Bâb el-Limûn.
„ 19. *Creseis* sp. in ³⁄₄ facher Vergröss., gelbweisse Kalkmergel von El-Hamnâm östlich vom Ak Deniz.
„ 20—21. *Styliola* sp. Exemplare mit erhaltener Schale in dopp. Vergröss.
„ 22—23. *Tentaculites cretaceus* n. sp. Weisse Kreidemergel von Nisib. 22. viermal, 23. fünfmal vergröss.

Tafel X.

Fig. 1—2. *Ammonites* cf. *Blanfordianus* STOL. (Originale zu *A. coltrotus* FRAAS) aus den Fischmergeln von Sâhel 'Alma. Bei α zeigen sich Spuren von Fischresten auf beiden Exemplaren. (Coll. FR.)
„ 3. *Ammonites harpax* STOL. (Originale zu *Acanthoceras rotomagense* DIENER) aus dem Rudistenkalk („Libanonkalkstein") am Wadi en-Nusûr bei Jamûneh. (Coll. DIENER.) Aussenseite.

Tafel XI.

Fig. 1—2. *Ammonites harpax* STOL.
Fig. 1. Seitenansicht des Exemplars von Jamûneh (vergl. Taf. X, Fig. 3). Collection DIENER).
„ 2. Von Djebel Oscha bei Es-Sâlt im Ostjordanland, gesammelt von LEWIS (Coll. FR.). a. Seitenansicht. b. Aussenseite. c. Lobenlinie.

Druckfehler und Berichtigungen.

Seite 6: In dem Profil fehlt links die Bezeichnung Ost, rechts West; links vom Nahr Beirût in der Mitte zwischen den Buchstaben h und b ist das Dorf Schtridi zu denken.
„ 7: Zeile 8 von unten lies 'Araba statt Arabah.
„ 22: „ 32 lies **Kakûhle** statt Kakûhle.
„ 48: „ 1 „ östlich statt westlich.
„ „ „ 2 „ **Nahr el-Kadischa** statt Nahr el-Kadischah.
„ „ „ 18 „ **Cedernpass** statt Cedernpass.
„ 56: „ 20 und 32
„ 79: „ 9 von unten lies Kastal statt Kasdar.
„ 80: „ 2 „ „
„ 104: „ 4 von unten lies: (1843 *Natica prælonga* d'Orbigny etc.) statt 1852 *Natica prælonga* d'Orbigny etc.

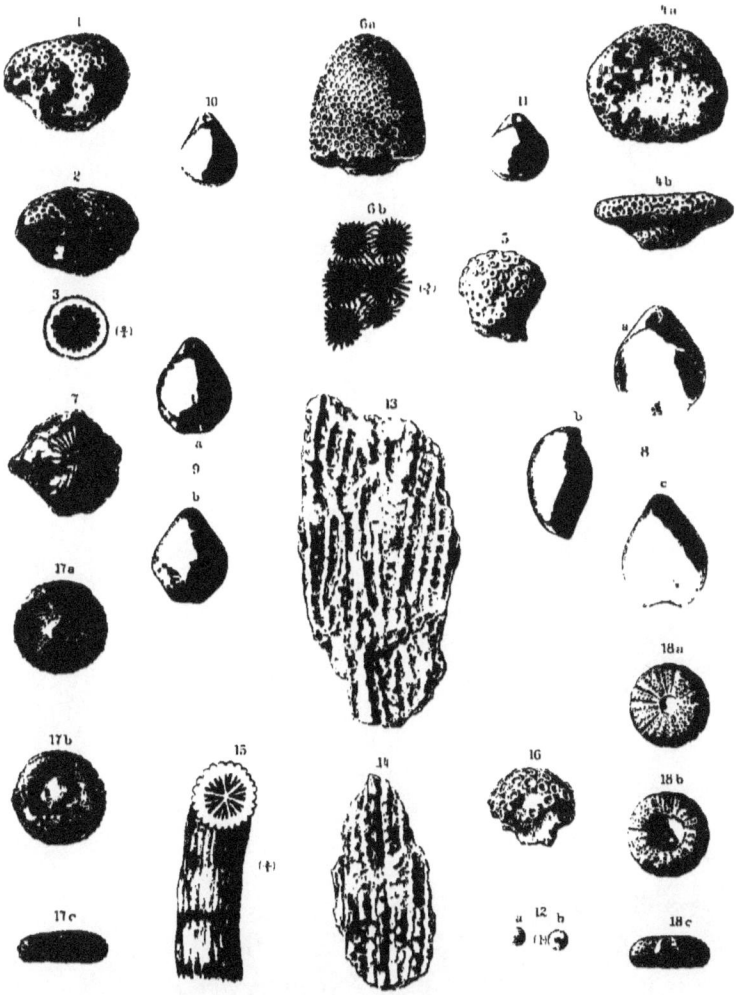

Tafel III.

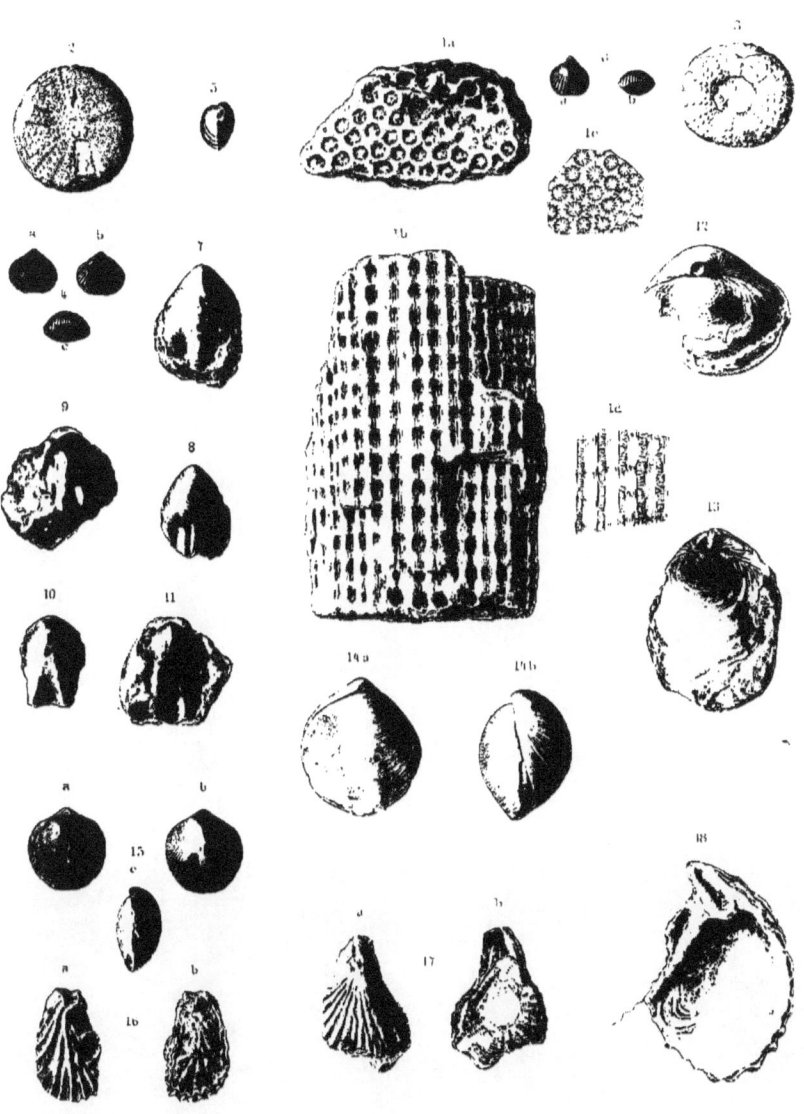

Tafel IV.

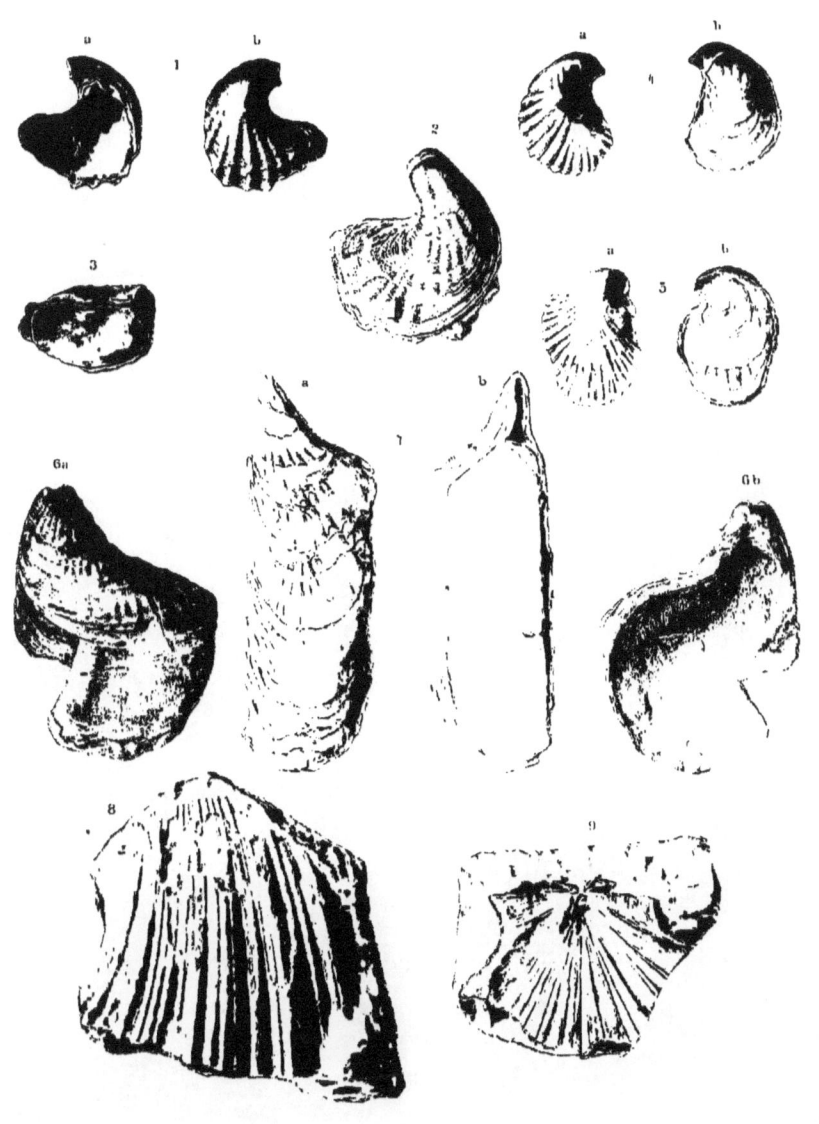

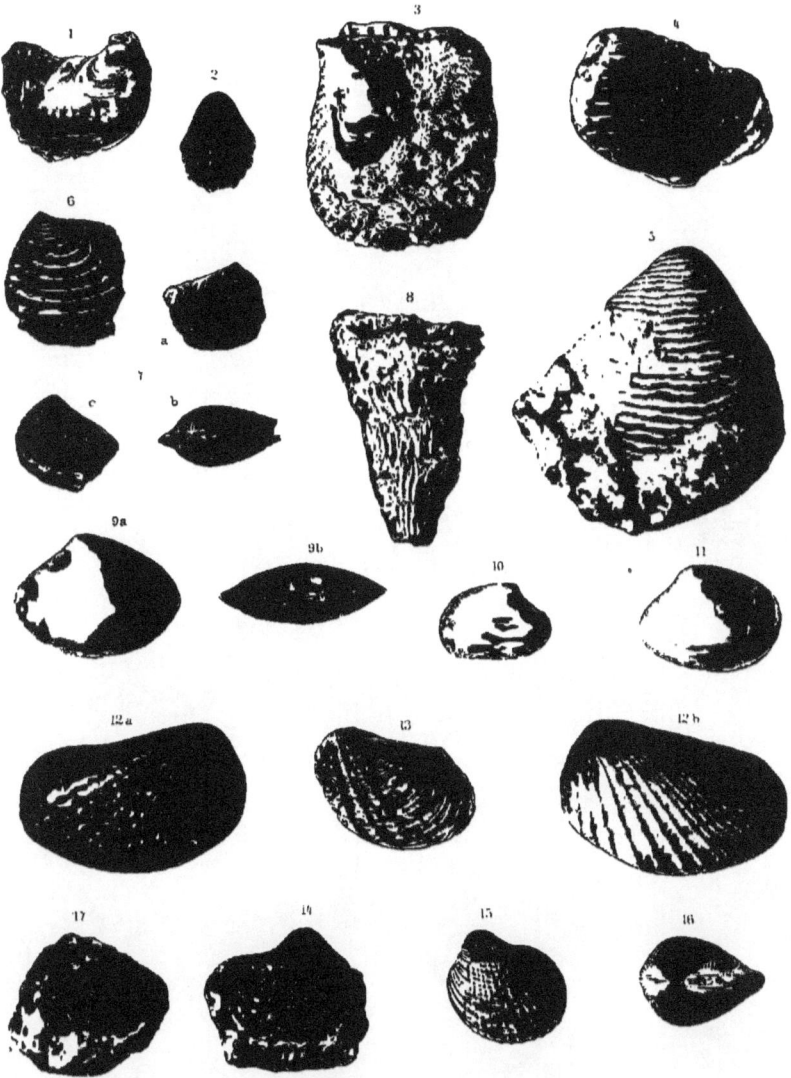

Tafel VII.

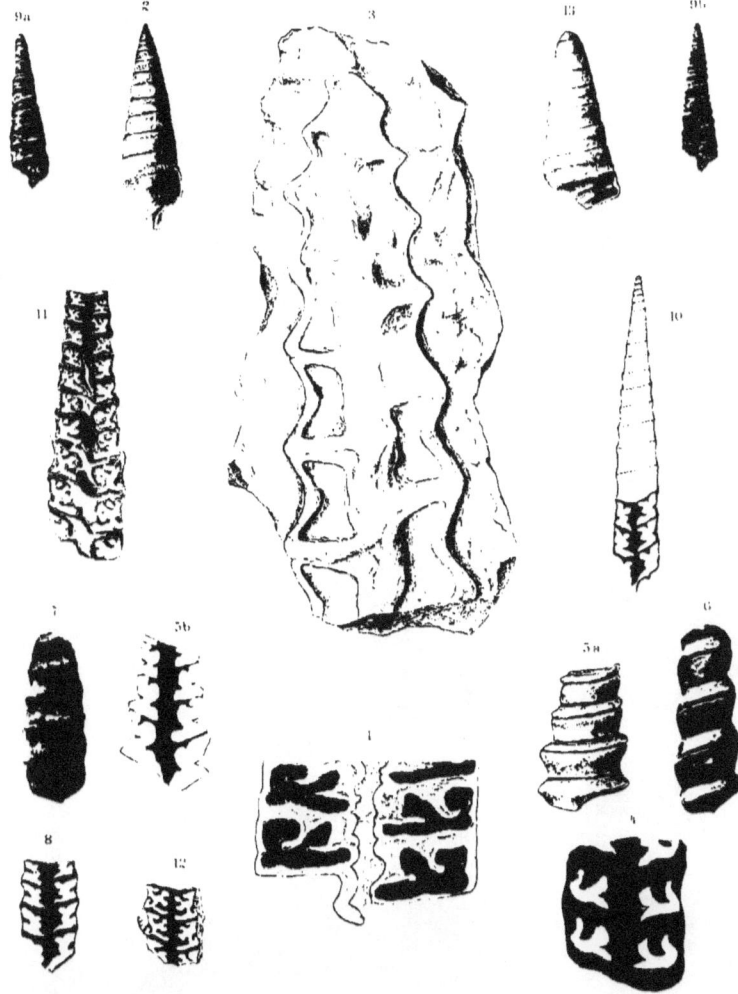

Tafel IX.

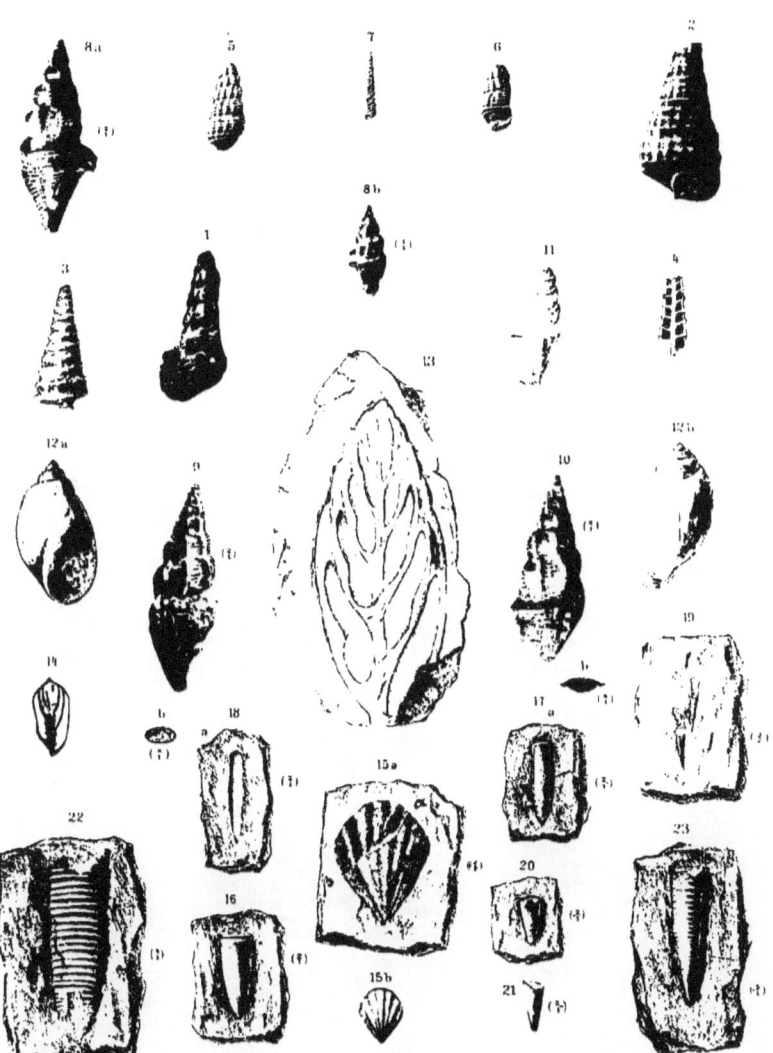

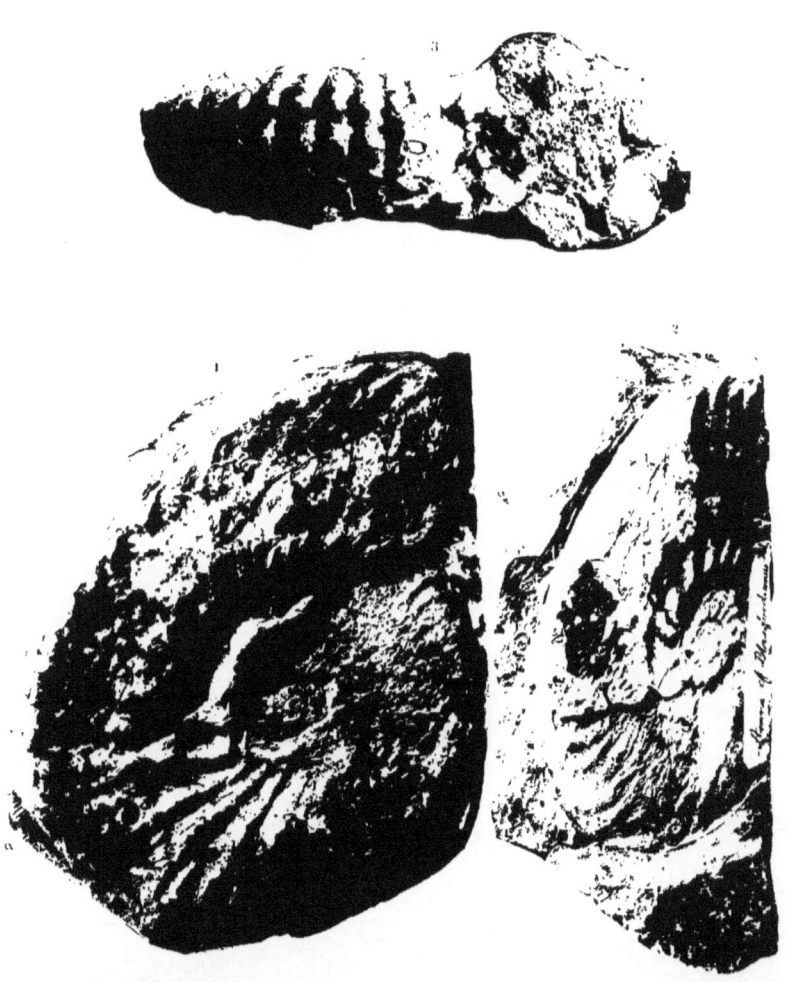

Tabelle II. Entwicklung der oberen Kreide in Mittelsyrien.

Tabelle III. Entwicklung des Kreidesystems in Nordsyrien.

	Djebel el-'Ansârije.	Cassius Mons (Djebel el-'Okrâ) und Djebel el-Koseir.	Nordsyrisches Binnenland vom Orontes bis zum Euphrat.
Senon.	Wechsel von härteren Mergelplatten mit weichen Mergeln.	Härtere Mergelplatten wechsebid mit weichen Mergeln.	Gelblichweisse Mergel z. Th. mit unschligen, concentrisch schaligem Bruch mit Pteropoden und Ostracoden (El-Hammám, Batûz, Râb el-Limûn, Nisib).
	Graue weiche bröcklige Mergel.	Weiche lichte Mergel, theils bröcklig, theils dünngeschichtet mit *Inguettem*.	Im Süden: Blendendweisse und gelbweisse Mergel (zwischen Ilans und Selemije und ostwärts), Gyps (von Resâfe), Asphalt? (von Abu Fejad).
	Blendendweisse Kreidemergelplatten mit *Inoceramen*.	Mergelkalk, weiche Mergel, Dolomit und Gyps.	Im Norden: Weisse Schreibkreide von Biredjik mit *Terebratula Dutemplaana*.
	Graue geschichtete weiche Mergel.		
Turon.	Kalksteinmergel mit Feuersteinlagen.	Kieselkalk mit Feuersteinknollen mit *Nerineen* und *Actaeonellen*.	
	Kieselkalk mit Feuersteinknollen: *Trochmata laphenta, Ostrea cf. Tissoti, Rudiolites* cf. *lombricalis*;	Kalkschiefer, gelblicher mürber Kalk und Schieferthon.	
	Sandstein mit *Ostrea, Rudiolites* cf. *Morlani, Cytherea syriaca, Nerinea* cf. *Flemitosa, Cerithium Münsteri*;		
	Zuckerkörniger Dolomit mit *Rudisten, Nerinea gemmifera, Cerithium* cf. *sexangulum* und cf. *praegigantoum*.		

www.ingramcontent.com/pod-product-compliance
Lightning Source LLC
Chambersburg PA
CBHW030249170426
43202CB00009B/682